Von Küchenleid und Küchenlust

Als ich mich darauf einließ, dieses Buch zusammenzustellen, war ich mir von Anfang an sicher - bei uns im Osten hatte man 40 Jahre nicht nur anders gelebt als im Westen, sondern auch anders gekocht und gegessen. Und das sollte nicht so einfach verlorengehen, jene Erinnerungen an Tempolinsen und Schulspeisung, an Broiler, Bockwurst oder Soljanka und die vielen anderen Dinge, die nur kennt, wer östlich der Elbe aufgewachsen und großgeworden ist. Bald stellte sich heraus, dass der Spaziergang durch die DDR-Küche zum Blick in den Alltag eines Landes geriet, das es so zwar nicht mehr gibt, dessen Bewohner aber noch gesund und munter weiterleben und sich erinnern: an den Beginn mit Lebensmittelkarten und Affenfett, an Betriebsküche und Schulspeisung, an die Aktivitäten des Fischkochs und Kampagnen wie „Nimm ein Ei mehr", an Delikatläden und einen Hauch von ferner Welt, wenn gerade ein Staatsbesuch ins Haus (sprich Land) stand und japanische Küche plötzlich hoffähig wurde. Die Fülle des Materials aus 40 Jahren reichte für ein Buch für all jene, die gern kochen und probieren und zugleich für diejenigen, die sich auch für Geschichten rund ums Essen á la DDR interessieren. Vieles von dem, was zwischen Rostock und Suhl auf die Tische kam, ist heute noch so lecker wie vor dreißig oder zehn Jahren, manches wurde zu unrecht vergessen, manches zu recht.

Gemeinsam mit dem Verlag und dank freundlicher Hilfe von Küchenmeister Kurt Hensch, langjähriger Küchenchef in Leipzigs „Auerbachs Keller", wurden bekannte, aber auch ungewöhnliche Rezepte aus vier Jahrzehnten DDR zusammengestellt, nicht immer die, die jeder erwartet. So wurde auf eine Reihe von Standardgerichten der deutschen Küche bewusst verzichtet - diese finden sich in jedem Kochbuch. Stattdessen wurde die Auswahl durch Erinnerungen an Zeit und Leute sowie durch ernste und nicht so ernste, heute schon erheiternd wirkende Zitate aus Zeitdokumenten ergänzt. Die Zitate sind mit der Jahreszahl der seinerzeitigen Veröffentlichung gekennzeichnet. Auf diesem Weg vielen Dank allen, die mir mit Rezepten und Erinnerungen geholfen haben, darunter einige prominente „gelernte" DDR-Bürger. Dass trotz allem die Auswahl subjektiv gefärbt ist, dürfte verständlich sein.

Übrigens: Bei allen Rezepten wurde die ursprüngliche Schreibweise beibehalten, so dass Sie in diesem Buch auch eine Kostprobe diverser Rechtschreibreformen erhalten. Lassen Sie sich davon den Appetit nicht verderben.

Ute Scheffler

Alles Soljanka oder wie?

Das ultimative DDR-Kochbuch 1949-1989

Herausgegeben von Ute Scheffler
Mit einem Vorwort von
Küchenmeister Peter Schroth

Bechtermünz

Die Kochkunst ist wie jede Kunst ein Spiegel ihrer Zeit, und die Geschichte unserer Lebensmittel verläuft parallel zur Entwicklung der Menschheit. Wie die große Historie steckt sie voller Histörchen, fordert zu Vergleichen heraus und läßt uns die Vergangenheit besser verstehen – und damit auch unsere Gegenwart.

Kurt Drummer, 1989

Genehmigte Lizenzausgabe für
Verlagsgruppe Weltbild GmbH, Steinerne Furt, 86167 Augsburg
Copyright © 2000 by BuchVerlag für die Frau, Leipzig
Umschlaggestaltung: Mario Lehmann, Augsburg
Gesamtherstellung: Offizin Andersen Nexö Leipzig GmbH –
ein Unternehmen der Union Verwaltungsgesellschaft,
Spenglerallee 26 – 30, 04442 Zwenkau

Printed in Germany

ISBN 3-8289-1126-9

2005   2004   2003   2002
Die letzte Jahreszahl gibt die aktuelle Lizenzausgabe an.

Alle Rechte vorbehalten.

Einkaufen im Internet: www.weltbild.de

Inhalt

6
Über die Küche der DDR
Eine kurze Betrachtung von Peter Schroth

10
Es geht vorwärts - Die 50er Jahre
Not macht erfinderisch: Von Sparrezepten und was sich alles essen lässt   12
Freude am Kochen: Die Wiedergeburt der Hausmannskost   26
Eine Topfguckreise: So kocht man nebenan   48

58
Der Zukunft zugewandt - Die 60er Jahre
Der Fisch und sein Koch: Die besten Rezepte vom Fischkoch   60
Nimm ein Ei mehr: Geflügel, Kaninchen, Eiergerichte und mehr vom Fernsehkoch   72
Kochen leicht gemacht: Schnellgerichte für Mittag und Abend   90

102
Das leisten wir uns - Die 70er Jahre
Was Hobbyköche mögen: Gegrilltes, Überbackenes, Fritiertes und Leckeres   104
Köche aller Länder vereinigt euch: Internationales rund um den Globus   116
Fröhlich Feste feiern: Häppchen, Salate, Fondue und pikante Snacks   134

146
Uns geht's doch gut - Die 80er Jahre
Gemüse putzt sich raus: Von Auberginen und Zucchini, von Gänseblümchen und Pilzen   148
Einfach delikat: Anspruchsvolles und Regionales für Feinschmecker   162
Das süße Ende: Süßspeisen, Desserts und Kuchen   175

187
Anhang
Einkaufsliste - Auswahl bekannter DDR-Produkte   187
Rezeptverzeichnis (nach Sachgruppen und alphabetisch)   188
Zutaten und was man heute verwenden sollte   192
Quellen   192

Über die Küche der DDR - Eine kurze Betrachtung

Natürlich ist sie es wert, ihr ein spezielles Buch zu widmen, denn es hat sie gegeben: die Küche der DDR - und es gibt sie immer noch. Weder die Wiedervereinigung noch die neuen Möglichkeiten und Einflüsse der letzten Jahre haben sie auslöschen können. Zum wiederholten Mal hat sie sich an die neuen Bedingungen angepasst, das beste daraus zu eigenem Vorteil genutzt und modifiziert - eine über Jahre bewährte Tugend ostdeutscher Köche und Hausfrauen. Wahrscheinlich ist es nicht übertrieben zu behaupten, dass Küche und Kochkunst hier mehr als anderswo vom Geist der Zeit, von Notwendigkeiten und Möglichkeiten geprägt wurden. Wer - wie ich - diese Entwicklung vom ersten Nachkriegswinter 1945 bis zum Wendeherbst 1989 als „Macher" hinter dem Herd mitgestaltet hat, kann mit Recht behaupten, dass diese Küche es verdient, bewahrt und auch in Zukunft nachgekocht zu werden.

Da im Osten die Care-Pakete ausblieben und die Siegermacht Sowjetunion zwar die notwendigsten Lebensmittel für das Überleben bereitzustellen versuchte, aber mit der Ernährung ihrer eigenen Leute in ihrem riesigen Land große Probleme hatte, mussten sich die Frauen und Männer in der sowjetischen Besatzungszone schnell auf ihren Einfallsreichtum und alle Möglichkeiten der Lebensmittelbeschaffung besinnen. Noch viele Jahre später gehörten Geschichten von Hamsterfahrten aufs Land, seltsamsten Tauschgeschäften, gestohlenen Kartoffeln und den unwahrscheinlichsten Zutaten, die verwendet wurden, um dies oder das zu kochen, zu jeder Familien- und Betriebsfeier. Schrebergärten verwandelten sich in Obst- und Gemüseplantagen, auf jedem Stück Brachland wurde Essbares angebaut, die Kleintierzucht blühte und mit Hilfe der Lebensmittelmarken wurden die ersten Jahre gemeistert und überstanden.

Jede Möglichkeit der Beschaffung wurde konsequent wahrgenommen und die Nachkriegsküche nutzte alles. Selbst eine erste gastronomische Versorgung begann, äußerst klein und primitiv zwar, aber durch die Initiative der Betreiber und die Lebensmittelkarten doch möglich.

Im Westen Deutschlands brachte der Marshallplan ab 1948 den Menschen wirtschaftliche Hilfe - auch in Form von Lebensmitteln aus Amerika und England. 1949, mit der Teilung Deutschlands in zwei Staaten, begann auch die Entwicklung zweier voneinander verschiedener Küchen in Ost und West.

Im Osten Deutschlands, der jungen DDR, begann man mit der „schwerpunktmäßigen Entwicklung der Volkswirtschaft und Industrie". Die ersten Jahrpläne führten zu einer Verbesserung der Lebensmittelversorgung. Industriearbeiter wurden bei der Verteilung der knappen Mittel besser gestellt, Kinder- und Schulspeisung rückten in den Mittelpunkt und die Entlastung der werktätigen Frauen wurde zielstrebig in Angriff genommen. In der DDR waren noch die gesamten 50er Jahre vom Auskommen mit Lebensmittelkarten, vom Kochen mit Ersatzstoffen sowie dem, was der eigene Garten oder Stall lieferte, geprägt. Damals noch mögliche Reisen nach Westdeutschland oder in die Westsektoren Berlins ergänzten das karge Angebot der staatlichen HO- und KONSUM-Läden, die zu dieser Zeit mit relativ wenig Importen locken konnten. Ihre Aufgabe bestand einfach darin, ein Angebot an Grundnahrungsmitteln über die Kartenzuteilungen hinaus zu ermöglichen. All diese Bedingungen und Einschränkungen führten zu einer Wiederbelebung der deutschen Hausmannskost, die die ältere Generation zudem perfekt beherrschte, hatten die Großeltern von damals doch schon den 1. Weltkrieg und die Krisenjahre danach mehr oder minder gut überstanden.

Wieviel aus wenigem zu machen war, beweisen die Rezepte der ersten Jahre mit ihrem Einfallsreichtum und ihrer Orientierung auf vor allem eines: satt machen und alles verwerten, was verwertbar ist. Während westlich der Elbe neue Geschmackserlebnisse dank der Reisemöglichkeiten und Reiselust ihren Einzug in die deutsche Küche hielten, machte man im Osten Bekanntschaft mit Essgewohnheiten und Lieblingsspeisen der benachbarten Ostblockländer. Mit der Handelstätigkeit, die seit der Gründung des östlichen Wirtschaftsblockes RGW auflebte, kamen verstärkt Einflüsse fremder Küchen in die DDR-Küchen und in die Gastronomie. Auch das noch junge Medium Fernsehen sorgte für eine schnelle Verbreitung der Rezepte in viele Haushalte. Die Gastronomie der staatlichen Betriebe HO und KONSUM entwickelte sich ebenso rasant wie die privater Betreiber. Und Werbung für Nahrungs- und Genussmittel gehörte nun auch in der DDR zum Alltag.

Im Institut für Ernährung in Potsdam-Rehbrücke schuf der anerkannte Fachmann Richard Schielecke eine „Kochwissenschaftliche Abteilung", die sich auf die gute Versorgung der Bevölkerung in der Gastronomie, den Mensen, den Schul- und Betriebsküchen und ähnlichen Einrichtungen spezialisierte. Die Gemeinschaftsverpflegung begann ihren Siegeszug. Standards der internationalen Kochkunst wurden vermittelt und auch in der Gastronomie angewandt. Erkenntnisse moderner Forschung wurden im Interesse gesunder Ernährung genutzt und gepriesen. Dabei kamen dem Staat die meisten dieser Tendenzen mehr als recht, ließen sich so doch Versorgungslücken einerseits und Überproduktion andererseits gut ausgleichen.

„Fernsehkoch" Kurt Drummer und Rudolf Kroboth, der legendäre Fischkoch, zwei Profis, bekamen eigene Fernsehsendungen, in denen sie die jeweiligen Tendenzen, unnachahmlich verpackt, zur Freude aller Köchinnen und Köche vor den Mattscheiben gezielt anpriesen. Hervorragende Fangquoten der „Fischereiflotte der DDR" ließen Fisch spätestens zu Beginn der 60er Jahre zu einem Volksnahrungsmittel werden. Eine unvergessliche, bis heute unübertroffen liebenswerte Werbeaktion und nett gereimte Sprüche der Staatsführung begleiteten den Siegeszug von Hering, Makrele und Co.
Wer sie kennengelernt hat, kann sie bis heute nicht vergessen haben: die Fischstäbchen aus Rostock und jene legendären „Panzerplatten" aus Fischhackmasse, die Unzahl von Fischkonserven, auch aus Ostblockproduktion, und die Flut der Rezepte unter dem Motto „Fisch auf jeden Tisch". Von Arkona bis zum Fichtelberg entstanden die zum Teil bis heute existenten Fischgaststätten „Gastmahl des Meeres".

Kurt Drummer hingegen präsentierte uns die Aktion „Nimm ein Ei mehr", machte uns Kaninchenfleisch schmackhaft, und nicht wenige osteuropäische Gerichte verdanken ihren Einzug in unsere Küchen ihm, dem unermüdlichen Fernsehkoch. Zwar wurde nicht unbedingt „weltoffen" gekocht, doch osteuropäisch auf jeden Fall. Und wer kennt sie nicht, jene typischen Gerichte... denn wie war das doch gleich mit der Soljanka?

Spätestens zu Beginn der 70er Jahre wurde unsere Küche dann richtig international. Die „Anerkennungswelle" rollte und der Außenhandel brachte im Schlepptau der Diplomaten auch neue Produkte und Speisen in die Geschäfte, Küchen und die Gastronomie. Nicht nur, dass unsere damaligen Küchenchefs mit internationalen Ehren und Erfolgen von Messen im Ausland zurückkamen, auch im Land selbst tat sich etwas. Mit der Gründung der Hotelgruppe INTER-HOTEL begann die Entwicklung der Spitzengastronomie und wir Köche sahen zum ersten Mal ganz normale und auch „Spitzenprodukte" aus dem Westen. Bald konnte jeder - der es sich leisten konnte - in besonderen Geschäften, den „Delikat-Läden", neue Produkte aus dem Ausland, aus Gestattungsproduktion oder rare DDR-Ware erwerben. Mancher konnte dank seiner „Westverwandtschaft" im „Intershop" kaufen und so Dinge genießen, die nicht zum Alltag gehörten.

Die Nahrungsmittel- und die Konsumgüterindustrie hatte Ende der 60er bis in die 70er Jahre hinein die Phase ihrer stürmischsten Entwicklung. Neben den Nahrungsmitteln verbesserten sich auch Geschirr, Elektrogeräte, Glaswaren - einfach alles, was die Gastronomie brauchte.

Wie froh waren wir, als 1970 endlich die ersten industriell gefertigten Pommes frites aus Hagenow in unserer Küche eintrafen. Oft genug konnte der immense Bedarf gar nicht gedeckt werden - und das nicht nur bei Pommes.

Dennoch, immer mehr Menschen nutzten den Vorzug, in Gaststätten und Hotels preiswerte Gerichte und Getränke zu konsumieren, war das dortige Angebot doch nicht selten wesentlich besser als im Einzelhandel. Auf die Dauer aber waren es gerade die staatlich gestützten Preise, hinter denen sich keine echte Kalkulation der Kosten verbarg, die zu neuen Problemen führten. Nicht zuletzt so wurde aus der „schnellen Küche" der 60er Jahre das Standardrepertoire der DDR-Gastronomie. Regionale Spezialitäten, Neuentwicklungen der Feinkostindustrie und Standardgerichte aus osteuropäischen Ländern sowie die Zwänge der Wirtschaft bestimmten das Bild der Speisekarten. Die Preisgestaltung wurde zum Politikum und als solches von staatlichen Stellen kontrolliert. Veredlung hieß das Allheilmittel, um aus begrenzten Kontingenten möglichst viel zu machen: Flambieren, Kochen am Tisch und neue Zubereitungen machten die Gastronomie attraktiver, ohne das eigentliche Problem, den Mangel an Rohstoffen, wirklich zu lösen. Immer mehr Produkte, die man bislang importiert hatte, wurden durch eigene Entwicklungen ersetzt. Der Direktbezug von Lieferanten aus dem Umland nahm gewaltige Dimensionen an. Kaum ein Ort, in dem es keine Sammelstelle für den Ankauf von Obst, Gemüse, Eiern, Honig oder Fleisch aus Kleingärten und Kleintierzucht gab. Dazu kamen Champignons, Fleisch, Geflügel und Fisch aus den Zuchtbetrieben der landwirtschaftlichen Produktionsgenossenschaften. Kombinate Industrieller Mast (KIM) sorgten für

Eier und Broiler. Teilweise wurde so die problematische Versorgung entspannt, aber eine wirkliche Lösung für die, dank chronischen Devisenmangels, ungenügenden Importe bestimmter Rohstoffe und Lebensmittel war diese Selbstversorgung nicht.

Einmal mehr waren Ideenreichtum und Improvisation gefragt - schließlich ging es darum, Kakao, Kaffee, Nüsse, Mandeln und Südfrüchte sowie alle entsprechenden Verarbeitungsprodukte und Artikel einschließlich bestimmter Gewürze, aber auch diverse Getränke und vieles mehr zu ersetzen. All das bestimmte in den 80er Jahren das Bild der Küche der DDR und das macht sie bis heute so unverwechselbar.
Schließlich verdankte sie genau diesen Bedingungen und dem Beschaffungsgenie der Köche wie Hobby-Köche und des Durchschnitts-DDR-Bürgers ihren großen Einfallsreichtum.

Auch wenn die eine oder andere Zutat heute nicht mehr DDR-typisch ist, so lohnt sich das Nachkochen und In-Erinnerungen-Schwelgen. In diesem Sinn: Viel Erfolg und Guten Appetit.

Peter Schroth
Obermeister der
Küchenmeister Innung zu Berlin

Soweit nicht anders vermerkt, sind alle Rezepte für 4 Personen gedacht. Zubereitungstechniken und Garzeiten wurden unverändert übernommen. Dass man heute mit Hilfe moderner Technik vieles anders macht, ist selbstverständlich. Niemand muss auf sein elektrisches Rührgerät, die Schneidemaschine oder den hochleistungsfähigen Herd verzichten. Gerade bei Garzeiten und Backtemperaturen sollte man sich auf die eigenen Erfahrungswerte verlassen. Die Lebensmittel des 21. Jahrhunderts sind mit denen von vor 50 oder auch 10 Jahren nicht mehr einfach gleichzusetzen. Fische und Geflügel sind meist küchenfertig, vieles kommt vorbereitet aus der Kühl- oder Tiefkühltruhe in unsere Küchen. Hier ist, wie immer in der DDR-Küche, Eigeninitiative und Fingerspitzengefühl gefragt. Wir jedenfalls haben die Rezeptzutaten unverändert übernommen, schließlich gehören sie zur Zeit. Dafür gibt es im Anhang eine Liste wichtiger „Ersatzstoffe", denn wo findet man heute noch Erwa-Speisewürze oder Tempolinsen und Kuko-Reis?

Es geht vorw...
D...

1950
In der DDR tritt das Gesetz über den Mutter- und Kinderschutz in Kraft.

Juli 1951
Großbritannien, Frankreich und die USA erklären den Kriegszustand mit Deutschland für beendet. In Ostberlin finden die III. Weltfestspiele der Jugend und Studenten statt.

1952
In der DDR werden die Länder aufgelöst und die Bezirke als neue Verwaltungseinheiten gebildet. Der Deutsche Fernsehfunk strahlt seine erste Sendung von Adlershof in der DDR aus.

17. Juni 1953
Der Volksaufstand in der DDR wird mit Hilfe der sowjetischen Besatzungstruppen niedergeschlagen.

1954
Die DDR muss an die SU keine Reparationszahlungen mehr leisten und wird durch die Sowjetunion zum souveränen Staat erklärt.

1956
Der Freie Deutsche Gewerkschaftsbund (FDGB) legt ein Programm zur Frauenförderung vor, dessen erklärtes Ziel die Selbstverwirklichung der Frau ist.

1957
Mit dem gelungenen Start und der Erdumkreisung des ersten SPUTNIK beginnt ein neues Kapitel der Weltraumforschung.

1958
In der DDR werden die Lebensmittelkarten abgeschafft.

1959
Der Deutsche Fernsehfunk strahlt erstmals die „Tausend Tele Tips" aus.

50er Jahre

Heute, ein halbes Jahrhundert später, stehen die 50er Jahre für Aufbruch und Neubeginn, für Hoffnungen und Wünsche. Am Anfang auch für Provisorien und den allgegenwärtigen Mangel. Tipps zum Sparen und Verwerten auch der kleinsten Mengen und Reste, der seltsamsten Zutaten und Nahrungsmittel füllen ganze Kochbibliotheken. Not machte erfinderisch.

Als schließlich ab Mitte der 50er Jahre die Versorgungssituation besser wurde, hatte sich das Alltagsleben im Osten inzwischen radikal verändert. Um den ständigen Arbeitskräftemangel auszugleichen, waren in den letzten Jahren immer mehr Frauen in den Arbeitsprozess einbezogen worden. Viele von ihnen waren nicht mehr bereit, in ihr früheres „Nur-Hausfrauen-Dasein" zurückzukehren, nachdem sie bei Enttrümmerung und Wiederaufbau ihren „Mann" gestanden hatten. Die Berufstätigkeit der Frau war zudem staatlich gewollt und wurde vielfältig gefördert. In jenen Jahren eroberte die „Gemeinschaftsküche" die Republik.

Gegessen wurde nicht mehr zu Hause, sondern im Betrieb, der Schule, im Kindergarten. Mahlzeiten im Familienkreis beschränkten sich von nun an auf die Wochenenden und die Abendstunden. Dann jedoch wurde gekocht, was alle am liebsten aßen und was schnell zubereitet werden konnte. Erste Halbfertigfabrikate kamen auf den Markt und neue technische Geräte versprachen Arbeitserleichterungen. In den doppelverdienenden Haushalten stand bald die Anschaffung dieser Geräte auf dem Programm: Küchenmaschinen, elektrische Kaffeemühlen und Backformen, Eisschränke und Staubsauger.

11

Not macht erfinderisch

Topinambur kenne ich nicht und ich schwöre, es nie gegessen zu haben. Essbar muss es jedoch sein, denn Anfang der 50er gibt es kaum ein Rezept- oder Kochbuch, das ohne Topinambur auskommt. „Affenfett" dagegen kenne ich wenigstens aus Erzählungen und an Haferflocken mit Zucker habe ich noch staubtrockene und dennoch gute Erinnerungen. Dass mehr essbar ist, als vermutet wird, beweisen die Rezepte der ersten Jahre.

Die Anfangszeiten der DDR-Küche waren ganz auf den Erfindungsreichtum der Köche und Köchinnen angewiesen. Es hieß, mit wenigem auskommen und alles so konsequent und vielseitig wie möglich zu verwenden. Die wichtigsten Lebensmittel waren rationiert. Schlange stehen gehörte zum Alltag. Es war nicht unüblich, dass Sonderzuteilungen in Arbeitsverträgen festgehalten wurden. Die Frage, erst mehr essen und dann mehr arbeiten oder erst mehr arbeiten und dann mehr essen, war nicht nur eine rhetorische. In diesen ersten Jahren ging es beim Kochen vor allem darum, satt zu werden und außerdem mit immer ähnlichen Zutaten und Zuteilungen möglichst abwechslungsreiche Gerichte auf den Tisch zu bringen. Auch die Frage, wie sich momentaner Überfluss, zum Beispiel an Obst und Gemüse, für spätere Verwendung haltbar machen ließ, war wichtig. Schließlich konnte die Hausfrau von damals die Erdbeerernte oder die Bohnen aus dem Garten nicht einfach einfrieren. Wenn überhaupt hatte sie einen Eisschrank in ihrer Küche, Gefriertruhen mussten hierzulande erst noch erfunden werden.

Topinambur

Im „Jahrbuch für die Frau" von 1950 findet sich folgende Erklärung: „Ein ausgezeichnetes Gemüse liefern uns die Knollen dieser ausdauernden Sonnenblumenart. Der Nährwert gleicht dem der Kartoffel. Ihr besonderer Vorzug: Unempfindlich gegen Frost. Die Knollen bleiben am besten in der Erde und werden in der Zeit von Oktober bis April bei Bedarf geerntet.
Verwendung: Gedämpfte Knollen abziehen, in Scheiben schneiden und braten wie Bratkartoffeln, kochen wie Spargelgemüse in weißer Soße, marinieren wie Selleriesalat, überbacken wie Kartoffeln und Soße als Auflauf, durchschlagen zu Brei, roh schälen und raspeln zu Salat, mit Essig, Salz, nach Geschmack mit Kräutern anrichten."

Obwohl Topinambur heute nicht mehr im Handel erhältlich ist, soll es dieses auch „Erdbirnen" genannte Gewächs bei dem einen oder anderen Kleingärtner noch bzw. wieder geben. Wer es mit Eigenanbau versuchen will, sei gewarnt: Das Gewächs wuchert und wuchert und wuchert. Die rohen Knollen schmecken laut Eingeweihten süßlich, nussig. Für alle, die es probieren möchten, als Anregung:

Erdbirnen nach Thüringer Art

650 g Topinambur, 1 Teel. Butter, Salz, Pfeffer, 1/4 l Fleischbrühe, 1 Semmel

Die Erdbirnen in soviel Salzwasser, daß sie davon bedeckt sind, weichkochen (ca. 5-10 Minuten), danach schälen. Die Schale läßt sich

Ganz sicher waren die 50er Jahre im Osten keine „fetten Jahre". Eine Anschubfinanzierung wie den Marshall-Plan, der den Westsektoren (der Bundesrepublik) zwischen 1948 und 1954 immerhin 1,4 Milliarden Dollar für den Wiederaufbau bescherte, gab es hier nicht. Im Gegenteil: bis 1954 waren Reparationszahlungen an die Sowjetunion zu leisten, die Lebensmittelmarken wurden erst 1958 abgeschafft. Trotz großer Anstrengungen blieb vieles Mangelware. Lässt man die Rezepte jener frühen Jahre heute Revue passieren, so gewinnt man schnell den Eindruck, in einem Kochbuch für deutsche Hausmannskost zu blättern: Braten, Gemüse, Kartoffeln, Suppen und Soßen, Kuchen und Süßspeisen - gekocht und gegessen wurde vor allem, was noch bis heute als „echt" deutsch gilt. Dass dabei in erster Linie die Frage stand, wie man zu den Zutaten kam und was sich wodurch ersetzen ließ, versteht sich von selbst.

Die moderne Kochkunst steht vor neuen Aufgaben. Kulinarische Grundsätze sind vollendeter Geschmack, ausgezeichneter Service, Sättigung der Gäste und Vollwertigkeit der Nahrung.

Richard Schielecke, 1952

Preise für subventionierte Lebensmittel, also all das, was auf Lebensmittelkarten bezogen werden konnte:

1 kg	Schweinekotelett (mager)	2,75 Mark
1 kg	Gulasch	2,50 Mark
1 kg	Suppenfleisch	2,12 Mark
1 kg	Schmorfleisch	2,75 Mark
1 kg	Butter	4,20 Mark
1 kg	Margarine	2,20 Mark
1 kg	Schweineschmalz	2,60 Mark
1 kg	Dorsch (ausgenommen, ohne Kopf)	1,40 Mark
1 kg	Heringe	1,60 Mark
1 Liter	Milch	0,26 Mark
1 Zentner	Kohle	1,81 Mark

Löwenzahn: Die Frühlingssonne lockt ihn zeitig heraus. Kommt der Salat das erstemal auf den Tisch, wird er mißtrauisch betrachtet und vorsichtig gegessen. Ist er gut abgeschmeckt mit wenig Salz, Essig, Zucker und - wenn möglich - mit einigen Tropfen Öl, findet er rasch Freunde. Je öfter man ihn ißt, desto mehr möchte man davon haben. 1950

sehr leicht abziehen. Die geschälten Topinambur in Scheiben schneiden und in eine Schüssel geben. Mit reichlich Pfeffer würzen. Die heiße Fleischbrühe noch kochend darübergießen. Die Semmel in Würfel schneiden. Die Butter im Tiegel erhitzen und die Semmelwürfel darin goldgelb braten. Die Würfel über die Topinambur streuen. Für eine komplette Mahlzeit kann man heute dazu Schweinekamm und Thüringer Klöße reichen.

Ein feines Suppenrezept

5-10 g Butter, 50 g geriebenes Weißbrot oder Mehl, 300 g Topinambur, 5 g Salz, 1 l Wasser oder Brühe

Die Butter erhitzen und das geriebene Weißbrot oder Mehl anbraten. Aus den Topinambur Brei kochen und diesen Brei zugeben. Mit Salz abschmecken, verrühren und durchschmoren. Nach und nach Wasser oder Brühe auffüllen, aufkochen, nochmals abschmecken und mit gehackten Kräutern anrichten.

Auf jeden Fall etwas für unseren modernen Geschmack ist der folgende Salat, den es lohnt, einmal zu probieren:

Herzhafter Frühlingssalat aus Löwenzahn

1 kleines Schüsselchen Löwenzahn pro Person (vor der Blüte stechen), 6-8 Radieschen, 1 kleiner Rettich, einige Rapünzchen, 8 Eßl. Essig oder saurer Saft, 1 Eßl. Öl, etwas Zucker, Salz, reichlich gehackter Schnittlauch

Blattrosetten ausstechen und welke Blätter entfernen. Wurzeln abschaben und alles sehr gründlich waschen. Blätter wiegen, Wurzeln fein schneiden, würzen und sofort zudecken (die Vitamine A, C und E werden durch den Zutritt der Luft geschädigt). Nun noch Radieschenscheiben, geschnitzelten Rettich und Rapünzchen zugeben. Für die Soße Essig, Öl, Salz und reichlich gehackten Schnittlauch mischen und vorsichtig über den Salat geben.

> Eberhard Blüthner, vielfach ausgezeichneter und bekannter DDR-Meisterkoch, langjähriger Chefkoch der „Arkona" (später eines der Traumschiffe), steuerte diese Kindheitserinnerung an das Jahr 1949 bei:

Falsche Bratheringe

Gewaschene, ungeschälte und geriebene Kartoffeln wurden mit geriebener Zwiebel (incl. aller Flüssigkeit und Stärke), Salz und Roggenmehl vermischt, bis eine teigartige Bindung entstand. Eine Handvoll feingeschnittener Brennesselblätter, Löwenzahn und Maggikraut vervollständigte die Kartoffelmasse.
Direkt auf der Herdplatte wurde die Puffermasse - ohne jegliche Fettzugabe - flach aufgetragen, angebraten, gewendet, fertig gebraten und flach zum Auskühlen auf ein Blech gelegt.
Zwischenzeitlich wurde ein säuerlicher Aufguß (Marinade) aus Wasser, Salz, Süßstoff, Essig, Lorbeer, Piment, reichlich Zwiebelscheiben, Porree, Möhren und Maggikraut gekocht. Das Ganze wurde im erkalteten Zustand über die Kartoffelpuffer gegeben und 4 Tage stehen gelassen. Diese „falschen Bratheringe" waren ein Genuß. Pro Person gab es 5-7 Stück, plus Kopfsalat eine vollwertige Mahlzeit.

Brot, dünn mit Margarine (oder später dann Butter) bestrichen sowie viel Senf oder etwas Zucker obendrauf, kenne ich noch aus meinen frühesten Kindertagen. Geradezu legendär ist das berühmte „Affenfett". Wie alle Aufstriche fürs Brot, die in jenen Jahren kreiert wurden, lohnt es, auch dies einmal zu probieren:

Affenfett

50 g Bauchspeck, 50 g Zwiebeln,
1 große Tasse Milch, je 1 Teel. Mehl und
Majoran, 1 Ei, Salz und Pfeffer

Speck- und Zwiebelwürfel bei leichtem Feuer glasig braten. Milch, Ei, Majoran, Salz und Pfeffer verquirlen und in die Speckpfanne rühren. Kurz stocken lassen, nochmals durchrühren, nicht zu fest werden lassen. Noch lauwarm aufs Brot streichen.

Senfapfelaufstrich

*1 roher Apfel oder 1 Bratapfel,
etwas Senf, Weißbrot,
Käse, Salznüsse*

1 roher Apfel wird gerieben oder 1 Bratapfel durchgestrichen. Man rührt die Masse mit etwas Senf schaumig und streicht sie auf Weißbrotscheiben. In die Mitte gibt man ein Scheibchen Edamer Käse und garniert mit 1 Salznuß.

Liptauer Käse

*200 g Quark, 100 g Margarine,
1 kleine Essiggurke, 1 Zwiebel,
1/2 Teel. Paprikapulver, Salz, Kümmel*

Den Quark durch ein Sieb streichen, Margarine sahnig rühren, mit Paprika, Salz, Kümmel würzen. Essiggurke und Zwiebel fein hacken, diese wie den Quark löffelweise unter die Margarine rühren, bis wieder eine glatte Masse entsteht.
So vorhanden kann dieser Aufstrich auch aus 100 g Butter oder 1/8 l dicker saurer Sahne und 100 g geriebenem Hartkäse bereitet werden. Er schmeckt auch zu Pellkartoffeln.

Aufstrich aus grünen Tomaten

Grüne Tomaten zerschneiden, mit möglichst wenig Wasser weich kochen, durch ein Sieb streichen. Dann die Hälfte des Gewichtes an Zucker zufügen und unter Rühren dicklich kochen. Den Aufstrich gut würzen. Dazu dient entweder Pfefferkuchengewürz oder Koriander oder Zitrone. Das Tomatenmark kann zur Hälfte mit Mark von Hagebutten, Preiselbeeren, Schlehen, Pflaumen gemischt werden. Rote Tomaten können in gleicher Weise zu Brotaufstrich verarbeitet werden. Die beste Würze ist immer Zitrone.

Herbstmarmelade

*1 kg entkernte Pflaumen,
1 kg mit Schale und Kerngehäuse in Scheiben geschnittene Äpfel,
1 kg geraspeltes Kürbisfleisch*

Die Pflaumen, Äpfel und das Kürbisfleisch kocht man mit möglichst wenig Wasser gar, dreht danach alles durch die Obstmühle oder streicht die Masse durch ein Sieb. Das Fruchtmark wird entweder ungezuckert sterilisiert oder mit der Hälfte seines Gewichtes an Zucker unter Umrühren eingekocht.

Preiselbeeren mit Birnen

*1 kg Preiselbeeren,
1/2 kg Birnenwürfel, Zucker*

Die Preiselbeeren verlesen, waschen und mit den Birnenwürfeln zu Brei kochen. Nach Belieben kann man ihn durch ein Sieb streichen. Er wird mit der Hälfte seines Gewichtes an Zucker unter Rühren zu Marmeladendicke eingekocht.

Schichtbrote

4-5 Scheiben Pumpernickel, Käsescheiben, Margarine oder Butter, wahlweise Liptauer Käse

Eine Scheibe Pumpernickel wird gleichmäßig dick mit Margarine oder Butter bestrichen, eine Scheibe Käse darauf gelegt, eine zweite Scheibe Pumpernickel mit Margarine/ Butter bestrichen und mit der bestrichenen Seite auf den Käse gelegt. Die aufgelegte Scheibe wird oben mit Margarine/ Butter bestrichen, mit Käse belegt.
Auf diese Weise legt man 4-5 Scheiben Pumpernickel übereinander. Nun die Scheiben zwischen zwei Platten oder Tellern fest pressen oder, mit Papier belegt, mit dem Plätteisen beschweren. Kurz vor dem Anrichten schneidet man mit einem scharfen Messer senkrecht dünne Scheiben. Das Schichtbrot kann auch mit Liptauer Käse bereitet werden, der aber nur mit Margarine, nicht mit Sahne hergestellt sein darf, weil sonst die Feuchtigkeit die Schnitten krumm zieht.

> Schichtbrote sind heute ein witziger Party-Snack und eine Abwechslung bei Picknicks. Verwenden Sie für die einzelnen Schichten verschiedene Käsesorten und Brotaufstriche: mit und ohne Kräuter, mit Paprika, Meerrettich und so weiter.

Preissenkung in HO-Läden

500 g Weizenmehl von 4,00 auf 3,00 Mark

500 g Nudeln von 4,50 auf 3,40 Mark

1 kg Roggenbrot von 3,50 auf 2,50 Mark

1 kg Weißbrot von 7,00 auf 5,00 Mark

125 g Butterkeks von 4,00 auf 3,50 Mark

500 g Zucker von 7,50 auf 6,00 Mark

500 g Kunsthonig von 7,00 auf 5,00 Mark

1 Glas Kirschen von 7,50 auf 6,00 Mark

500 g Schweinefleisch von 30,00 auf 25,50 Mark

500 g Huhn von 25,50 auf 15,00 Mark

500 g Bücklinge von 10,00 auf 4,00 Mark

500 g Margarine von 25,00 auf 18,00 Mark

500 g Butter von 35,00 auf 30,00 Mark

100 g Malzkaffee von 1,50 auf 0,50 Mark

500 g Hackepeter (Schwein) von 25,50 auf 22,00 Mark

500 g Schabefleisch (Rind) von 22,50 auf 20,00 Mark

500 g Hartwurst von 28,00 auf 27,00 Mark

500 g Käse (10 - 20 v.H. fett) von 6,00 auf 5,00 Mark

Ministerium für Finanzen, 1949

Bei einem durchschnittlichen monatlichen Arbeitseinkommen von deutlich unter 500 Mark waren diese Dinge für viele schlichtweg unbezahlbar.

Brombeermarmelade

*1 1/2 kg Brombeeren, 675 g Zucker,
500 g Tropfsaft von gekochten Falläpfeln*

Die nicht zu reifen trockenen Beeren werden zerstampft und, mit 375 g Zucker bestreut, über Nacht kühl gestellt. Der Tropfsaft von gekochten Falläpfeln wird mit 100 g Zucker durchgekocht und abgeschäumt. Dann gibt man ihn zu den Brombeeren, kocht aus, fügt nochmals 200 g Zucker bei und kocht bis zur Geleeprobe. Bei gutem Feuer ist dieser Grad nach kurzer Zeit erreicht.

Klassische Hagebuttenmarmelade

Hagebutten, Zucker, Zitronensaft

Zuerst werden die schwarzen Köpfchen und die kleinen Stiele abgeschnitten, die Früchte gewaschen, abgetropft und auf einem Tuch abgetrocknet.
Zu Marmelade lassen sich die ganzen Früchte kochen. Mit Wasser knapp bedeckt und langsam sieden, bis die Früchte sich zerrühren lassen. Portionsweise durch ein Haarsieb streichen. Auf 100 g dickes Mus 75 g Zucker zusetzen, aufkochen, in Gläser füllen und zubinden.

Die Reste können noch zu einer Suppe ausgekocht oder zu Tee verwendet werden. Für Gelee die Früchte reichlich mit Wasser bedecken, kochen, bis sie zerfallen, und in einen Saftbeutel füllen. Den abgelaufenen Saft abwiegen, mit der gleichen Zuckermenge zu Gelee verkochen. Der Zusatz von Zitronensäure verbessert Farbe und Geschmack.

Laubfrösche

8-12 große Spinatblätter, 20 g Fettigkeit,
4 altbackene Brötchen, 1 Ei, Salz, Muskat,
einige getrocknete Pilze, reichlich Petersilie

Die Spinatblätter hält man einen Augenblick in kochendes Wasser, damit sie ihre Starre verlieren, breitet sie einzeln auf einem Holzbrett aus, füllt sie mit einer Semmelfülle, rollt sie zusammen und brät sie in Fett gar.
Man richtet sie auf Kartoffelschnee an. Für die Semmelfülle werden die Brötchen geweicht, ausgedrückt und mit der Petersilie in Fett gedünstet, bis die Masse sich von der Pfanne löst. Erkalten lassen, Ei, Gewürz und eingeweichte, gewiegte Pilze daruntergeben.

In den 50er Jahren war selbstgekochte Marmelade zuerst einmal eine willkommene Bereicherung des Speisezettels und dann eine gute Möglichkeit, um Obst und Gemüse aus dem Garten zu verwerten. Vieles, was die Natur zu bieten hatte, wanderte ebenfalls in Töpfe und Mägen: Brombeeren, Hagebutten, Schlehen, Preiselbeeren. Das größte Problem aller Rezepte war dabei der Zucker. Diesen gab es nicht immer und wenn, dann nie in ausreichenden Mengen. Nicht selten wurde aus Zuckerrüben (wie auch immer diese vom Feld in die Küche gelangt sein mochten...) Zuckersirup selbst gekocht. All jene, die die Marmeladenrezepte probieren möchten, sollten aber auf den heute handelsüblichen Gelierzucker zurückgreifen.

Früchte, Obst und Gemüse kamen jedoch nicht nur als Marmeladen auf den Speisezettel. Sie waren in vielen Variationen Beilage und Hauptgericht.

19

Gurken in süßsaurer Tunke

2-4 etwa handlange Gurken,
10 g Fettigkeit oder 20 g Speckwürfel,
1 Zwiebel, 50 g Mehl,
1/2 l Bier, Salz, Essig, Zucker
oder Zuckersirup
(auch Süßstoff ist geeignet)

Fett oder Speckwürfel erhitzen, Zwiebelwürfel darin glasig werden lassen. Speck- und Zwiebelwürfel herausnehmen. Mehl zugeben, rühren, bis es zart gebräunt ist. Nach und nach mit Bier auffüllen, Speck- und Zwiebelwürfel hineingeben. Mit Salz, Essig, Zucker abschmecken.
Die Gurken schälen, in Längsviertel schneiden und in die Soße geben. Kurz aufkochen lassen. Auch Salzgurken sind für dieses Gericht geeignet. Dann entsprechend vorsichtig würzen.

Pilzpuffer

250 g frische Pilze, 500 g Kartoffeln,
Öl, 1 geriebene Zwiebel
oder frische Kräuter,
1-2 Eßl. Mehl oder Grieß,
Salz, frischer Salat

Die frischen Pilze putzen, waschen, gut abtropfen, wiegen. Die Kartoffeln roh reiben und mit den Pilzen vermischen, salzen. Wenn der Teig zu weich ist, 1-2 Löffel Mehl, Grieß oder Haferflocken untermengen.
Nach Geschmack geriebene Zwiebeln oder gehackte Kräuter mit in den Teig geben. Öl oder Fett in der Pfanne erhitzen, Teig löffelweise hineingeben, breitdrücken und auf beiden Seiten knusprig braten.
Frischer Salat ergänzt das Gericht.

Pilz-Kartoffel-Salat

Getrocknete Pilze, 1/4 l Magermilch,
500 g gekochte, in Scheiben geschnittene
Kartoffeln, 1 rohe Kartoffel, 1 kleine Zwiebel,
Senf, Salz, Pfeffer, Essig, 1 geraspelte Möhre,
geröstete Brotscheiben

Zwei Hände voll eingeweichter getrockneter Pilze schmort man weich. Von 1/4 l kochender Magermilch und einer großen geriebenen rohen Kartoffel macht man eine imitierte Mayonnaise, gibt sie durch ein Sieb, fügt die in Scheiben geschnittenen Kartoffeln und die gewiegten Pilze bei, würzt mit Senf, Salz und Pfeffer, säuert mit Essig und gibt noch eine feingewiegte Zwiebel dazu. Man richtet in einer Glasschüssel bergartig an, überzieht mit etwas zurückbehaltener Mayonnaise, legt einen Kranz von geraspelter Möhre darum, auf den man in Abständen kleine Häufchen von gewiegten Pilzen setzt und serviert zu gerösteten Brotscheiben.

Hagebuttensuppe

50 g getrocknete Hagebutten,
1 l Wasser (besser Apfelsaft oder Wein),
Zucker, Zitronensaft, Kartoffelmehl,
20 g Butter, 1 altbackenes Brötchen

Die getrockneten Hagebutten setzt man in kaltem Wasser an und läßt sie leise sieden, bis die Früchte weich sind. Durchschlagen und die eingedampfte Flüssigkeit wieder ergänzen. Besonders gut schmeckt die Suppe, wenn man statt Wasser Apfelsaft oder Wein verwendet. Mit Zucker, Zitronensaft oder Weinsteinsäure abschmecken und mit kalt angerührtem Kartoffelmehl binden.

Ein altbackenes Brötchen in dünne Scheibchen scheiden, in Butter anbraten, mit Zucker bestreuen und bei mildem Feuer weiter braten, bis die Scheibchen von dem zerlaufenen Zucker überzogen sind. Diese Knackerchen werden erst bei Tisch in die Suppe gegeben.

Sehr gut schmecken auch Klößchen aus Eiweißschnee dazu: 1 Eiweiß steif schlagen, zuletzt 20 g Zucker und ein wenig Vanillezucker zugeben. Mit einem Teelöffel Klößchen davon abstechen und in die Suppe geben.

Gulaschsuppe

100 g Fleisch, 1 Zwiebel, 1 Möhre,
1 Stück Sellerie, 50 g Fett, 3/4 l Wasser,
1 Eßl. Mehl, 2 Eßl. saure Sahne,
Salz, Paprika

Fleisch, Zwiebel und Gemüse in feine Würfel schneiden und in 30 g Fett anbraten. Das siedende Wasser zufügen und solange schmoren, bis alles gar ist. Das Mehl mit dem restlichen Fett bräunen und zur Suppe geben.
Nochmals kräftig durchkochen lassen, mit Salz und Paprika abschmecken und die saure Sahne unterrühren.

Kochen und Heizen mit 3 Briketts

Die knappen Zuteilungen Kohlen in den vergangenen Wintern haben uns gelehrt, wie wir am sparsamsten unser Zimmer heizen und dabei gleich kochen können. Um das Ergebnis vorweg zu nehmen: Bei einer Außentemperatur bis zu null Grad heizen wir jetzt unser 12 qm großes Zimmer mit nur 3 Briketts und kochen dabei gleichzeitig 6 Liter Eintopfessen oder backen einen Kuchen von 1 Pfund Mehl. Mit der Nachwärme wird das Wasser der 4 Liter fassenden Wärmeflasche auf etwa 50 Grad gebracht. In ein doppeltes Moltontuch gepackt, wärmt sie Bett und Mensch angenehm für eine ganze Nacht, und am Morgen ist ihr Wasser lauwarm verwendbar zum Zähneputzen der ganzen Familie, zum Rasieren für den Vater und zum Waschen für das Jüngste. Die Wärmeentwicklung von 3 Briketts wurde auf diese Weise bis zum Letztmöglichen der Wirkung gebracht. Sinkt die Außentemperatur unter null Grad, werden je nach Stärke des Frostes nach 4-5 Stunden 2-3 Briketts nachgelegt, die nochmals 6 Liter Essen garen und das Ausnutzen der Wärme für andere Zwecke erlauben.

1950

Lob der Sandkiste

Jede Frau, die eine Familie zu versorgen hat, ist darauf bedacht, für die Frühjahrsmonate etwas Gemüse einzuwintern. Während wir Kraut gern im Faß einsäuern, möchten wir Wurzelgemüse möglichst frisch erhalten. Die im trockenen und kühlen, aber frostfreien Keller aufgestellte Sandkiste oder der in einer Ecke aufgeschichtete Sandberg tun uns dabei gute Dienste. Das Gemüse: Mohrrüben, Petersilienwurzeln, Meerrettichstangen und rote Rüben, muß trocken und flecklos sein. Es wird entblättert auf einer handhohen Schicht Sand so nebeneinandergelegt, daß kein Stück das andere berührt. Darauf kommt die zweite Schicht Sand, wieder Gemüse und so fort, bis eine Sandschicht den Abschluß bildet. Es hält sich auf diese Weise tadellos bis zum Frühjahr. Tomaten (auch Pflaumen) kann man in ein Faß oder in eine Kiste zwischen trockene Sägespäne legen und so bis gegen Weihnachten frisch halten.

1952

Backen erforderte besonders viel Phantasie. Dabei schien der Probierfreudigkeit, was sich wodurch am besten ersetzen ließ, keine Grenzen gesetzt. Haferflocken kamen zu ungeahnten Ehren als Kokosraspelersatz, Kaffeesatz (der ohnehin mehr aus Getreide denn aus Kaffee bestand) ließ sich immer noch zu Tortenböden oder Plätzchen verarbeiten und mit Eipulver statt Eiern sowie Kartoffeln ging das Backen notfalls auch.

Mohren-Makronen

500 g gemahlene Roggenkörner,
3 gekochte, kalte, geriebene Kartoffeln,
120 g gemahlener Kaffee-Ersatz,
125 g Zucker, 1 Ei, Bittermandelaroma,
1 reichlichen Eßl. Honigkuchengewürz,
1 1/2 Backpulver, 1 Prise Salz, Wasser

Die Zutaten verrühren, soviel Wasser hinzufügen, daß es einen bündigen Teig gibt. Davon werden mit einem Löffel in der Art der Makronen kleine Häufchen auf das Backblech gesetzt und bei guter Hitze gebacken.

Krokant-Schnitten

500 g goldbraun geröstete, gemahlene
Weizenkörner, 1 Ei, 25 g Butter,
2 große gekochte, geriebene, kalte Kartoffeln,
1 Teel. Zimt, 1 Backpulver, Salz, Wasser

Die Zutaten mischen und soviel Wasser zufügen, daß es einen festen Teig gibt. Dieser wird ausgerollt, in zweifingerbreite Streifen geschnitten und bei guter Hitze gebacken. Danach oval ausgestochen und mit Creme oder Marmelade zusammengesetzt, sieht das Gebäck auch nett aus.

Gefüllter Kranz

Für den Hefeteig: *250 g Mehl, 15 g Hefe, knapp 1/4 l Milch oder Molke, 30 g Zucker* Außerdem: *65 g Butter oder Margarine, 50 g Zucker, 2 Eßl. Milch, Trockenobst, gehackte Nüsse*

Grundlage ist ein einfacher Hefeteig, der aus den genannten Zutaten wie bekannt bereitet wird. Ist er zum zweiten Male gegangen, wird er zu einer rechteckigen Platte ausgerollt, die mit Butterschaum aus mit Zucker und Milch schaumig gerührter Butter (oder Margarine) bestrichen wird. Die Mitte der Teigplatte wird mit gehackten Nüssen und/ oder Trockenobst bestreut. Nun schlägt man den Teig von beiden Seiten zu je einem Drittel übereinander und schneidet ihn in drei Streifen, die zum Zopf geflochten und auf dem gefetteten Backblech zum Kranz geschlossen werden.
Mit Zuckerwasser bestrichen und mit Nüssen bestreut wird der Kranz bei Mittelhitze gebacken.

Apfelnapfkuchen

500 g Äpfel, 200 g Zucker, Milch oder Wasser, 2 Eier oder entsprechende Menge Eipulver, 500 g gesiebtes Mehl, 1 Backpulver, Salz, Zimt, Mandelaroma, Koriander

Die Äpfel raspeln und eingezuckert über Nacht stehen lassen, damit sie Saft ziehen. Am anderen Tage werden die Eier (oder entsprechend Eipulver) mit dem Zucker schaumig gerührt, worauf man das mit Backpulver gemischte Mehl siebt, die Äpfel, eine Prise Salz und wenn nötig ein wenig Milch oder Wasser beifügt. Nach Belieben

wird mit Mandelessenz, gemahlenem Koriander oder Zimt gewürzt. Den dickflüssigen Teig in gut gefetteter Form bei Mittelhitze goldgelb backen. Man kann den Kuchen mit einer Zuckerglasur bestreichen oder mit Staubzucker bestreuen.

Leckerli

1-2 Eier, 100 g Zucker, 200 g Semmelbrösel, 50 g gemahlene Nüsse, 1 Eßl. Mehl, Salz, Gewürze

Die Eier mit dem Zucker schaumig rühren und mit Semmelbröseln, gemahlenen Nüssen, Mehl, einer Prise Salz und beliebigem Gewürz zu einem Teig verarbeiten, den man in kleine Formen preßt, ausstürzt und auf gefettetem Blech bäckt. Nimmt man nur 1 Ei, gibt man ein klein wenig Milch oder Molke dazu. Der Teig muß sich zum Kloß formen lassen. Die Leckerli können nach dem Backen mit Zucker- oder Schokoladenguß glasiert werden.

Zuckerherzen

100 g Mehl, 1 Teel. Backpulver, 65 g Fett, 85 g Haferflocken, 80 g geriebene Kartoffeln, 75 g Zucker, 1 Ei, 30 g geriebene Nüsse, Gewürze

Das mit dem Backpulver gesiebte Mehl, die Haferflocken, gekochte, geriebene Kartoffeln, Fett, Zucker, Ei, geriebene Nüsse und beliebiges Gewürz werden auf dem Backbrett zu einem Teig verknetet, den man ausrollt, zu Herzen aussticht und auf gefettetem Blech bäckt. Noch warm werden sie mit Zuckerguß aus 75 g Staubzucker und 1-2 Teelöffeln Wasser oder Fruchtsaft bestrichen.

Spritzgebackenes

50 g Butter, 1 Ei, 100 g Zucker, 12 Eßl. Milch, 100 g Mehl, 200 g Haferflocken, 1/2 Backpulver

Butter, Zucker und Ei werden schaumig gerührt und mit Milch oder Molke, Salz, Gewürz, dem mit Backpulver gesiebtem Mehl und den gemahlenen oder gewiegten Haferflocken zu einem Teig verarbeitet. Auf ein gefettetes Blech spritzt man „S" und Ringe oder setzt Häufchen auf, die bei guter Hitze goldgelb gebacken werden.

Ostertorte

50 g Butter, 100 g Zucker, 1 Ei, 200 g Mehl, 200 g Haferflocken oder Vollkornschrot, 1 Backpulver, 1/4 l Milch, Marmelade

Aus Butter, Zucker und 1 Ei (schaumig gerührt) sowie Mehl und feinem Vollkornschrot oder gemahlenen Haferflocken, mit Backpulver vermischt, und Milch oder Molke Teig bereiten. Die Hälfte davon in eine reichlich gefettete Springform drücken, Marmelade darüberstreichen, die andere Teighälfte daraufgeben und bei Mittelhitze goldgelb backen. Heiß mit Marmelade überziehen, mit gehackten Nüssen oder gerösteten Haferflocken bestreuen.

Eierlikör

4 Eidotter, 2 ganze Eier, 200 g Zucker und 1/4 l Milch, 1/4 l Alkohol (am besten Wodka, er ist geschmacksneutral)

Zutaten bis auf den Alkohol in leise siedendem Wasserbad schlagen, bis die Masse dicklich wird. Unter stetem Weiterrühren den Alkohol zuführen. Nach dem Abkühlen durch ein Sieb gießen und in eine Flasche füllen. Dieser Eierlikör hält sich nicht lange, er ist zum raschen Verbrauch bestimmt.

Johannisbeerlikör

*500 g schwarze Johannisbeeren,
1 l Weinbrand (hochprozentig),
1/4 l Wasser, 500 g Zucker*

Die vollreifen schwarzen Johannisbeeren mit einer Gabel von den Stielen abstreichen. Nur staubige Beeren vorher waschen. Die Früchte leicht zerdrücken, in eine Flasche füllen und mit dem Weinbrand übergießen.
Die festverkorkte Flasche einige Wochen in die Sonne stellen. Den Alkohol abfüllen, die Früchte mit Wasser übergießen, einmal aufkochen, den Saft ablaufen lassen und mit dem Zucker kochen. Wenn dieser Zuckersaft erkaltet ist, wird er mit dem Alkohol gemischt, in Flaschen gefüllt, fest verkorkt und versiegelt. Die Flaschen müssen stehend aufbewahrt werden. Der hohe Alkoholgehalt greift sonst den Korken an, dadurch würde der Geschmack beeinträchtigt.
Je länger der Likör lagert, desto feiner wird er. Die Vorschrift verlangt „mindestens ein Jahr"! Kirsch-, Erdbeer-, Himbeer-, Aprikosenlikör lassen sich in gleicher Weise bereiten.

Erfrorene Lebensmittel lassen sich retten. Angefrorene Kartoffeln kann man zu süßen Kartoffelspeisen und vor allem für Kuchen verwenden. Solche Kartoffelgebäcke zeichnen sich trotz geringer oder fehlender Fett- und Eizugabe durch einen saftigen, angenehmen Geschmack aus. Der Kartoffelzusatz macht zudem die Backware nahrhafter und billiger. Die Kartoffeln hierfür werden stets mit der Schale gekocht, geschält und gerieben. Angefrorene, süß schmeckende Kartoffeln sind also noch gut zu gebrauchen. Erfrorene Eier legt man, ohne sie vorher in die Wärme zu bringen, in recht kaltes Wasser, dem etwas Kochsalz beigefügt wurde. Dadurch zieht der Frost heraus. Erfrorene Äpfel werden ebenso behandelt, doch wird dem eiskalten Wasser kein Salz zugefügt. In solchem Wasser löst sich der Frost kristallähnlich schnell aus den Äpfeln. Sie sind bald wieder mürbe und schnittfähig und können nun zerkleinert und zum Kochen, z. B. für Marmelade, zugerichtet werden.

1954

Freude am Kochen

Nach und nach verbesserte sich auch östlich der Elbe die Situation. In vielen Haushalten verdienten nun zwei, die Nettoeinkommen stiegen. Man konnte sich einiges leisten. Überall entstand Neues. Bis heute verbinden viele die Anfangsjahre mit Aufbauinitiativen, Arbeiter- und Bauernfakultäten, mit dem Selbstbewusstsein junger Frauen an Produktionsmaschinen und der festen Überzeugung: es geht vorwärts.

Natürlich ist das nur die eine Seite. In jenen Jahren mussten bisherige Wert- und Denkmuster über Bord geworfen werden. Die gesellschaftlichen Änderungen wandelten auch die Familie. Kindererziehung wurde „nach außen" verlagert. Berufstätige Mütter mussten schließlich ihre Kinder irgendwo unterbringen. Kinderkrippen und Kindergärten sorgten nicht nur für die Erziehung, sondern auch für die Ernährung, ebenso die Schulen. Bald war es selbstverständlich, dass in der Woche nicht zu Hause gegessen wurde. Selbst die Urlaubstage beglückten den normalen DDR-Bürger mit Gemeinschaftsverpflegung in den Heimen des FDGB. Da hatte man sich längst an den einheitlichen Geschmack von Bratensoßen gewöhnt, wusste weiße Massen an Konsistenz und Geruch als Makkaroni, Reis oder Kartoffeln einzuordnen und war in das allgegenwärtige Mischgemüse fast schon verliebt.

Es waren aber auch jene Jahre, in denen der kleine Lebensmittelladen um die Ecke noch Brausepulver führte und Gläser voller herrlicher Bonbons, mit denen man sich nicht nur die Zähne ruinieren konnte, sondern auch die Lippen rot färben. Milch holte man noch in einer Blechkanne beim Milchmann, der auch Butter von einem großen Stück abschnitt, wenn in seinem Buch stand, dass einem noch welche zustand.

26

Noch immer stand die Aufgabe, alles so gut wie irgendmöglich zu verwerten, aus wenigem möglichst viel zu machen. Und so verwundert es nicht, dass sich Mitte der 50er Jahre in Kochbüchern und Ratgebern Anleitungen finden, was alles aus einem einzigen Kaninchen herauszuholen ist und wieviel die kluge Hausfrau mit immerhin 5 Eiern anfangen kann.

Was kann man aus einem Kaninchen alles machen!

Recht viel - wünschen wir uns, und wenn wir gut einteilen, gibt es auch eine Woche lang jeden Tag etwas Leckeres. Am Schlachttag macht den Anfang **Tiegelwurst:** Blut auffangen, gut verrühren und mit eingeweichter Semmel oder mit dickem Grützebrei verarbeiten. Mit Zwiebel, Salz, Majoran und Pfeffer würzen und mit etwas Fett durchbraten.

Am anderen Tag kommt die **Leber** auf den Tisch. Gewaschen, in dicke Scheiben geschnitten, in Mehl gewendet, zart mit Salz und Pfeffer bestreut, in heißem Fett zusammen mit Apfel- und Zwiebelscheiben gebraten - ein ganz feiner Bissen! **Hasenpfeffer** wird aus Kopf, Herz, Lunge, Milz und Hals mit einer braunen, süßsauer abgeschmeckten Tunke zu Pellkartoffeln gekocht. **Sülze** können wir aus den gut gesäuberten und gründlich gewässerten Eingeweiden zusammen mit etwas Gemüse und Geleepulver bereiten. **Fleischröllchen** mit Semmel- oder Zwiebelfülle und einer würzigen Tunke machen wir aus den Bauchlappen.

Rücken und Keulen eingelegt in Essigwasser oder Buttermilch, sind inzwischen mürbe geworden und geben Festtagsbraten zu Klößen und Kraut. Und mit den **Hasenfettgrieben** backen wir zum Schluß noch eine Linzer Torte.

Ich habe 5 Eier…was mache ich damit?

3 Eier für einen Frankfurter Kranz und 2 Eier für Osterwecken, oder 2 Eier für Osterwecken, 1 Ei für eine Vanillespeise und 2 Eier für pikante Eierförmchen zum Abendbrot, oder 3 Eier für den Frankfurter Kranz und 2 Eier für ein Überraschungsomelett oder 2 Eier für Osterwecken und 3 für Schwalbennester? Nur für die Echte Eierschecke reichen sie leider nicht…

Osterwecken

500 g Mehl, 20 g Hefe, 1/8 l Milch,
100 g Zucker, 100 g Butter, 2 Eier

Man verquirlt die Eier und stellt 1/2 Ei zurück. Alle Zutaten werden zu einem zarten Hefeteig verarbeitet, der über Nacht, kühl gestellt, gehen muß. Am Morgen wird der Teig zusammengestoßen und 12 Wecken daraus geformt, die man 1/2 Stunde an warmer Stelle gehen läßt, bevor man sie mit dem zurückgestellten Ei bestreicht und lichtbraun bäckt. Die Wecken können verschieden geformt werden. Man kann ein rohes Ei in den Teig eindrücken, das in der Backhitze gar wird.

Pikante Eierförmchen

3 Eier, 100 g geriebene Semmel,
50 g Margarine, 1 Eßl. Tomatenmark,
Pilzwürze, 1 Eßl. gewiegte Petersilie,
1 Prise Paprika, Salz, Fett

2 Eier werden hart gekocht. Die Margarine wird schaumig gerührt. Das dritte Ei mit 1/8 l Wasser verquirlt und mit den übrigen Zutaten abwechselnd zugegeben. Der Teig muß geschmeidig

sein; wenn er krümelig ist, gibt man noch etwas Wasser oder Brühe zu. Tassen, Förmchen oder Schälchen werden mit Öl ausgepinselt. In jede Form legt man 1 halbiertes Ei mit der Schnittfläche nach unten ein, füllt löffelweise Teig darum und drückt ihn ein. Die Förmchen werden 20-30 Minuten in leise siedendes Wasser gestellt und kurz vor dem Auftragen gestürzt. Der Teig kann auch mit gehacktem Schinken oder Räucherfisch gewürzt werden, oder man fügt statt der Petersilie 2 Eßl. grob gewiegten Spinat ein.

Schwalbennester

3 Eier, 3 Schinkenscheiben,
3 dünne Schnitzel, Bratfett

Die Eier werden 6 Minuten gekocht und geschält. Dann wickelt man jedes Ei in eine Schinkenscheibe, dann in ein dünn geklopftes Schnitzel und steckt die Hülle mit einem Holzspeilerchen zusammen. Diese Nester werden in sehr heißem Fett von allen Seiten rasch gebraten, aufgeschnitten und auf Röstbrot angerichtet. Man kann die Eier auch mit Hackbratenmasse umhüllen und braten.

Echte Eierschecke

Für den Hefeteig: *250 g Mehl, 1/8 l Milch,*
10 g Hefe, 25 g Zucker, 3 g Salz, 20 g Butter
Zitronenschale oder -aroma, 20 g Fett
Für die Quarkmasse: *300 g Quark*
(durch ein Sieb streichen), 2 Eier,
50 g Butter, 20 g Mehl, 50 g Zucker,
2-4 Eßl. Milch,
Zitronenschale oder -aroma
Für die Streusel: *100 g Mehl, 50 g Butter*
oder Margarine, 50 g Zucker, Vanillezucker
Für die Eierschecke: *6 Eiweiß,*
100 g Staubzucker, 6 Eigelb, 50 g Mehl,
1/8 l Schlagsahne, 10 g bittere Mandeln

Alle Zutaten für den Hefeteig zu einem geschmeidigen Teig verarbeiten, der 1 Stunde gehen muß. Dann wird er durchgeknetet und auf einem gut gefetteten Blech dünn ausgerollt. Für die Quarkmasse alle Zutaten, außer der Butter, gründlich verrühren. Die Butter wird flüssig gemacht und zuletzt untergemengt. Dann die Zutaten für die Streusel verkneten, zu Streuseln zerkrümeln und bis zum Verbrauch kalt stellen. Für die Eierschecke die Eiweiß mit dem gesiebten Zucker steif schlagen, Eigelb, Mehl und die gehackten Mandeln zufügen und zuletzt die steif geschlagene Sahne unterziehen.
Der dünn ausgerollte Hefeteig wird mit der Quarkmasse bestrichen und mit Streuseln, Rosinen und Mandelstiften bestreut, dann mit der Eimasse überzogen und bei Mittelhitze gebacken. (Streusel, Rosinen und Mandeln können wegbleiben). Das Backblech muß ringsum einen Rand haben und ganz gerade im Ofen stehen, da sonst der in der Hitze flüssig werdende Belag herunterläuft. Die angegebenen Mengen reichen für ein Backblech von 30 x 40 cm.

In jenen Jahren kamen die Rezepte der guten deutschen Hausküche wieder zu Ehren. Standardgerichte für Suppen, Braten und Beilagen, ja ganze Wochenspeisepläne finden sich in den Rezeptbüchern dieser Jahre. Ein unerschöpflicher Fundus für all jene, die gute Hausmannskost schätzen. Zum Beispiel die so beliebte Kartoffelsuppe, vielleicht das typischste aller Sonnabendgerichte.

Und so hat sich bei uns zu Hause trotz aller Verfeinerungen am thüringisch-sächsisch-anhaltinischen Grundrezept meiner Großmutter und Mutter bis heute wenig geändert - außer, dass schon längst keine Brühe von Markknochen mehr gekocht wird, sondern schnell bereitete Instant- Gemüsebrühe an ihre Stelle getreten ist.

Kartoffelsuppe I

750 g rohe Kartoffeln, 1 Wurzelwerk, 60 g Speck , 1 Zwiebel, 2 Eßl. Mehl, Salz, Paprika, Muskat, Röstbrot, Petersilie

Die rohen Kartoffeln werden in 1 1/4 Liter Salzwasser mit gehacktem Wurzelwerk weichgekocht und durchgestrichen. Eine weichgekochte Sellerieknolle (sie ist im Wurzelwerk enthalten) schneidet man zur Hälfte in Würfel und streicht die andere Hälfte durch ein Sieb. Die gehackte Zwiebel im Fett hellgelb schmoren, das Selleriemus zugeben und mit dem kalt angerührten Mehl binden. Mit der Selleriebrühe aufkochen. Die Brühe wird mit der Kartoffelsuppe vermischt, mit Salz, Paprika und Muskat abgeschmeckt und noch einmal kurz durchgekocht. Die Selleriewürfel werden in Butter mit gehackter Petersilie kurz gebraten und mit Röstbrot zur Suppe gegeben.

Die staatliche Handelsorganisation der DDR, die HO, wurde bereits 1948 auf der Grundlage des ersten Zweijahrplanes geschaffen. Sie begann mit 23 „freien Läden" und 25 „freien Gaststätten" und sollte vor allem die Schwarzmarktaktivitäten unterbinden. 1956 schließlich wurde in Berlin die erste HO-Kaufhalle eröffnet.
Die bereits 1945 wieder gegründeten Konsumgenossenschaften, kurz KONSUM, bauten ihr Verkaufs- und Gaststättennetz bevorzugt in den ländlichen Gebieten aus. In beiden wurden Waren unter Schwarzmarktpreisen verkauft, jedoch immer noch deutlich teurer als die subventionierten Lebensmittel und Waren auf Marken.

Es ist noch gar nicht so lange her, daß die Rezepte für eine Kartoffelsuppe sehr aktuell waren. In der Eisenbahn, beim Anstehen am Gemüsegeschäft tauschten wir unsere Küchengeheimnisse aus, und die Zubereitung einer sparsamen Kartoffelsuppe stand dabei an oberster Stelle. Sie wissen doch: Rohe Kartoffeln in kochendes Wasser reiben und dann mit Salz und Majoran würzen.
1952

Kartoffelsuppe II

*500-750 g mehlig kochende Kartoffeln,
1 Wurzelwerk, 1 große Zwiebel,
100 g frische oder getrocknete Waldpilze,
1 große Möhre, 2-3 Fleischtomaten,
reichlich frisches Selleriekraut,
Gemüse- oder Fleischbrühe,
pro Person 1 Bockwurst oder 2 Wiener
Würstchen, 1 Eßl. Öl, Salz, Pfeffer, Paprika,
Gewürzgurken, Essig, frische Kräuter
(z. B. Petersilie, Kerbel, Basilikum und
Liebstöckel/ Maggikraut)*

Die in kleine Würfel geschnittene Zwiebel wird in einem großen Topf in heißem Öl scharf angebraten, dabei darauf achten, daß sie nicht schwarz wird. Tomatenstückchen schnell zugeben, durchbraten und mit reichlich Brühe aufgießen. Die geschälten, in große Stücke geschnittenen rohen Kartoffeln mit dem geschnittenen Wurzelwerk und einer Handvoll frischem Selleriekraut in die kochende Brühe geben. (Getrocknete Pilze nach kurzem Einweichen ebenfalls mitkochen). Nach ca. 10 Minuten die geputzte, geschnittene Möhre zufügen. Die Suppe solange kochen, bis sich die Kartoffeln leicht zerdrücken lassen. Mit einem Schaumlöffel Kartoffelstückchen und Gemüse herausnehmen und noch heiß mit Hilfe einer Kartoffelpresse in einen zweiten Topf drücken. Anschließend soviel heiße Brühe auffüllen, daß eine nicht zu dünne Suppe entsteht. (Achtung: diese Suppe hat die Angewohnheit schnell nachzudicken!)
Mit Paprika, Pfeffer und Salz abschmecken. Die Würstchen zugeben und nochmals kurz aufkochen lassen, dabei umrühren und darauf achten, daß sie nicht anlegt. Mit reichlich gehackten frischen Kräutern (dazu auch das gehackte, frische Selleriekraut verwenden) und kleinen Gewürzgurkewürfelchen servieren. Je nach Geschmack kann sie bei Tisch mit Essig säuerlich abgeschmeckt werden.

Werden frische Pilze verwendet, werden diese geputzt, in Würfel geschnitten und mit Zwiebel und etwas Speck in der Pfanne gebraten, kräftig gewürzt und zum Schluß unter die fertige Suppe gehoben.

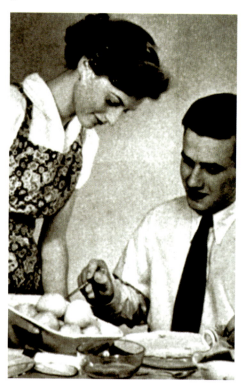

Ein fast ebenso deutsches Essen wie Kartoffelsuppe sind Sülzen in allen Formen und Variationen. Sie erscheinen als Hauptgerichte und Beilagen, kommen aufs Brot und sogar auf Kalten Büffets zu Ehren. Bis heute findet man auf Speisekarten, die mit Hausmannskost werben, Sülze mit Bratkartoffeln und Remoulade. Hier einige Anregungen:

Geflügelsülze

*1 Kalbsfuß, 250 g Knochen,
1 Zwiebel, 1 Lorbeerblatt
oder 1 Sellerieblatt,
1 Möhre und 1 Petersilienwurzel,
1 1/2 l Wasser, Essig, 1 Eiweiß,
gekochtes Geflügelfleisch (auch Reste),
Tomate, Gurke, Möhre,
Radieschen, 1 hart gekochtes Ei*

Kalbsfuß und Knochen werden mit Zwiebel, Lorbeerblatt, Möhre und Petersilienwurzel in kaltem Wasser angesetzt und 2 Stunden leise gekocht. Die Brühe wird abgegossen, kräftig mit Essig abgeschmeckt und kalt gestellt.
Am anderen Tage wird das abgesetzte Fett heruntergenommen und die Sülze noch einmal in einem Ton- oder Emailletopf erwärmt. Um die Brühe zu klären, gibt man auf 1 1/2 l Flüssigkeit 1 gut geschlagenes Eiweiß und läßt zusammen unter Schlagen aufkochen. Das Eiweiß ballt sich zu großen Flocken zusammen und nimmt alle feinen Fleischteilchen, die die Brühe trübe machen, auf. Die Flüssigkeit wird zweimal durch ein Tuch geseiht und ist dann gebrauchsfertig. Von gekochtem Geflügel werden die Knochen ausgelöst. In die kalt ausgespülte Form werden einige Löffel Sülzbrühe gegeben und, wenn sie halbfest ist, eine Verzierung aus gekochten Möhren-, rohen Tomaten- oder Gurkenscheiben und die Fleischstücke eingelegt. Dann wird die Sülzbrühe aufgefüllt.
Nach dem Erstarren stellt man die Form kurz in heißes Wasser, stürzt die Sülze auf eine Platte und umlegt mit Eischeiben oder -vierteln, Gurken- oder Tomatenscheiben oder Radieschen.

Der erste Fünfjahrplan (1950-1955) hatte auch die Verbesserung des Warenangebotes zum Ziel. Angestrebt wurden sinkende Preise und steigende Löhne. 1953 wurden die Preise für Lebensmittel, Genussmittel und Verbrauchsgüter per Gesetz gesenkt, was bedeutete, dass mehr als 10.000 Waren zu deutlich herabgesetzten Preisen verkauft werden konnten. Zugleich wurde eine gleichmäßigere und bessere Verteilung der Waren angestrebt. Die HO erweiterte ihr Verkaufsstellennetz auf über 25.000 Verkaufsstellen und gliederte ihr Netz außerdem in die großen HO Warenhäuser, die HO Industriewaren und die HO Lebensmittel sowie die HO Gaststätten. Schon der 2. Fünfjahrplan (1956 - 1960) gab die Zielstellung aus, „den Pro-Kopf-Verbrauch der Bevölkerung Westdeutschlands einzuholen bzw. zu übertreffen".

Wie teile ich mein Geld ein

Ernährung: Hier kann man sich zwar nach den Rationen eine Grundsumme errechnen, aber es gibt doch daneben allerlei, Gemüse, Kartoffeln z. B., das frei käuflich ist: Wieviel seines Einkommens man also dafür festlegt - vielleicht sollte man doch einmal vier Wochen lang aufschreiben, was man zum Essen gekauft hat.
1950

Solange die Fleischversorgung nicht reibungslos gesichert war – und wann in all den Jahren war sie das schon – griff man vor allem auf Karpfen, Gans, Hase und Kaninchen zurück, wenn es um einen Festtagsbraten ging.

Karpfen auf erzgebirgische Art

1 Karpfen, reichlich Gemüse (Sellerie, Möhren, Petersilienwurzel, Pastinaken, Kohlrabi), 1 Eßl. Butter, 1 Flasche Bier, Salz

Eine längliche, feuerfeste Deckelschüssel ist zur Zubereitung am besten geeignet. Der Boden wird mit Butter bestrichen und mit einer dikken Lage in feine Stifte geschnittenem und mit ein wenig Salz bestreutem Gemüse gefüllt. Darüber wird Bier gegossen. Wenn das Bier kocht, wird der vorbereitete, innen mit Salz eingeriebene Karpfen auf das Gemüse gelegt und fest zugedeckt gedünstet. Mit Butterflöckchen belegen und mit Salzkartoffeln auftragen.

Gefüllte Hasenkeule

1 Hasenkeule, durchwachsener Räucherspeck oder 250 g Schweinekamm oder 100 g altbackene Brötchen, 50 g Speck, 1/2 Zwiebel, 1 Ei oder 1 Teel. Kartoffelmehl, Pfeffer, Salz

Hat man nur eine Keule, die für 4 Personen reichen soll, dann ist es am besten, wenn man die Keule auftrennt, die Knochen auslöst und dafür eine Fülle hineingibt. Vor dem Braten muß die Keule zugenäht werden. Als Fülle eignet sich ein Stück durchwachsener Räucherspeck oder ein Stück Schweinefleisch oder auch eine Fülle aus eingeweichter Semmel und in gewürfeltem Speck glasig gebratenenen Zwiebelwürfelchen, die mit Ei oder Kartoffelmehl gebunden wird. Mit Pfeffer und Salz abschmecken. Wie Hasenbraten bereiten. Bratzeit 40–60 Minuten.
<u>Hinweis:</u>
Rücken und Keulen eines jungen Hasen sind in 30–40 Minuten gar gebraten, einen alten Hasen muß man schmoren.

Gänseleberbutter

200 g Gänseleber, 20 g Butter, 1 Brötchen, 1 Eßl. fein gewiegte Petersilie, 125 g gerührte Butter

Die Gänseleber wird in Butter zugedeckt gedämpft und danach fein gewiegt. Von einem Brötchen wird die Rinde abgeschält und die weiche Krume in ein wenig Brühe eingeweicht, ausgedrückt und zerpflückt. Brötchen, Leber und die ganz fein gewiegte Petersilie vermischt man mit der gerührten Butter und streicht alles auf geröstete Weißbrotscheiben.

Wenn man die Masse aufspritzen will, dann muß sie vorher durch ein Sieb gepreßt werden, damit sie ganz glatt ist.

Gänsebraten

1 Gans, Salz, Äpfel oder andere Füllung nach Geschmack, Beifuß, 1 Teel. Kartoffelmehl

Den ganz sauber ausgewaschenen Gänsebauch abtrocknen, mit Salz ausreiben. Eine junge Gans füllt man gleich, eine alte wird 1/4 bis 1/2 Stunde vorgekocht, dann gefüllt und mit einer Bratennadel zugenäht. Die Gans wird auf das Fett in die heiße Pfanne gelegt, 1/4 l kochendes Wasser zugegossen und in der Röhre gebraten, dann hebt man die Gans heraus und stellt sie auf einer Platte heiß.
Die Soße wird mit wenig in kaltem Wasser angerührtem Kartoffelmehl gebunden. Zur Gans reicht man Klöße und Rotkraut, Rosen- oder Grünkohl.
Hat man nur ein Stück Gans zur Verfügung, dann wird es am besten ausgebeint und so zusammengelegt, daß ringsum außen Haut ist. Das beste Stück wird zusammengenäht und gebraten. Diese Form ist besonders als kalter Bratenaufschnitt zu empfehlen.

Jawohl, wir haben allen Grund, den Jahreswechsel zu feiern! Im Gespräch werden wir die Erfolge der vergangenen Monate uns noch einmal vergegenwärtigen und Pläne für die Zukunft machen. Es wird ein neues Jahr kommen, das den friedlichen Aufbau und einen sich immer höher entwickelnden Lebensstandard weiterführen wird. Und darauf wollen wir mit unseren Freunden anstoßen, so wie es Sitte ist bei uns, und wir wollen uns von den schönen eßbaren Dingen dieser Seiten das eine oder andere aussuchen. Denn so etwas können wir nun bei einem kleinen gelegentlichen festlichen Beisammensein schon einmal bereiten. Hätten wir das vor drei Jahren für möglich gehalten? Nun, die Entwicklung soll uns im breitesten Rahmen - durch weitere Preissenkungen usw. - noch ganz andere Möglichkeiten eröffnen.

1952

Die Entfaltung der Aktivistenbewegung hat zu einer Steigerung der industriellen Produktion geführt, die ihrerseits eine Erhöhung des Exports ermöglichte. Dadurch können mehr Waren, Lebensmittel und Rohstoffe in das Gebiet der Republik eingeführt werden. Mit dem weiteren Aufbau der Industrie und der Landwirtschaft wird es Schritt für Schritt gelingen, die Preise der HO auf den normalen Stand zu senken.

1952

Kaninchen, gerollt

*1 Kaninchen, Salz, Pfeffer,
250 g Schweinebauch oder
250 g Hackfleisch, 1 Brötchen,
100 g Champignons,
2 Wurzelwerk, 100 g Margarine*

Von dem ausgeschlachteten Kaninchen Kopf und Läufchen abtrennen. An den Rippen entlang innen vorsichtig die dünne Haut aufschneiden, die Knochen auslösen, ebenso die Wirbelsäule. Die Keulen an der Innenseite aufschneiden und die Knochen der Hinterbeine herausnehmen.
Das Kaninchen auf der Rückenmitte längs auseinanderschneiden. Das Fleisch mit Salz und Pfeffer bestreuen, nach Wunsch auch mit Senf bestreichen. Den Schweinebauch darauflegen oder das Hackfleisch mit dem Brötchen (eingeweicht und fest ausgedrückt), den geputzten Pilzen und dem Wurzelwerk zweimal durch den Fleischwolf drehen und diese Fülle auf das Fleisch streichen.
Wird die Kaninchenleber mit durchgedreht, bekommt die Fülle einen besonders feinen Geschmack. Die Hälften so legen, daß dem dünnen Nackenfleisch eine dicke Keule gegenüberliegt. Das Fleisch umeinanderschlagen und gut umschnüren. Diesen Rollbraten wie Kalbsrollbraten bereiten. Zur Brühe 1 Gläschen Rotwein, 1 Stück rote Rübe und einige Wacholderbeeren geben. Das ergibt einen herzhaften, kräftigen Geschmack.

Geflügelrezepte erfreuten sich damals - lange vor dem Siegeszug des Broilers - großer Beliebtheit. Schließlich ließ sich ein Hühnchen leichter beschaffen als anderes Fleisch, zudem war es deutlich preiswerter. Auch bot der Handel dank freundschaftlicher Beziehungen zur Volksrepublik China nun zunehmend auch Reis an, eine willkommene Abwechslung auf den Speisezetteln jener Jahre. Allerdings war es mit der Zubereitung keinesfalls so einfach und nicht immer entsprechen die damaligen Vorstellungen unseren heutigen Essgewohnheiten.

Hühnerfrikassee mit Reis

*1 Huhn, Wurzelwerk, 30 g Butter, 30 g Mehl,
1 Eßl. Zwiebelwürfel, Paprika, Zitronensaft,
Salz, evtl. 1 Ei, 250 g Reis, 1 Teel. Salz*

Das tadellos gesäuberte Huhn wird in leichtem Salzwasser, knapp bedeckt, mit Wurzelwerk halbweich gekocht. Das Fleisch wird von den Knochen gelöst und in Stücke geschnitten. Aus der Butter, dem Mehl und den Zwiebelwürfeln bereitet man eine zartgelbe Mehlschwitze, füllt 1/2 l der durchgeseihten Brühe auf, läßt gut durchkochen und schmeckt mit ein wenig Paprika und Zitronensaft ab. Die Soße kann noch mit 1 Ei abgezogen werden. Die Fleischstücke werden in die Soße gegeben.
Der Reis wird mit 1 l kaltem Wasser angesetzt. Nach dem Aufkochen wird so viel Wasser abgegossen, daß der Reis noch bedeckt ist. Man rührt 1 gestrichenen Teelöffel Salz unter, verschließt den Topf fest und läßt den Reis auf ganz schwachem Feuer, auf einen Untersatz gestellt, oder in der Röhre gar quellen. (Bei Verwendung von Langkornreis ca. 20 Minuten). Der Topf

darf während des Dünstens nicht geöffnet und der Reis auf keinen Fall umgerührt, höchstens einmal geschüttelt werden. Aber auch das ist nicht nötig, wenn der Reistopf am Rande des Herdes oder auf einem Untersatz steht.

Paprikahuhn mit Risotto

1 Huhn, Fett, Wurzelwerk,
1/4 l Brühe,
1 Tasse Milch oder Sahne,
1/2 Teel. Paprika, Salz,
250 g Reis, 50 g Butter oder 30 g Öl,
1 Eßl. Zwiebelwürfel,
1 Teel. Mehl, Salz

Ein altes Huhn (erkennbar an der harten Hornhaut der Füße und dem festen Knochengerüst) wird vorbereitet und mit Wurzelwerk halbweich gekocht. Junge Hühner werden roh in Portionsstücke zerteilt und mit Salz eingerieben. Man brät das Fleisch in dem heißen Fett ringsum an, füllt 1/4 l Brühe auf und läßt es fest zugedeckt weich schmoren. Die Milch mit dem Mehl und Paprika verquirlen und damit die abgegossene Brühe binden, mit Salz abschmecken. Das Hühnerfleisch wird mit der Soße übergossen und mit dem Reis angerichtet.

Zum Risotto läßt man die Zwiebelwürfelchen in dem heißen Fett glasig werden, schüttet den trockenen Reis dazu und läßt ihn zartgelb werden. 1 Messerspitze Salz zugeben. Dann gießt man 3/4 l kochendes Wasser auf und läßt den Reis in dem fest verschlossenen Topf auf ganz schwachem Feuer ausquellen. Am besten bereitet man Risotto in einem feuerfesten Gefäß aus Glas oder Ton, in dem er gleich angerichtet werden kann. Mit geriebenem Käse und Tomatensoße oder Tomatensalat reichen.

Eine Gans läßt sich im Haushalt sehr gut auswerten. Zunächst kann man die Gänseleber mit Zwiebelringen und Apfelscheiben braten. Das Gänseklein kann mit Reis, mit Nudeln oder mit Kartoffeln gekocht werden oder man bereitet daraus eine Sülze oder verarbeitet es zu einer Paste. Ein gefüllter Gänsehals ist auch nicht zu verachten. Und dann der Braten selbst! Die einen lieben den Gänsebraten mit knusprig brauner Haut, die anderen ziehen die Gans ab und braten sie so. Der eine füllt sie mit Äpfeln, der andere mit Maronen, mit Quittenschnitzen oder mit Birnen. Zuweilen werden auch Korinthen in den Gänsebauch gesteckt. Als Gewürz wird aber überall Beifuß verwendet, und das hat seinen guten Grund: Der Beifuß fördert die Verdauung und macht fette Speisen leichter bekömmlich.

1952

Eine Küche von 6 qm mag zunächst ungewohnt klein erscheinen. Wird sie aber mit Herd, Spüle, Kühlschrank und Einbaumöbeln eingerichtet, so erweist sich bald, wie gut sich in einer solchen Küche wirtschaften läßt und wieviele unnötige Wege durch die zweckmäßige Anordnung der nahe beieinanderliegenden Arbeitsvorgänge gespart werden.
1959

35

Gefülltes Huhn

1 Huhn, Wurzelwerk, Bratfett
Für die Fülle: 150 g Reis, 30 g Fett, 1 Ei,
1/2 l Brühe, Salz, Pfeffer, Petersilie, Pilze

Das Huhn wird vorbereitet und ausgebeint. Dazu wird die Haut auf dem Rücken aufgeschnitten und nach beiden Seiten hin vorsichtig das Fleisch von den Knochen abgeschabt. In Beinen und Flügeln läßt man die Knochen, schneidet das Gerippe an den Gelenken ab, zieht es heraus, zerhackt es, brät es sofort mit Wurzelwerk an, füllt kochendes Wasser auf und läßt es kochen, bis eine gute Brühe ausgekocht ist. Hals- und Rückenöffnung des Huhnes werden zugenäht, der vorbereitete Reis eingefüllt, die Bauchöffnung ebenfalls zugenäht, die Flügel unterschlagen, das gefüllte Tier in gute Form gedrückt und in heißem Fett angebraten. Dann füllt man Brühe auf und läßt es weich schmoren. Die Keulen müssen sich mit einer Stricknadel leicht durchstechen lassen. Das Huhn wird aus der Brühe genommen und heiß gestellt, die Brühe durchgeseiht und mit kalt angerührtem Kartoffelmehl gebunden. Das Huhn wird in Scheiben geschnitten und mit Reis, Soße, grünen Erbsen, Spargelgemüse, Butterbohnen oder Apfelkompott gereicht.

Für die Fülle:
Der Reis wird angebraten, dann mit 1/2 l kochender Brühe auffüllen und halbweich dünsten. Anschließend vermischt man den Reis mit dem gequirlten Ei, mit Salz, Pfeffer, gehackter Petersilie und gedünsteten Pilzen.

Reis mit Geflügelklein

*Geflügelklein, Wurzelwerk, Salz,
250 g gedünsteter Reis oder Risotto,
Geflügelleber, 30 g Butter, 1 Ei,
geriebene Semmel, Salz, Pfeffer*

Flügel, Kopf, Hals, Füße und Magen werden mit Wurzelwerk und Salz weichgekocht. Die Brühe wird abgegossen, das Fleisch von den Knochen gelöst, der Magen in Scheibchen geschnitten. Fleisch, Leberklößchen und der gargedünstete Reis werden in die heiße Brühe gegeben und mit Petersilie bestreut.

Zubereitung der Leberklößchen:
Die Leber waschen, enthäuten und schaben, 30 g Butter schaumig rühren, mit je 1 Prise Salz und Pfeffer würzen. Das gequirlte Ei, die geschabte Leber und so viel geriebene Semmel zugeben, daß ein glatter Teig entsteht. Nun kirschgroße Klößchen formen. Zuerst ein Probeklößchen in der Brühe kochen, wenn es zusammenhält, gibt man alle in die Brühe, läßt aufwallen und 10 Minuten ziehen. (Hält der Probekloß nicht, gibt man etwas Kartoffelmehl zu; wird es zu fest, etwas Brühe in den Teig geben).

Gelernte DDR-Bürger verbinden mit den Begriffen Betriebsküche und Schulspeisung wahrscheinlich alle die gleichen Gerüche, den gleichen Geschmack, die gleichen Erinnerungen an Plasteteller mit vorgefertigten Fächern für Kartoffeln, Gemüse, Fleisch und Soße... Nein, so schlimm war es wirklich nicht! Man konnte Schulspeisung und Betriebsessen schon vertragen und außerdem gab es ja auch noch die Sonntage. Jene herrlichen Tage, an denen man sich wünschen konnte, was man essen wollte. Dazu selbstgekochten Pudding, der warm aus dem Topf am allerbesten schmeckte. Und es gab die Abende mit dem gemeinsamen Essen im Familienkreis. Knapp bemessene Stunden fürs Miteinander mit schnellen Gerichten, selten die obligatorischen belegten Brote - die hatten schließlich alle schon als Frühstück mitbekommen.

Mutti, ist heute Sonntag? Diese Frage dringt an manchem Morgen als erstes an unser Ohr, und es zieht wie ein Sonnenschein über das kleine Gesichtchen, wenn wir bejahen können. Jetzt weiß unser Kind: einen ganzen Tag lang hab ich nun die Mutti für mich! ... Aber wir Mütter haben auch noch andere Aufgaben neben unseren Kindern, Aufgaben im Beruf und Aufgaben im Haushalt.

1959

Auch die klassisch-deutschen Fleischrezepte kommen wieder zu Ehren. Kochen wird zur Familienangelegenheit und Hausfrau/ -mann zeigen, was sie können.

Gefüllte Fleischrollen

4 Schnitzel, Salz, Paprika,
8 Wacholderbeeren, 60 g Speck,
1 Zwiebel, 200 g Pilze, Fett,
reichlich 1/4 l saure Sahne,
2 Schuß Weinbrand

Die Schnitzel recht gut klopfen, leicht mit Salz, Paprika und den zerdrückten Wacholderbeeren bestreuen. Speck und Zwiebel kleinwürfelig schneiden, die frischen geputzten oder eingeweichten getrockneten Pilze unter Zugabe von wenig siedender Flüssigkeit darin gar dünsten. Ohne Flüssigkeit auf das Fleisch legen, die Scheiben zusammenrollen und zubinden. In erhitztem Fett ringsrum anbraten, die Sahne zufügen und das Fleisch gar werden lassen. Mit Salz und Weinbrand oder Rotwein abschmecken. Die Bratentunke kann noch gebunden werden. Salzkartoffeln und Mischgemüse oder Rosenkohl passen sehr gut dazu, abends dagegen Weißbrot.

Schlemmerrouladen

4 Kalbsrouladen, 65 g Zervelatwurst,
1 Ei, 40 g geriebener Käse,
Salz, Paprika, 1 Eßl. gehackte Petersilie,
2 Eßl. Tomatenmark, 40 g Bratenfett,
Wurzelwerk, 1 kleine Zwiebel,
1/2 l Fleischbrühe, Mehl,
4 Eßl. saure Sahne

Die Zervelatwurst ebenso wie das hartgekochte Ei in ganz kleine Würfel schneiden, mit dem geriebenen Käse und der gehackten Petersilie vermischen und mit Salz und Paprika gut abschmecken. Die vorbereiteten Rouladen salzen, mit Tomatenmark bestreichen und die Fülle darauf verteilen. Die Fleischscheiben zusammenrollen und befestigen. In dem heißen Bratfett ringsum anbraten, dabei am Schluß etwas kleingeschnittenes Wurzelwerk und Zwiebel beifügen. Unter Zugabe der heißen Fleischbrühe gar schmoren. Die Tunke durchseihen, mit dem in der sauren Sahne angerührten Mehl binden und mit Salz, Paprika und nach Belieben auch noch etwas Tomatenmark pikant abschmecken.

Käserouladen

4 dünne Scheiben roher Schinken,
4 Scheiben Schnittkäse, 1 Teel. Kümmel,
Bratfett

Den Schinken mit dem Schnittkäse belegen, mit etwas gewiegtem Kümmel bestreuen, zusammenrollen und mit einem Faden befestigen. In siedendem Bratfett ringsum knusprig braun braten. Diese Käserouladen schmecken zu gerösteten Weißbrot am Abend oder mittags zu Spinat und Kartoffelbrei.

Rumpsteak auf Gemüse

*4 Scheiben Roastbeef, Öl, Salz,
Pfeffer oder Ingwer,
250 g Gemüse (Möhren, Sellerie, Kohlrabi),
65 g Schinkenspeck, 1/8 l Brühe*

Das Fleisch gut klopfen, in Öl wenden und zugedeckt etwa 1 Stunde ziehen lassen. Mit Salz und Pfeffer bestreuen, von beiden Seiten anbraten, herausnehmen. Das vorbereitete, geraspelte Gemüse, die kleinen Schinkenspeckwürfel und die Brühe zufügen.
Das Fleisch obenauf legen und zugedeckt gar dünsten lassen. Etwas saure Sahne verfeinert das Gericht. Salzkartoffeln dazu reichen.

Gedünstete Zunge

*1 Rindszunge, Wasser,
Wurzelwerk, Salz*

Frische Zunge mit Wurzelwerk und so viel leicht gesalzenem Wasser kochen, daß sie gerade bedeckt ist. Pökelzunge nicht salzen, sondern vor dem Kochen einwässern. Die gare Zunge sofort in kaltes Wasser legen, die weiße Haut abziehen, das Fleisch in Scheiben schneiden und heiß stellen.
Mit Buttertunke auftragen. Dazu schmecken grüne Erbsen und Salzkartoffeln oder Reis.

Sollen wir berufstätigen Muttis nun zu Hause bleiben und nicht mehr zur lieb gewordenen Arbeitsstätte gehen? Damit wäre das Problem nicht gelöst, denn es kommt nicht darauf an, wie viele Stunden des Tages die Mutter mit ihrem Kind zusammen ist, sondern wie innig sich die gegenseitigen Beziehungen beim Zusammensein gestalten. Die gemeinsamen Mahlzeiten zum Beispiel tragen schon viel dazu bei, daß sich das Kind zu Hause wohlfühlt. Wir nehmen uns viel Zeit zum Frühstück und zum Abendbrot am sorgfältig und nett gedeckten Tisch.

1959

Bereits Anfang der 50er Jahre wurden Frauen durch Mutterschutz und spezielle Frauenförderungspläne besonders unterstützt. 1954 stand für ca. jedes 3. Kind ein Kindergartenplatz bereit, selbst für Kleinkinder war schon gesorgt. Für 100 Kinder unter 3 Jahren gab es 8 Krippenplätze (damals noch Krabbelstube genannt). Eines der bekanntesten Kinderlieder begann dann auch mit den Worten: „Wenn Mutti früh zur Arbeit geht..."

Gedünsteter Schinken

*250 g Rollschinken, 40 g Butter,
1/4 l Wein, 200 g frische Champignons
oder 150 g Möhren,
150 g Sellerie, 1 Zwiebel*

Den Schinken, mit Wasser knapp bedeckt, kochen, bis sich die Schwarte lösen läßt. Die Pilze oder das grob geraspelte Gemüse in der Butter andünsten, Schinken und Wein beifügen und mit Schinkenbrühe auffüllen (vorher kosten; ist sie zu scharf, dann verdünnen). Das Fleisch muß knapp bedeckt sein. Im geschlossenen Topf dünsten. Später das Fleisch in Scheiben schneiden und mit Pilzen oder Gemüse anrichten. Warmstellen und inzwischen die Flüssigkeit noch etwas einkochen. - Anstelle von Schinken kann auch Zunge verwendet werden. Butterreis oder Salzkartoffeln passen gut dazu.

Gefüllte Kohlroulade

*750 g gemischtes Hackfleisch (Rind/Schwein), 2 altbackene Brötchen,
3 Zwiebeln, 2 Eßl. Schmalz, 1-2 Eier,
1 großer Kopf Weißkohl,
8-12 Scheiben Bauchspeck, 100 g Sellerie,
1 Mohrrübe, 1 Eßl. Mehl, Salz, Pfeffer,
Kümmel, Muskat*

Von dem gemischten Hackfleisch, den Eiern, den eingeweichten und gut ausgedrückten Brötchen, 2 gewürfelten Zwiebeln, Salz, Pfeffer und wenig Muskat einen gut gebundenen Fleischteig kneten. Den Weißkohlkopf vom Strunk befreien, die groben Außenblätter abtrennen, kurz waschen, in kochendem Salzwasser ca. 5 Minuten brühen, kalt abspülen und gut abtropfen lassen. Die Kohlblätter vorsichtig lösen, gleichmäßig auf dem Küchentisch ausbreiten und mit Salz, Pfeffer und gehacktem Kümmel würzen. Die Fleischmasse auf die portionsweise ausgeteilten Kohlblätter verteilen, die Kohlblätter um das Fleisch wickeln und Rouladen formen, die mit einem dünnen Faden gebunden werden.
In einem großen Schmortopf das Schmalz auslassen, dünne Scheiben von Sellerie, Mohrrübe und Zwiebel darin anschwitzen, die Kohlrouladen einlegen und jede Roulade mit einer kleinen Speckscheibe abdecken.
Die Rouladen kurz anbraten, Wasser angießen und garen lassen. Wenn sie weich sind, herausnehmen und warmstellen. Den Bratensaft leicht mit Mehl binden, gut durchkochen lassen, nochmals kräftig abschmecken und durchseihen. Die Soße über die Rouladen gießen. Dazu Salzkartoffeln servieren.
Statt Weißkraut kann auch Wirsing verwendet werden.

Nierchen mit Toast für Zwei

*300 g Nierchen, 50 g Margarine, Pfeffer,
Salz, 50 g Champignons, 1 Eßl. Mehl,
1 Glas Weißwein, etwas Butter, 1/2 Zitrone*

Die Nieren von den Röhren befreien, gründlich waschen (am besten mehrere Stunden in Zitronenwasser wässern, Wasser öfter wechseln) und in dünne Scheiben schneiden, in der Margarine anbraten. Die Gewürze und die kleingeschnittenen Champignons zufügen. Sind die Nierchen fast gar, das Mehl überstäuben und mit Weißwein ablöschen. Das ganze nochmals durchschmoren lassen, etwas Butter zugeben und mit dem Saft einer halben Zitrone abschmecken. Sofort mit gerösteten Weißbrotscheiben oder Salzkartoffeln und einem frischen Salat servieren.

Jägerschnitzel

*4 große und feste Scheiben Fleischwurst,
30 g Mehl, 1 Ei, Semmelbrösel, Bratfett,
8 kleine Selleriescheiben*

Die Fleischwurstscheiben (z.B. Jagdwurst) erst in Mehl, dann in verrührtes Ei tauchen, in Semmelbröseln wenden und im heißen Fett goldbraun braten.
Die Wurstscheiben lassen sich auch auf gare, dünne Selleriescheiben gleicher Größe legen. Sie müssen nur mit Paprika bestreut und mit Tomatenmark bestrichen worden sein. Dann werden diese beiden Scheiben ebenso paniert und gebraten.
Zu einem Kartoffelsalat, einem Reissalat, aber auch zu Weißbrotscheiben mit kalter Senftunke ist das eine sehr wohlschmeckende Ergänzung.

1954 stellte der Rechtsausschuss des Bundestages verbindlich fest, dass eine unverheiratete Frau als „Fräulein" anzureden sei. Aber auch verheiratete Frauen waren westlich der Elbe von Gleichberechtigung weit entfernt.

Noch konnte ihr Ehemann bestimmen, ob sie arbeiten gehen durfte oder nicht, er konnte eigenmächtig ihren Arbeitsplatz kündigen und selbst wenn sie ein Bankkonto eröffnen wollte, musste er unterschreiben.
Im Osten war das neue Frauenbild anders: selbständig, berufstätig und politisch engagiert brachte sie nach außen scheinbar mühelos die Doppelbelastung von Haushalt und Beruf zusammen. Die Arbeitskraft der Frau war zum unverzichtbaren Faktor des Aufbaus geworden. Somit wurde alles mögliche getan, um ihr den Einstieg in die Vollbeschäftigung zu erleichtern.

Reisauflauf

75 g Butter, 2 Eier, 75 g Zucker, 250 g Reis

Die Butter wird sahnig gerührt, nach und nach werden Eigelb und Zucker zugeführt, der in Milch ausgequollene Reis zugegeben, zuletzt der Schnee der 2 Eiweiß untergehoben.
Der Reis wird in eine gut gebutterte Form gefüllt und 20 Minuten gebacken (je nach Ofenart). Der Eischnee kann auch mit 40 g Zucker, 1/2 Päckchen Vanillezucker und 40 g Kakao gewürzt und als Schokoladenhaube über den Reis gezogen werden. Beim Überbacken muß darauf geachtet werden, daß die Oberhitze nicht zu stark ist, sonst schiebt man besser ein Blech über.
Der Reis kann anstatt mit Milch auch mit Apfelsaft oder Wein gekocht werden.

Gefüllte Eierkuchen

Für die Eierkuchen: *1/2 l saure Milch,
1 Eigelb, 200 g Mehl, etwas Salz, 2 Eiweiß*
Für die Fülle: *250 g Quark, 1 Eigelb,
1 Prise Salz, 1 Prise Zucker,
geriebener Meerrettich*

Reissalat

*250 g gedünsteter Reis, 2-3 Eßl. Essig,
125 g Mayonnaise*

Den gut ausgequollenen, trockenen Reis läßt man mit Essig durchziehen und vermengt ihn mit der Mayonnaise. Der Reissalat wird in ausgehöhlte Tomaten oder Gurken gefüllt und mit feinen Streifchen von Fisch, Wurst oder Schinken und mit wenig gehackter Petersilie oder mit etwas Schnittlauch verziert.

Milch, Eigelb, Mehl und Salz zu einem Teig verquirlen. Die Eiweiß zu steifem Schnee schlagen und unterheben. Aus der Masse dünne Eierkuchen backen. Den Quark durch ein Sieb streichen und mit Eigelb, Salz, Zucker und geriebenem Meerrettich vermischen. Auf jeden Eierkuchen 2 Eßlöffel Quarkmasse geben und die beiden Ränder in der Mitte zusammenfassen, so daß zwei Tütchen entstehen. Diese nebeneinander auf einen vorgewärmten Teller setzen, mit geriebenem Meerrettich bestreuen und heiß mit frischem Salat auftragen.

Wenn von Hausmannskost die Rede ist, gehören Süßspeisen, Kuchen und Getränke unbedingt dazu. Das war in den 50er Jahren auch unter erschwerten Bedingungen selbstverständlich. Wer heute einmal Appetit hat auf etwas Süßes, das nicht aus dem Kühlregal kommt, der sollte sich Zeit nehmen und eines dieser Rezepte probieren.

Rhabarberpudding

*500 g Rhabarber, 150 g Zucker,
50 g Grieß, 1/2 l Milch, 20 g Butter,
etwas Zitronenschale, 10 g Kartoffelmehl*

Den in mundgerechte Stücke geschnittenen Rhabarber mit 100 g Zucker und wenig Wasser dünsten. Den Saft ablaufen lassen. Milch, den Rest Zucker, Butter und Zitronenschale zum Kochen bringen, den Grieß einstreuen, 5 Minuten kochen lassen und über den in eine Schale gefüllten Rhabarber geben. Erkalten lassen. Gedickten Rhabarbersaft dazu reichen.

Ich bin zwar keine perfekte „Hausfrau", aber da meine Frau berufstätig ist, helfe ich ihr regelmäßig im Haushalt. Früher habe ich die Hausarbeit nicht so ganz für vollgenommen. Inzwischen hat sich meine Meinung jedoch geändert. Geändert habe ich aber seitdem auch bei uns einiges. Zuerst beobachtete mich meine Frau skeptisch, ließ mich aber gewähren. Als ich mich nun zum Kartoffelschälen auf einen Küchenstuhl niederließ, mir die Fußbank holte und mit der Schüssel auf den natürlich „beschürzten" Knien zu schälen anfing, hörte ich etwas wie „typisch Mann" und „Bequemlichkeit". Warum eigentlich machen sich Frauen ihre Hausarbeit aus alter (schlechter!) Gewohnheit so unbequem, daß sie viele Kräfte völlig unnütz verbrauchen. In den Betrieben ist es selbstverständlich, die Arbeit zu rationalisieren, das weiß jede berufstätige Frau. Nur in ihrem Haushalt wird Kraft verschwendet!

1958

Wir müssen uns immer wieder daran erinnern, daß heute der weitaus größte Teil der Bevölkerung von Frauen gebildet wird. Sie haben einen Beruf, sie sind wirtschaftlich selbständig, und daraus ergab sich, daß sie auch gesellschaftlich und geistig selbständig wurden. Nun da sie mit aller Selbstverständlichkeit Hauptrollen spielen, müssen sie auch in das gesunde Selbstbewußtsein hineinwachsen, das ihnen merkwürdigerweise noch immer fehlt.

1950

Ende der fünfziger Jahre entdeckte ich die Vorteile des Helfens im Haushalt. Und ich half wirklich gern, brachten meine Bemühungen als kleine Hausfrau mir doch eine frisch geraspelte Möhre mit einigen Spritzern Zitrone und etwas Zucker ein oder - Gipfel der Genüsse - ein Zuckerei. Wie bedauere ich heute meinen Sohn, der niemals diesen Geschmack eines mit Zucker geschlagenen rohen Eigelbs kennenlernen wird, da ich sofort an Salmonellen und Schlimmeres denke und schon entsetzt aufschreie, wenn er Kuchenteig schleckt. Doch am liebsten ging ich einkaufen. Damals, lange vor der Selbstbedienung, steckten die Verkäuferinnen hinter dem Ladentisch mir immer etwas Süßes zu. Nur die Brötchen hängte der Bäcker zu meinem Leidwesen früh an unsere Türklinke, da wurde meine Hilfe nicht benötigt und ich hatte keine Chance auf eine Tüte mit Kuchenrändern oder ein leckeres Wasser-Milch-Eis, das immer ein bißchen nach Erdbeeren schmeckte.

Eierkuchen - untrennbar mit der Kindheit verbunden, mit Erinnerungen an bestimmte Gerüche und Stimmungen, an Waschtage, Ausflüge, Kindergeburtstage. Jeder hat seine eigene, ureigenste Vorstellung davon - etwa wie der kleine Junge, der sich im Restaurant weigerte, den elegant zusammengerollten Eierkuchen zu essen und, nach Gründen befragt, unter Tränen antwortete: „Mama macht die Eierkuchen rund!"

Erdbeerschaum

500 g Erdbeeren, 60 g Zucker, 1/4 l Milch, 20 g Kartoffelmehl, 2 Eiweiß, 1 Päckchen Vanillezucker

Die gewaschenen Erdbeeren mit einer Gabel zerdrücken. Zucker, Milch und Kartoffelmehl zu einem Brei verkochen und erkaltet unter die Erdbeermasse mischen. Das Eiweiß mit dem Vanillezucker zu steifem Schnee schlagen und unter das Ganze geben.

Erdbeerspießchen

Dazu 2 Eiweiß mit 75 g Zucker sehr steif schlagen (schnittfest) und diese Baisermasse über 3-4, auf ein Spießchen gesteckte, trockene Erdbeeren spritzen. Auf dem mit Butterbrotpapier belegten Blech bei ganz milder Hitze in der Ofenröhre fest werden lassen.

Kalte Erdbeersuppe

500 g Erdbeeren, 100 g Zucker, Milch nach Belieben

Die gewaschenen Erdbeeren entstielen und mit einem nicht rostenden Messer zerschneiden, da sonst der Geschmack leidet. Den Zucker darüberstreuen, stehenlassen, damit Saft entsteht, dann in Schalen verteilen. Kalte Milch nach Belieben auffüllen.

Zitronencreme

*65 g Zucker, 1/2 Zitrone, 1 Eigelb,
1/2 Päckchen Puddingpulver (Vanille),
knapp 1/4 l heißes Wasser, 1 Eiweiß*

Den Zucker mit dem Zitronensaft und dem Eigelb glatt rühren, dann das Puddingpulver zufügen. Alles gut verrühren, das heiße Wasser zugießen und über kleiner Flamme unter ständigem Rühren aufkochen. Abkühlen lassen, den steif geschlagenen Eischnee unterheben und die Krem in eine Glasschale füllen und kalt stellen.

Preiselbeerspeise

*1 Eiweiß, 50 g Zucker,
1/2 Päckchen Vanillezucker,
4 Eßl. eingemachte Preiselbeeren,
2 Eßl. Wein*

Eiweiß mit Zucker und Vanillezucker zu Schnee schlagen, löffelweise Preiselbeeren und Wein zufügen und so lange weiterschlagen, bis die Masse steif ist. Recht kalt stellen und nach Belieben eine Vanilletunke dazu herstellen oder mit Schlagsahne verzieren.

Feine Waffeln

*125 g Mehl, 1/8 l saure Sahne oder Joghurt,
1 Ei, 50 g Zucker, ein wenig Zitronenschale,
1 Eßl. Weinbrand*

Das Mehl mit der Sahne glatt rühren, Eigelb, Zucker, Zitronenschale und Weinbrand beifügen. Den mit einer Prise Salz steif geschlagenen Eischnee unterziehen. Im gefetteten Waffeleisen backen. Durch 40 g schaumig gerührte Butter kann der Teig noch verfeinert werden.

Wickelscheiben

*200 g Mehl, 180 g Butter, 60 g Zucker,
2 Eigelb, 1 Eiweiß, 1 Eßl. Milch,
50 g Mandeln, 50 g Schokolade,
50 g Rosinen*

Mehl, Butter, Zucker, Eigelb und Milch auf dem Backbrett zuerst mit einem Messer durchhakken, dann rasch und leicht durchkneten. Kalt stellen. Inzwischen geriebene Mandeln, geriebene Schokolade und gewaschene Rosinen mischen. Den Teig rechteckig ausrollen, mit geschlagenem Eiweiß bestreichen und mit der Mischung bestreuen, zusammenrollen, in fingerbreite Stücke schneiden, auf gut gefettetem Blech backen.

45

Im Haushalt wird selten Eis bereitet. Warum eigentlich? Es ist dabei so einfach, auch wenn keine Eismaschine mit genauer Gebrauchsanweisung vorhanden ist. Wir brauchen zunächst kleingeschlagenes Roheis. Dieses wird in einem Topf mit Viehsalz vermengt. Auf 1 kg Eis etwa 375 g Viehsalz verwenden. In diese Kältemischung wird ein fest verschließbares Glas mit der einzufrierenden Masse gestellt. Daß es fest verschließbar sein muß, ist wichtig, denn wenn von dem geschmolzenen salzigen Eiswasser etwas in die Speiseeismasse kommt, wird nichts Gutes daraus! Das Eisgefäß wird nun fleißig hin und hergedreht. Nach 15 Minuten schauen wir das erste Mal nach. An den Rändern beginnt es schon zu gefrieren. Mit einem Löffel wird dieser Eisbelag abgeschabt, das Gefäß geschlossen und wieder ununterbrochen gedreht, bis die ganze Masse butterweich gefroren ist. Nun wird die Eisbüchse wieder in einen Topf gestellt und in klar geschlagenes Roheis, mit Viehsalz gemischt, gepackt, kalt aufbewahrt und mit einer dicken Decke, damit die wärmere Außenluft nicht an das Gefäß heran kann, bedeckt. So wird das Eis bis zum Verbrauch kalt gehalten.

1955

Einfaches Fruchteis

375 g Früchte (Erdbeeren, Himbeeren, Johannisbeeren), 125 g Zucker, 1/4 l Wasser, 1 Eiweiß

Die Früchte durchschlagen, mit 100 g Zucker und dem Wasser verrühren, bis sich der Zucker gelöst hat. Das Eiweiß steif schlagen, dabei den restlichen Zucker zufügen und unter das Fruchtmark mengen und gefrieren lassen, aber die Masse immer wieder sorgfältig umrühren.

Tee-Eis

1/4 l starker Tee, 3 Eigelb, 125 g Zucker, 1/4 l Milch oder Sahne

Den aufgebrühten Tee abgießen. Die Eigelb mit dem Zucker schaumig rühren, nach und nach die Milch sowie den Tee zugeben, auf das Feuer stellen, mit dem Schneebesen schlagen, bis die Masse dicklich wird. Dann wieder abkühlen lassen, dabei rühren und schließlich zum Gefrieren in die Büchse füllen. Ist die Masse halbgefroren, kann sie mit etwas Zitronensaft oder Rum abgeschmeckt werden.

Erdbeerflip

200 g Erdbeeren, 65 g Zucker, 4 Gläschen Eierlikör, 2 Gläschen Weinbrand, 1/4 l Sahne oder kondensierte Vollmilch, Mineralwasser

Die vorbereiteten, gezuckerten Erdbeeren zerkleinern, zusammen mit dem Eierlikör, dem Weinbrand und der Sahne in eine Schüssel geben und kräftig schlagen. Gläser bis zur Hälfte mit diesem Gemisch füllen, kaltstellen und kurz vor dem Verbrauch Mineralwasser zugießen.

Apfelsinenglühwein

*100 g Zucker, 1/4 l kochendes Wasser,
1 Apfelsine, 1/2 Flasche Rotwein*

Den Zucker mit dem kochenden Wasser auflösen und Saft und dünn geschälte Apfelsinenschale zufügen. Gut durchziehen lassen. Die Apfelsinenschale herausnehmen und den heißgemachten Rotwein zugießen. In jedes Glas kann noch eine entkernte Apfelsinenscheibe gelegt werden.

Preiselbeerbowle

*Knapp 1/4 l Preiselbeersaft, 100 g Zucker,
1 l gut gekühlten, leicht sauren Wein*

Den Preiselbeersaft mit Zucker aufkochen und durch ein feines Sieb abgießen. Wenn der Saft völlig erkaltet ist, mit gut gekühltem, leicht saurem Wein vermischen und bis zum Auftragen auf Eis oder in fließendes Wasser stellen. Der Bowle kein Selterwasser zusetzen, es nimmt den feinen weinsauren Geschmack. Will man Bowle verlängern, dann frisches, kaltes Wasser zusetzen.
Bowlen können mit jedem Fruchtsaft, mit frischen, leicht eingezuckerten Früchten oder Kräutern (z. B. Waldmeister, Pfefferminze) bereitet werden, aber Weinbrand oder Rum wird nicht zugesetzt. Der starke Alkohol bleibt dem Punsch vorbehalten.

Rum-Cocktail

Auf die Eiswürfelchen im Becher 1 Prise ganz fein gemahlenen Kaffee und 1 Schuß süße Sahne geben, mit je 1 Glas gutem Rum und Weinbrand auffüllen und kräftig schütteln.

Wermut-Cocktail

Über die Eiswürfelchen 1 Glas Wacholdergeist (Steinhäger), 2 Gläser Wermut gießen und das Öl von einem kleinen Stück Zitronenschale dazuspritzen, tüchtig schütteln.
Oder: 1 Eigelb, 1 Teel. Staubzucker, 1 Teel. Zitronensaft und 2 Gläser Wermut über die Eiswürfelchen geben und schütteln.

Rot-Gelb

Über die Eiswürfelchen 2 Gläser Eierlikör und 2 Gläser Cherry Brandy gießen, nur ganz leicht mixen, ein kleines Zitroneneckchen und 1 Kirsche auf jedes Glas legen.

Eine Topfguckreise

Mit dem Warschauer Vertrag und der Gründung des RGW rückten die volksdemokratischen Länder näher zusammen. Tschechoslowakei, Polen, Ungarn, Sowjetunion wurden zu „Bruderländern". Dass man vieles von großen und kleinen Brüdern lernen kann, steht außer Frage.

Zwar hieß es offiziell: „von der Sowjetunion lernen, heißt siegen lernen", doch das hielt den Durchschnittsbürger nicht davon ab, sich zum Beispiel auch darüber zu informieren, was sich mit Paprikaschoten alles anfangen lässt oder wie man ein echt ungarisches Gulyas kocht, worin das eigentliche Geheimnis böhmischer Knödel liegt oder was nun eigentlich Piroggen und was Pelmeni sind. Schon in den 50er Jahren hielten osteuropäische Gerichte ihren Einzug in die DDR-Küchen. Zwar wurde so manches noch dem deutschen Geschmack angepasst und hatte mit den Originalgerichten manchmal kaum mehr als den Namen gemeinsam. Zum Beispiel bekam fast alles, was mit Paprika zubereitet wurde, das Etikett „ungarisch" und bei vielen Rezepten wurde ausdrücklich darauf hingewiesen, dass „alle nachahmenswerten Gerichte mit den bei uns erhältlichen Zutaten zubereitet werden können".

Und doch begann damals der Siegeszug bestimmter Gerichte der „sozialistischen Bruderländer" wie Soljanka und Schaschlik, gewöhnte man sich an spezifische Geschmacksrichtungen und Gewürze, die bis heute aus ostdeutschen Küchen nicht wegzudenken sind.

Tomatenpaprika

500 g Tomaten und 125 g große Paprikaschoten werden klein geschnitten und mit 1 großen Zwiebel im eigenen Saft weich gedünstet.
Der Brei wird durch ein Sieb gestrichen und heiß über Kartoffelbrei oder gedünsteten Reis gegossen.

Bulgarischer Paprikasalat

250 g Paprikaschoten, 250 g Tomaten,
1 mittlere Zwiebel,
1 Eßl. feingehackte Petersilie,
1-2 Eßl. Öl, Essig

Entkernte, gewaschene und abgetropfte Paprikaschoten feinstreifig schneiden und mit Tomatenscheiben, Zwiebeln, Petersilie, Öl und Essig vermengen.
Wer die Arbeit nicht scheut, sollte Paprikaschoten folgendermaßen vorbereiten: Auf der heißen Herdplatte oder in einer Pfanne die Schoten ohne Fett von allen Seiten schön braun rösten, noch heiß in eine Schüssel legen und fest zudecken. Durch den sich bildenden Dampf läßt sich die dünne Haut leicht abziehen. Die langen Schoten eignen sich ganz besonders dazu, auch Stiel und Kerne lassen sich dabei leicht entfernen. Selbstverständlich kann man die Paprikaschoten nach dem Abziehen auch füllen und dann backen oder braten.

Gefüllter Kürbis, rumänisch

Kleine Gurkenkürbisse werden halbiert, ausgehöhlt und gefüllt. Zur Fülle vermengt man etwa die Hälfte des ausgehöhlten Kürbisfleisches mit 2-3 Eiern, 200 g Quark, Salz, Pfeffer und ge-

Noch konnte man theoretisch in alle Richtungen reisen, aber in jenen frühen Jahren hielt sich die ostdeutsche Reiselust in Grenzen, zumindest was Auslandsurlaube anbetraf. Dafür reichte in den meisten Fällen einfach das Geld nicht. Außerdem war der Feriendienst des Freien Deutschen Gewerkschaftsbundes dabei, ein System von FDGB-Ferienheimen im ganzen Land aufzubauen. Pionierorganisation und FDJ boten Sommerlager für Kinder und Jugendliche an, nicht selten verbunden mit freiwilliger Arbeit in der Landwirtschaft oder bei Schwerpunktvorhaben des sozialistischen Aufbaus. Dennoch gab es natürlich Kontakte, vor allem berufliche, in die benachbarten Länder.
Auf diesem Weg gelangten ungarische Salami, bulgarischer Kefir, Pilsner Urquell, Karlsbader Obladen, Russischer Wodka sowieso und vieles mehr in die ostdeutschen Küchen.

Paprikasalat ist in Gläsern sehr schmackhaft und preiswert erhältlich. Die ganze Arbeit des Anrichtens besteht darin, die meist etwas zu reichlich vorhandene Flüssigkeit abzugießen (nicht wegschütten, weil sie beispielsweise saure Kartoffelstückchen noch sehr vorteilhaft verbessert), den Salat mit ein paar Tropfen Öl zu beträufeln und mit ein wenig frischer Petersilie zu verzieren.

1959

wiegter Petersilie. Die Kürbisse werden in heißem Fett angebraten und herausgenommen. In dem Bratfett läßt man 2 Eßl. Mehl lichtgelb werden und bereitet daraus eine Soße, die man über die Kürbisse füllt. Mit Dillkraut bestreuen und in der Röhre dünsten.

Gefüllter Kürbis, ungarisch

Ein länglicher Kürbis wird geschält, halbiert, ausgeschabt und gefüllt: 1 Tasse Bratenreste werden gehackt, 1 Brötchen eingeweicht und ausgedrückt, 3 Eßlöffel Kohl gebrüht und gehackt und mit 2 Eßlöffel ausgequollenem Reis, Petersilie und 1 Ei vermischt. Darüber wird Tomatenmark gestrichen, Speckscheiben aufgelegt und festgebunden. Die Kürbishälften werden in einem Tiegel in heißem Fett auf beiden Seiten angebraten und mit 1/2 Liter Brühe fest zugedeckt 10 Minuten gedünstet. Nun wendet man die Kürbishälften und läßt sie zugedeckt gar werden.

Soljanka 1953

*400 g Fleisch (Filetstück), 1 Zwiebel,
50 g Butter, 1 saure Gurke,
1 Eßl. Tomatenmark, 1 Prise Knoblauch,
1-2 Eßl. Wein*

Das Fleisch waschen, in kleine Würfel schneiden, mit Butter und Zwiebelwürfeln anbraten. Die ebenfalls kleingeschnittene und vorher geschälte Gurke, das Tomatenmark und den Knoblauch hinzufügen. Soviel kochendes Wasser hinzugeben, daß das Fleisch gerade bedeckt ist. Etwa 40 Minuten schmoren lassen. Durch die Zugabe von Wein wird das Gericht verfeinert. Klöße oder Makkaroni passen gut zur Soljanka.

Pelmeni (Russische Teigtaschen)

Für den Teig: *200 g Mehl, 1 Tasse Wasser,
1 Ei, 1 Prise Salz*
Für die Fülle: *250 g Fleisch (gewiegt oder gehackt) oder 250 g gehacktes Sauerkraut und 125 g Bratenreste,
1 angebräunte Zwiebel, 1 Ei, Salz, Pfeffer*

Das Mehl sieben, Ei, Wasser und Salz verquirlen und zum Mehl rühren. Den ziemlich festen Teig recht dünn ausrollen. Die Zutaten zur Fülle sehr gut vermengen und als Kleckse auf die Hälfte des Teiges setzen. Die andere Teighälfte überklappen und mit einem Glas Scheiben ausstechen. Diese in siedendem Salzwasser etwa 10 Minuten kochen lassen. Nach dieser Zeit schwimmen sie dann oben.

Die Pelmeni werden mit zerlassener oder brauner Butter zu Tisch gegeben. Sibirische Pelmeni serviert man mit einer kräftigen Senfbuttertunke. Sie können auch in Fleischbrühe gekocht und, reichlich mit Petersilie bestreut, mit dieser gegessen werden.

Wareniki (Ukrainische Teigtaschen)

Für den Teig: 200 g Mehl, 1 Tasse Wasser, 1 Ei, 1 Prise Salz
Für die Fülle: 250 g Quark, 1-2 Eier, 2 Eßl. Zucker, 1 Teel. Mehl

Wareniki werden wie Pelmeni hergestellt, jedoch mit Quarkmasse aus den angegebenen Zutaten gefüllt. Ebenfalls mit zerlassener Butter servieren, dazu schmeckt Kompott sehr gut.

Soljanka, so lehrt das Fachbuch, ist eine dicke Suppe, die die Komponenten von Stschi (Kraut), saurer Sahne und Rassolnik (Salzgurken, Gurkenbrühe) vereint. Sie schmeckt aufgrund ihrer Zutaten wie Oliven, Kapern, Tomaten, Zitronen und Zitronensaft scharf und sauer-salzig. Gesalzene oder marinierte Pilze und Kwaß runden den Geschmack ab. Zum ersten Mal taucht in der DDR ein „offizielles" Soljankarezept in einer Rezeptzusammenstellung von 1953 auf. Auch wenn es mit Soljanka nur den Namen gemein hat und ein variierter deutscher Gulasch ist - es gehört in dieses Kapitel. Und wer richtige Soljanka kochen möchte, der muss bis in die 70er Jahre vorblättern...

Welcher Moskaureisende hat nicht am Tag seiner Ankunft Mühe gehabt, sich in dem Gewirr kyrillischer Buchstaben zurechtzufinden. Man sucht nach vertrauten Worten: Schaschlyk und Soljanka. Und wenn es eine Karte ist, auf der man eines dieser Worte entdeckt, ist man gerettet und kann getrost mit dem Finger darauf zeigen. Dann weiß man, daß man etwas bekommt, das man kennt.

1959

51

Russische Fischpiroggen

Für den Teig:
375 g Mehl, 75 g Margarine oder Butter,
1 Ei, 8 Eßl. Milch, 20 g Hefe, Salz, Paprika
Für die Fülle:
750 g gedünstetes Fischfilet,
3 Eßl. Zitronensaft oder Essig,
6 Eßl. Tomatenmark, 1 Teel. Kümmel oder
1 Eßl. gewiegte Kapern, 30 g Butter, 1 Ei

Aus Mehl, Margarine, Ei, der in warmer Milch angerührten Hefe und den Gewürzen einen Hefeteig bereiten und warm gestellt gehen lassen. Inzwischen den Fisch zerpflücken und dabei sorgfältig entgräten, mit Zitronensaft beträufeln und mit Tomatenmark, Kümmel oder Kapern vermischen.
Den Teig rechteckig ausrollen, die eine Hälfte mit der Fülle belegen und mit der zerlassenen Butter beträufeln. Die andere Hälfte der Teigplatte darüberklappen, nachdem die Ränder mit verquirltem Ei bestrichen wurden. Mit dem Eirest die auf ein gefettetes Backblech gehobene Pirogge bestreichen und 40 Minuten bei Mittelhitze backen lassen.
Noch warm in dicke Scheiben teilen und zu einer Suppe oder mit einer Kräutertunke auftragen. Ein frischer Rohkostsalat ergänzt die russische Fischpirogge ebenfalls sehr gut.

Ungarische Gulyassuppe

100 g Zwiebeln, 30 g Fett,
300 g Rind- oder Schweinefleisch,
1/2 Teel. Paprika, Salz,
1 l Wasser, 300 g Kartoffeln,
1 Eßl. Tomatenmark

Die feingeschnittenen Zwiebeln in dem Fett goldgelb werden lassen, und das gewaschene, in Würfel geschnittene Fleisch zugeben. Mit Paprika und Salz bestreuen. Anbraten, nach und nach mit Wasser auffüllen. Dem fast weichen Fleisch die in Würfel geschnittenen Kartoffeln zugeben, noch etwas Wasser beifügen und gar werden lassen. Mit Tomatenmark würzen.

Paprikagulasch

300 g Schweinefleisch,
300 g Rindfleisch, 100 g Fett,
150 g Zwiebeln, 2-3 Eßl. Mehl,
Salz, Paprika, 3/8 l Wasser oder Brühe,
2-3 Tomaten, 250 g Paprikaschoten

Das Fleisch in Würfel schneiden und in dem erhitzten Fett kräftig anbraten. Die in kleine Würfel geschnittene Zwiebel zufügen, das mit Salz und Paprika vermischte Mehl überstäuben, etwa 1/8 l kochendes Wasser zufügen und einschmoren lassen. Mit dem nächsten 1/8 l Wasser den Vorgang wiederholen. Dann die abgezogenen, in Würfel geschnittenen Tomaten und die sorgfältig entkernten und in feine Streifchen geschnittenen Paprikaschoten zufügen. Das restliche Wasser darübergießen und zugedeckt gar werden lassen. Zuletzt noch einmal mit Salz und Paprika abschmecken.
Auch 1/8 l saure Sahne paßt an den Gulasch.

Ungarischer Schweinebraten

750 g Schweinefleisch, 1 Stück Zervelatwurst,
Salz, 50 g Fett, 1 Zwiebel,
1-2 Eßl. eingeweichte Trockenpilze,
saure Sahne nach Belieben

Das vorbereitete Stück Fleisch ohne Knochen von Haut und Sehnen befreien. In der Mitte mit einem scharfen Messer vorsichtig so aushöhlen, daß ein gehäutetes Stück Zervelatwurst im ganzen eingeschoben werden kann. Sollte sich das Fleisch nicht zum Aushöhlen eignen, kann die Wurst auch wie bei einem Rollbraten eingebunden werden. Das Fleisch wie üblich mit Salz einreiben und in heißem Fett mit Zwiebel, Pilzen

Wer die Eigenheiten der DDR-Küche wirklich nachempfinden will, muss sich auf all die leckeren Spezialitäten von Tschechoslowakei bis Korea einlassen, die früher oder später in unseren Töpfen und Tiegeln landeten und ganz unauffällig auch die deutsche Küche in der DDR wandelten - sei es nun durch die Verwendung neuer Gewürze und Würzmischungen oder durch die ansonsten nicht nachzuvollziehende Vorliebe für spezielle Gerichte, von denen Soljanka nur eines, wenn auch das vielleicht bekannteste, ist. Die Reihe lässt sich fortsetzen mit Schaschlyk und Stschi, Bliny und Plow, Gulyas, Kebaptscheta, Borschtsch, Bigos, Buchtel und Strudel...

In die Küche einiger uns befreundeter Völker wollen wir jetzt einen Blick werfen. Nicht, weil wir nur neugierige Topfgucker wären, sondern weil wir wissen, daß auch der Kochtopf uns manches Charakteristische über Land und Leute verraten kann und damit das Sichkennen und die Freundschaft vertiefen hilft.

1953

und gegebenenfalls auch saurer Sahne braten. die Bratentunke möglichst mit kalt angerührtem Mehl binden. Dazu gibt es Rotkraut, Salzkartoffeln oder Salat.

Nicht nur der heiße Braten ist sehr schmackhaft, das kalte Fleisch eignet sich mit seiner aparten Fülle ausgezeichnet für eine Aufschnittplatte. Dabei kommt es dann allerdings weniger auf eine gehaltvolle Bratentunke an. Wer den Braten für diesen Zweck grillen kann, wird besondere Freude daran haben.

Ungarischer Salat

250 g Paprikaschoten, 5 Eßl. Öl,
500 g Tomaten, 2-3 hartgekochte Eier,
150-200 g Jagdwurst,
Zitronensaft oder Essig, Salz, Zucker

Die entkernten und gewaschenen Paprikaschoten in feine Streifen schneiden und in 2 Eßl. heißem Öl mit einer Spur Salz dünsten. Die kurz in heißes Wasser gehaltenen Tomaten häuten und ebenso wie Eier und Jagdwurst in kleine Würfel schneiden. Alle Zutaten miteinander vermischen, kalt gestellt und zugedeckt ziehen lassen.

> Es ist mehr als unwahrscheinlich, dass dieser Salat jemals auf ungarischen Tellern gelegen hat, und auch dass Jagdwurst etwas typisch Ungarisches sei, kann nur glauben, wer diese ostdeutscheste aller ostdeutschen Zutaten nicht kennt. Dennoch hat sich diese Variante „Ungarischen Salates" über Jahrzehnte bei allen möglichen Feiern hartnäckig gehalten. Die hier angegebene Zutatenmenge reicht gut für 6-8 Personen.

Gefüllte Paprikaschoten

Paprikaschoten, Sauerkraut,
Gewürzessig, Salz, Zucker, Zwiebeln

Die ausgehöhlten Paprikaschoten kurz brühen, mit rohem Sauerkraut fest füllen, in einen Steintopf schichten, geschälte Zwiebeln dazwischen legen.
Sehr scharfen Gewürzessig mit Salz und Zucker abschmecken, aufkochen und heiß über die Schoten gießen.
Abgekühlt das Gefäß zubinden. Zu Butterbrot oder Kartoffelspeisen, aber auch zu Fisch oder Braten eine sehr herzhafte Zukost.

Pörkelt

*50 g Schweinefett, 100 g Zwiebeln,
250 g Schweinefleisch, 250 g Kalbfleisch,
250 g Tomaten, Salz, Paprika, Wasser*

In dem heißen Fett die in Scheibchen geschnittenen Zwiebeln und das gewürfelte Fleisch anbraten, mit einem Teelöffel Salz bestreuen, ein wenig kochendes Wasser zufügen und fast weich dünsten. Die abgezogenen, in Scheiben geschnittenen Tomaten oder Tomatenmark zufügen, ebenso 1/2 Teelöffel Paprika oder 2-3 grüne, in Streifen geschnittene Paprikaschoten. Alles zusammen fertig dünsten.

Bis heute erinnere ich mich voller Wehmut an die Knödel, die die Frau eines tschechischen Bekannten meines Vaters bei einem ihrer Besuche bei uns kochte. Nie wieder habe ich sie so gegessen wie von ihr. Ebenso wie ich meine ersten Erfahrungen mit Kartoffelchips in Plzen (Pilsen) gemacht habe und Kipferl zum Frühstück in Prag kennenlernte. Wie Reis richtig zubereitet wird, zeigte uns ein vietnamesischer Student, den meine Eltern irgendwann Ende der 50er Jahre einmal über die Feiertage zum Essen eingeladen hatten. Und unsagbar süße Schokoladenpralinen, mit richtigen Nüssen drin, bekam ich von meiner Großmutter aus dem „Russenmagazin" mitgebracht. Das waren Läden für die in der DDR stationierten sowjetischen Streitkräfte, in denen später dann auch Deutsche an bestimmten Tagen einkaufen durften.

Blicken wir unseren Nachbarn über die Schulter, wenn sie die köstlichen Spezialitäten ihres Landes zubereiten. Es versteht sich, daß die Zutaten so ausgewählt wurden, daß alle Gerichte ohne weiteres bei uns nachgekocht werden können.

1959

Topfenhalluschka

*250 g Mehl, 1 Ei, 1 l Salzwasser, Salz,
50 g Speck, 250 g Topfen (Quark),
1/8 l saure Sahne*

Aus Mehl, Ei, Salz und ein wenig Wasser einen Nudelteig bereiten, ausrollen, die Fladen etwas antrocknen, in 4 cm große Fleckel schneiden und in Salzwasser gar kochen. Den gewürfelten Speck anbraten, die Grieben herausnehmen und in dem Fett die Fleckel durchbraten. Dann auf eine heiße Platte häufen. Mit der angewärmten, verquirlten Sahne übergießen. Den leicht gesalzenen Topfen durch ein Sieb streichen und mit den Grieben bestreuen. Die Mehlspeise damit umranden.

Butterkolatschen

*250 g Butter, 4 Eier, 170 g Zucker, Salz,
Zitronenschale, 250 g Mehl,
Rosinen, Mandeln, Zucker*

Die Butter mit 2 Eiern und 2 Eigelb schaumig rühren, den Zucker, die Gewürze und nach und nach das gesiebte Mehl hinzufügen.
Von der sehr gut gerührten Masse eßlöffelgroße Häufchen auf ein mehlbestäubtes (heute besser mit Backpapier belegtes) Blech setzen und breit drücken. Vor dem Backen mit dem geschlagenen restlichen Eiweiß bestreichen und großzügig mit Rosinen, gehackten Mandeln und Zucker bestreuen. Bei mäßiger Hitze backen.

Buchteln

Für den Teig: *25 g Hefe, 1/4 l Milch,
4 Eßl. Zucker, 500 g Mehl, 125 g Butter
oder Margarine, 1 Ei, 1 Eigelb, Salz,
Zitronenschale*
Für die Füllung: *Pflaumenmus oder
Marmelade, 50 g Butter*

Hefe, lauwarme Milch, 1 Eßl. Zucker und 2 Eßl. Mehl verquirlen und an einem warmen Ort aufgehen lassen. Inzwischen die Butter schaumig rühren, Ei, Eigelb, den restlichen Zucker und die Gewürze zufügen. Die Masse muß sehr schaumig sein. Nach und nach das gesiebte Mehl zufügen und solange weiterschlagen, bis sich der Teig vom Schüsselrande löst (heute hilft hier natürlich ein elektrisches Rührgerät). Nochmals gehen lassen und mit nur wenig Mehl auf einem Brett ausrollen.
Handtellergroße Stücke ausstechen oder ausschneiden. Jedes dieser Teigstücke mit Pflau-

menmus oder Marmelade füllen und gut verschließen. In einer Pfanne die Butter zerlassen, die Buchteln hineinsetzen, 40-50 Minuten backen.

Serviettenknödel

*250 g Mehl, 4 Eier,
1 reichliche Tasse Milch, Salz*

Die Eigelb schaumig rühren, Milch, Salz und Mehl zufügen und zum Schluß das mit etwas Salz steif geschlagene Eiweiß unterziehen. Den Teig in eine in kaltes Wasser getauchte, gut ausgedrückte, große Stoffserviette (oder Wischtuch) füllen und dies knapp über dem Teig und 2 cm höher nochmals zusammenbinden. Über einen Topf mit siedendem Wasser einen langen Quirl oder Rührlöffel legen. Die Serviettenenden daran so festbinden, daß der Kloß im kochenden Wasser hängt, ohne aufzuliegen. Nach 20 Minuten das untere Band lösen, damit der Kloß quellen kann. Kochzeit insgesamt 3/4 Stunde. Den fertigen Kloß aus der Serviette nehmen, sofort mit einem Zwirnsfaden in Scheiben schneiden.

Skuwanki

*1 kg Kartoffeln, 40 g Schmalz,
100 g Mehl, Salz, Kümmel, Brösel*

Die frisch gekochten Kartoffeln schälen, sofort durchpressen. In einem Topf das Schmalz zerlassen. Die leicht mit Mehl vermengten Kartoffeln zufügen, mit Salz und Kümmel würzen, auf dem Feuer gut durcharbeiten. Die Masse mit einem in heißes Fett getauchten Löffel abstechen. Die Skuwanki auf eine heiße Platte ordnen. Mit in Butter gebratenen Brotbröseln bestreuen.

Bodschwine (polnische Rübensuppe)

*6 rote Rüben, 1 l Wasser, 1/8 l Essig,
250 g Fleisch, 2 Zwiebeln,
1/4 l saure Milch oder Sahne,
1 Eßl. Mehl, 1-2 Eigelb*

Die roten Rüben mehrere Stunden vor dem Auftragen mit dem warmen Wasser und dem Essig übergießen und das Fleisch in dieser Flüssigkeit gar kochen.
Inzwischen Rüben und Zwiebeln in kleine Würfel schneiden und ohne das Fleisch in der Suppe weich kochen. Saure Milch, Mehl und Eigelb verquirlen, die Suppe damit binden, das würfelig geschnittene Fleisch einlegen.

Piroski

*500 g Quark, 250 g geriebene Semmel,
3 Eier, 20 g Zucker, 65 g Rosinen,
3 Eßl. Milch oder Sahne, Muskatnuß, Mehl*

Alle Zutaten, Mehl soviel, daß ein fester Teig entsteht, vermengen, flach gedrückte Klößchen formen und in heißem Fett backen. Dazu Kompott oder frische, gezuckerte Beeren geben.

Der Zukunft

13. August 1961
Die Staatsgrenze der DDR wird mit dem Bau der Mauer durch und um Berlin „gesichert".

Juri Gagarin ist der erste Mensch im All. Beginn der bemannten Raumfahrt

1963
In Berlin tritt ein erstes Passierscheinabkommen in Kraft.

Egon Bahr prägt die Formel: „Wandel durch Annäherung".

1965
Das Gesetz über das einheitliche sozialistische Bildungssystem tritt in Kraft. Das Familiengesetz wird verabschiedet.

1966
Die ersten Delikat- und Exquisit-Läden werden eingerichtet.

1967
In der DDR wird der Sonnabend für alle Werktätigen arbeitsfrei.

1969
Der 20. Jahrestag der DDR beschert den Bürgern „Präsent 20" und ein zweites Fernsehprogramm. Von nun an sendet das DDR-Fernsehen teilweise in Farbe.

gewandt
60er Jahre

Irgendwie sind die 60er Jahre ganz besondere Jahre. Natürlich wurde 1961 die Mauer gebaut - aber einmal abgesehen davon: es ging vorwärts. Die Russen eroberten das Weltall, in Kuba siegte der Sozialismus und im Osten Deutschlands stieg der Lebensstandard. Kein Wirtschaftswunder, nein, aber ein solides kleines Wachstum. In den meisten Familien verdienten jetzt zwei, denn die durchschnittliche, statistische DDR-Frau war berufstätig. Also konnte man sich schon einmal eine dieser neuen Küchenmaschinen, einen Mixer, einen Kühlschrank, einen Fernseher leisten. Eine große Technikbegeisterung griff um sich.

Um „Versorgungslücken" und „Engpässe", zwei unabdingbare Begleiter der „Störfreimachung vom Westen", zu überbrücken, setzte man auf eigene Forschung. Chemie wurde zur Zauberformel und kam in den Ruf, zuständig zu sein für „Brot, Wohlstand und Schönheit". Kunststoffe eroberten alle Lebensbereiche. In die sprelacardbeschichteten Küchen hielt buntes, stabiles Plastegeschirr (aufgemerkt: im Osten Plaste, im Westen Plastik!) Einzug, Kinder übten mit bunten Plastebausteinen die wegweisende Plattenbauweise und die moderne Familie fuhr zum Camping mit allem, was Schkopau an Plaste und Elaste zu bieten hatte, selbstverständlich Kunstfaser gekleidet...

Mit moderner Haushalttechnik wurde nicht nur die Küchenarbeit leichter. Plötzlich gab es auch völlig neue Varianten der Zubereitung: Gegrilltes, Fritiertes, Gemixtes, Gefrorenes und Überbackenes kamen in Mode.

Der Fisch und sein Koch

Im Mai 1960 flimmerte er zum ersten Mal über die Bildschirme, der Fischkoch Rudolf Kroboth, und begann damit ein Stück Geschichte. Bis 1972 präsentierte er nicht nur Fischgerichte, sondern wurde zum Protagonisten der unvergesslichen Aktion „Fisch auf jeden Tisch".

Anfang der 60er Jahre sollte Fisch ein preiswertes und problemlos lieferbares Volksnahrungsmittel werden. Also wurde Fisch in allen Varianten und Zubereitungsarten der „sozialistischen Menschengemeinschaft" schmackhaft gemacht. Mehr als 40 Fernsehsendungen pro Jahr, ungezählte Anzeigenkampagnen, Kochbücher, Kinowerbung, Rundfunksendungen mit Rezepten und Tipps sorgten für Popularität von Koch und Produkt. Bald lachte der Rostocker Fisch von den Fenstern der Verkaufsstellen ebenso wie von Plakaten und Anzeigen. „Jede Woche zweimal Fisch hält gesund, macht schlank und frisch." Natürlich gelang es nicht, die Essgewohnheiten völlig zu verändern und Fleisch von Platz 1 zu verdrängen. Doch Fisch war zum festen Bestandteil der gemeinschaftlichen wie häuslichen Speisezettel geworden. Und in den 60er Jahren hieß dies keineswegs nur Makrele und Co. Noch stand Hering an erster Stelle, aber auch andere Meeresbewohner gab es frisch auf Eis gepackt im „Fischladen um die Ecke" zu kaufen.

Rostocker Vorspeisencocktail - die Lieblingsspeise der Kroboths

*1 Dose Makrelenfilet in Öl,
4 Teel. Pfirsichwürfel (aus der Dose),
4 Teel. Gewürzgurkenwürfel,
4 Teel. Zwiebelwürfel,
8 geröstete, süße Mandeln, 4 Zitronenkeile
Für die Cocktailsoße:
60 g Mayonnaise, 200 g saure Sahne,
2 Eßl. Ketchup, 2 Eßl. Pfirsichsaft,
2 cl Weinbrand, Salz, Zucker, Chilipulver,
Glutamat, Worcestersoße*

In Weingläser schichtweise Zwiebel- und Gurkenwürfel, das zerkleinerte Makrelenfilet und die Pfirsichwürfel verteilen. Für die Cocktailsoße die angegebenen Zutaten mischen und darübergießen. Je 2 Mandeln auflegen und an den Glasrand je einen schräg eingeschnittenen Zitronenkeil stecken. Mit Toast servieren.

Rainer Kroboth, Sohn des „Fischkochs", erinnert sich heute:

„Dem Fischkoch in die Töpfe geschaut" haben von 1960 bis Ende 1972 einige Millionen Fernsehzuschauer im 1. Programm des Fernsehens der DDR. Der erste „Tip des Fischkochs" wurde am 17. Mai 1960 (in der Familie Kroboth gab es damals noch gar kein Fernsehgerät) ausgestrahlt und am 29.12.1972 flimmerte der letzte, mittlerweile 606. „Tip des Fischkochs" über den Bildschirm. In 64 Sendungen habe ich meinen Vater während dessen Erkrankung von Januar 1971 bis April 1972 vertreten.

Rudolf Kroboth gab seine heißbegehrten Tipps aber nicht nur im Fernsehen. Presse, Rundfunk, Fachpublikationen, Schaukochveranstaltungen, Lehrgänge in der Lehr- und Versuchsküche der VVB Hochseefischerei, Sonderessen in Einrichtungen der Gastronomie und Gemeinschaftsverpflegung und Werbeeinsätze zu Messen und Veranstaltungen waren seine Bühne.

Von Kindheit an galt Rudolf Kroboths Liebe der buntschillernden Vielfalt der essbaren Wasserbewohner und sein ganzes Leben war er, wie kaum ein anderer, bemüht diese Liebe millionenfach zu übertragen. Stets lebte und handelte er nach der Maxime „Wer eine Glatze hat, sollte anderen kein Haarwuchsmittel verkaufen". Das lässt erahnen, dass er selbst leidenschaftlicher Fischesser war. Besonders geschätzt hat er Heringe. In allen Variationen, ob gebraten, gebacken, gekocht, geräuchert, mariniert oder gesalzen, waren sie seine Leib- und Magenspeise.

Nach dem Ende der Fischkoch-Sendungen - durch die weltweite Einrichtung von Fischereischutzzonen wurden die Fangergebnisse der DDR-Fischer geringer und der angelandete Fisch verkaufte sich auch ohne teure Fernsehwerbung - widmete sich mein Vater ab 1973 verstärkt den bis dahin geschaffenen Fischgaststätten „Gastmahl des Meeres". Diese Fischgaststätten waren Rudolf Kroboths Idee und die Schaffung der Gaststättenkette war vor allem sein Verdienst. In Zusammenarbeit mit der Fachschule für das Gaststätten- und Hotelwesen in Leipzig

(bitte lesen Sie S. 64 weiter)

Übrigens:
3-S-System
bedeutet:
Säubern,
Säuern,
Salzen

Herzhafte Räucherfischtoasts

600 g Räucherfisch (Bücklingsfilet, Heilbutt, Dorsch, Seelachs, Rotbarsch oder Makrelen), 2 saure Gurken, 1/4 l dicke Béchamelsoße, 100 g Reibekäse, Tomatenketchup, 4 Toastscheiben

Auf Toastscheiben zurechtgeschnittene Bücklingsfilets oder von Haut und Gräten befreiten Räucherfisch geben. Darauf dünne Scheiben von saurer Gurke legen. Alles mit dicker Béchamelsoße übergießen, den Reibekäse aufstreuen und auf jede Toastscheibe einen Klecks Tomatenketchup geben. Den Toast im vorgeheizten Grill (4 Minuten) oder Backofen (6 bis 8 Minuten) überbacken. Wenn der Käse geschmolzen ist, kann der Toast serviert werden.

Rostocker Räucherfischgedicht

500 g Räucherfisch (Heilbutt, Dorsch, Seelachs oder Makrelen), 40 g Rauchspeckwürfel, 20 g Pflanzenfett, 4 Eier, 5 Eßl. Milch oder Kondensmilch, Salz, Muskat

Den Räucherfisch von Haut und Gräten befreien, zerpflücken und mit den angebratenen Rauchspeckwürfeln mischen. In gefettete Ragoutförmchen verteilen, darüber eine Mischung aus den Eiern und der Milch gießen, die mit wenig Salz und Muskatnuß gewürzt wurde. Die Ragoutförmchen nur zu 2/3 füllen und dann in den vorgeheizten Grill oder Backofen geben. Wenn die Eiermilch gestockt ist (in 4-5 Minuten ist das der Fall), das Gericht sofort zu Tisch geben. Worcestersoße, Zitronenecken und Toast dazu reichen.

Fischsoljanka

*400 g Fischfleisch, 250 g Zwiebeln,
4 Eßl. Öl, 4-5 Eßl. Tomatenmark,
1 l Fischbrühe, 175 g saure Gurken,
Zitrone, 1 Eßl. Kapern,
4 Eßl. saure Sahne oder Joghurt,
Petersilie, Dill, Salz, Pfeffer,
Knoblauch, Wurzelwerk,
Bouquet garni, 1-2 Zwiebeln*

Für die Fischbrühe entweder ausgenommene und gut gereinigte kleine See- und Süßwasserfische oder fertig erhältlichen Fischfond mit Wurzelwerk und 1 Bouquet garni (Petersilie, Thymian, Liebstöckel, Sellerielaub, Lorbeerblatt), 1-2 geviertelte Zwiebeln und nach Geschmack eine Knoblauchzehe langsam zum Kochen bringen. Durchkochen und durch ein Sieb gießen.
Die feingehackten Zwiebeln in heißem Öl goldgelb rösten und mit dem Tomatenmark in die heiße Fischbrühe geben. Alles 10 Minuten durchkochen lassen, mit Salz und Pfeffer abschmecken. Die sauren Gurken schälen, halbieren, von den Kernen befreien und quer in feine Streifen schneiden. Die Zitrone schälen, in Scheiben schneiden und entkernen. Petersilie und Dill fein hacken. Das Fischfleisch in wenig Brühe gar ziehen lassen.
In Teller oder Suppentassen je 1 Zitronenscheibe und 1 Teel. Kräuter, einige Kapern, saure Gurke und gare Fischfleischwürfel legen. Darüber die kochendheiße, tomatisierte Fischbrühe gießen. Zuletzt einen Schuß saure Sahne oder Joghurt dazugeben. Die Sahne kann auch mit Joghurt gemischt werden. Die Soljanka wird nicht nur als Vorsuppe, sondern mit Brot auch als eigenständige Mahlzeit gegessen.

Warnemünder Fischsuppe

*750 g Dorsch, 2 Möhren, Petersilienstiele,
1 Tasse Selleriewürfel, 2 Zwiebeln,
1 Lorbeerblatt, 10 Pfefferkörner,
Zitronensaft, Salz, 40 g Pflanzenfett,
Pfeffer, Muskat, Worcestersoße*

Das rohe Fischfleisch von Haut und Gräten befreien. Haut und Gräten sowie das kleingeschnittene Wurzelwerk, die gehackten Zwiebeln, Lorbeerblatt und Pfefferkörner in einen Topf geben. Mit 1 1/4 l kaltem Wasser auffüllen. Den Suppenansatz langsam zum Kochen bringen. Nach Erreichen des Siedepunktes alles 20 Minuten intensiv kochen lassen. Dann die Brühe durch ein Sieb gießen. Das nach dem 3-S-System vorbereitete Fischfleisch in Pflanzenfett kurz braten und als Suppeneinlage verwenden. Mit Salz, Pfeffer und wenig Muskat würzen. Mit Worcestersoße verfeinern. Besonders gut schmeckt die Suppe, wenn Sie vor dem Servieren noch ein Glas Weißwein dazugeben.

und dem Werbedienst der Rostocker VVB Hochseefischerei, dessen Leiter Rudolf Kroboth war, wurde 1966 auf der Ostseemesse in Rostock ein Funktionsmodell dieses Gaststättentyps in der Praxis erprobt und damit die Grundlage für eine der größten und erfolgreichsten Gaststättenketten der DDR geschaffen. Als erste Gaststätte erhielt am 26. Juli 1966 die „Scharfe Ecke" in Weimar den Titel „Gastmahl des Meeres". Dieser war an strenge Kriterien wie z. B. Anzahl der Gerichte, Qualifikation der Mitarbeiter, Ausstattung der Gaststätte mit Kühl- und Gartechnik sowie Servierausstattung usw. gebunden.

Weitere „Gastmahle des Meeres" entstanden in Berlin (25.11.66), Leipzig (3.3.67), natürlich in Rostock (7.7.67), aber auch in Magdeburg (14.11.67), Erfurt (24.11.67), Jena (24.11.67) und schließlich in Dresden (7.2.68).

Seefischgulasch „Art des Fischkochs"

150 g Zwiebeln, 3 Eßl. Öl, 3 Knoblauchzehen,
2 Eßl. gehackte Petersilie, Essig, Salz,
2 Teel. scharfer Paprika, 800 g Kabeljaufilet,
1/2 l Brühe, 1 Eßl. Paniermehl,
1 Teel. Majoran, 1/2 Teel. Kümmel,
4 Eßl. Rotwein, 200 g saure Gurken

Die feingehackten Zwiebeln mit dem Öl hellgelb schwitzen, die feingehackten (oder gepreßten) Knoblauchzehen, die Petersilie und den Paprika dazugeben. Alles noch 2 Minuten dünsten lassen. Das Fischfilet in 4 cm große Würfel schneiden, nach dem 3-S-System vorbereiten, zu der gewürzten Zwiebelschwitze geben und soviel Brühe aufgießen, daß die Fischwürfel gerade bedeckt sind. Etwas Tomatenmark und Kümmel zugeben. Das Paniermehl zur Bindung darüber streuen. Auf kleiner Flamme 15-20 Minuten gar ziehen lassen. Ganz zuletzt mit Majoran und Rotwein verfeinern.
Vor dem Servieren die in Streifen geschnittenen sauren Gurken in das Gericht oder auf jede Portion als Garnierung geben. Körnig gekochten Reis oder Weißbrot und Paprika- oder Tomatensalat dazu reichen.

Fisch mit Kokosraspeln

*2 Eßl. Kokosraspeln, 4 Zwiebeln,
3 Eßl. gehackte Petersilie, Öl,
800 g Fischfilet (Seelachs, Kabeljau oder
Rotbarsch), Zitronensaft, Salz, Pfeffer,
5 Tomaten oder 3 Eßl. Tomatenmark,
3 große Paprikafrüchte*

Zu den Kokosraspeln soviel Wasser geben, daß sie bedeckt sind. 15 Minuten quellen lassen, das Wasser abgießen, nun die Kokosraspeln mit den feingehackten Zwiebeln und der Petersilie mischen. In ein feuerfestes Geschirr soviel Öl geben, daß der Boden bedeckt ist, darauf die Hälfte der Kokos-Zwiebel-Petersilien-Mischung verteilen. Das nach dem 3-S-System vorbereitete Fischfilet in Portionsstücke schneiden, in das Geschirr legen. Den Rest der Mischung darüberstreuen, mit Tomatenvierteln und Paprikaringen belegen und mit Öl beträufeln. (Wird Tomatenmark verwendet, so vermengt man es mit Öl und verteilt die Mischung über das Gericht). Im gut vorgeheizten Ofen backen. In der Form mit körnig gekochtem Reis zu Tisch geben.

Kleine Fische auf karibische Art

*12 kleine Fischfilets (Rotbrasse oder Rotbarsch), Zitronensaft, Salz, 2 Eier,
Semmelmehl, Öl zum Braten,
12 gekochte Weißkrautblätter,
1/4 l Tomatensaft, 1 Eßl. gehackte Zwiebel,
Pfeffer, Zucker, 1/2 Tasse Weißwein,
12 Toastbrotscheiben, Butter*

Die Fischfilets mit Zitronensaft beträufeln, leicht salzen und durch geschlagenes Ei ziehen. Mit gesiebtem Semmelmehl panieren und in heißem Öl braten oder backen. Dann die Filets in die Weißkrautblätter wickeln, in eine Backform legen, den Tomatensaft, der mit Zwiebelwürfeln, wenig Pfeffer, Salz und Zucker gemischt worden ist, und den Weißwein dazugießen. Im gut vorgeheizten Ofen soll das Gericht ca. 10 Minuten überbacken. Vor dem Servieren jedes Weißkraut-Fischfilet auf eine mit Butter bestrichene Toastscheibe legen und mit der Soße überziehen. - Sie können den Toast natürlich auch dazu reichen oder das Gericht mit Reis servieren.

Langusten auf kubanische Art

*4 Langustenschwänze, Salz, Öl,
2 mittelgroße Zwiebeln, 3 bis 4 Tomaten
oder 1 Eßl. Tomatenmark, 3 Eßl. Weißwein,
Zitronensaft, Pfeffer, 1 Teel. Mehl*

Die Langustenschwänze in lebhaft kochendes Salzwasser legen (jeder Kontakt mit Eisen und Kupfer, auch durch Töpfe mit Emailleschäden, ist zu vermeiden). Sobald die Schalen rot sind,

65

müssen die Langusten 12-15 Minuten zugedeckt ziehen. Dann mit kaltem Wasser abspülen und der Länge nach zerteilen. In einer Bratpfanne etwas Öl erhitzen, darin Zwiebelringe goldgelb rösten, die zerschnittenen Tomaten dazugeben und unter ständigem Rühren kurz mitschwitzen. Die Langustenhälften aus den Schalen heben und in der Zwiebel-Tomaten-Schwitze wenden. Unter Zugabe von 3 Eßl. Wasser, Weißwein, einigen Tropfen Zitronensaft, etwas Salz, Pfeffer und Mehl alles aufkochen lassen und darauf achten, daß die Soße dick wird. Die Langustenhälften auf Weißbrot oder Toast anrichten und mit der Soße begießen.

Afrikanischer Makreleneintopf

3 Zwiebeln, 3 Eßl. Öl, 1 kg große Makrelen (Thunmakrelen, Schild- oder andere Makrelenarten),
500 g Kartoffeln, Essig, Salz,
4 verschiedenfarbige Paprikafrüchte,
scharfer Paprika, 4 Scheiben Weißbrot

Die Zwiebeln fein hacken, in Öl glasig schwitzen. Die Fische zu Filets und diese in 5 cm große Stücke schneiden, nach dem 3-S-System vorbereiten, in der Zwiebelschwitze kurz anbraten. Rohe Kartoffeln in Scheiben schneiden, dazugeben, 1 1/2 l kochendes Wasser auffüllen, die kleingeschnittenen Paprikafrüchte daruntermischen. Das Gericht bei kleiner Hitze kochen lassen, bis die Kartoffeln und die Paprikafrüchte gar sind. Mit Salz und Paprika würzen. In Teller die zu Vierteln geschnittenen Brotscheiben verteilen und den heißen Eintopf darüber geben. Mit 2 feingehackten Knoblauchzehen kann dem Eintopf „Lokalkolorit" gegeben werden.

Seelachs in Alufolie

1 1/2 kg Seelachs (am besten eignen sich kleine Portions-Seelachse, auch Dorsch kann verwendet werden), Essig, Salz, Worcestersoße, 2 Zwiebeln,
1 Bund Petersilie oder Dill

Den Seelachs schuppen, ausnehmen, Flossen beschneiden und nach dem 3-S-System vorbereiten. Die Innenseite mit Worcestersoße beträufeln. Jeden Fisch auf ein Stück gefettete Alufolie legen, mit einer Mischung von gehackten Zwiebeln und Petersilie oder Dill bestreuen. Die Alufolie fest verschließen und die „Silberpäckchen" im gut vorgeheizten Backofen 40 Minuten oder im Grill 25 Minuten garen lassen. Mit Kräuterbutter und Salzkartoffeln servieren.

Warnemünder Bratflundern

Je 1 Portion: 1-2 Plattfische (Flundern, Schollen oder Rotzungen), Essig, Salz, Mehl, Petersilie, 30 g Räucherspeck

Die Plattfische von Kopf und Flossen befreien, die Bauchhöhlen gut säubern, große Rotzungen halbieren, kurz durch leichtes Essig-Salz-Wasser ziehen und die Schleimschicht abstreifen (von Rotzungen die Haut abziehen). Die Fische nach dem 3-S-System vorbereiten, in Mehl wenden und auf beiden Seiten knusprig braten. Plattfische werden an der Küste in Speckfett gebraten. Den Rauchspeck dazu auslassen. Die ausgebratenen Speckwürfel herausnehmen, vor dem Servieren auf die Fische verteilen und mit gehackter Petersilie bestreuen.

Gefüllter Seelachs

1 1/4 kg Seelachs,
40 g Rauchspeckwürfel,
1 große Zwiebel, 250 g rohes Fischfleisch,
1 Ei, 1 Teel. Edelsüßpaprika,
1 Teel. Senf, 1 Eßl. gehackte Petersilie,
Worcestersoße,
Öl, 1 Eßl. Semmelmehl,
1 Eßl. Reibekäse,
Essig, Salz, Pfeffer

Den Seelachs sauber ausnehmen, schuppen und die Flossen abschneiden. Den Fisch nach dem 3-S-System vorbereiten und innen mit Pfeffer einreiben. Zur Fülle den Rauchspeck auslassen, Zwiebelwürfel darin anbraten, dazu das rohe, gehackte Fischfleisch, Ei, Paprika, Senf und Petersilie geben. Alles gut mischen und kräftig mit Worcestersoße würzen.
Mit dieser Mischung den Seelachs füllen, die Bauchlappen darüberklappen. Den Fisch in eine gefettete Form legen; mit Öl bepinseln, mit Semmelmehl und Reibekäse bestreuen, evtl. mit Tomaten umlegen. Den Fisch im gut vorgeheizten Ofen 30-40 Minuten garen.

Gefrostetes Fischfilet ist wohl der Star der Schnellküche. Der Fischblock wird mit einem Sägemesser in schräge Scheiben geschnitten, gesäuert, gewürzt und weiter verarbeitet. Oder er kommt gleich unzerteilt in den Ofen. Die Garzeit ist kurz, und da im Fischfleisch Vitamine und Mineralsalze enthalten sind, Fischfleisch überdies reich an vollwertigem Eiweiß und bekömmlichem Fett ist, sind die Lobesworte nicht unverdient.

1969

Zu Fischgerichten verwendet man das Fischbesteck wie Messer und Gabel, also nicht das Fischmesser zum Mund führen, sondern damit nur den zerteilten Fisch auf die Gabel schieben. Es ist auch nicht falsch, wenn der Kellner zum Fisch zwei Gabeln bringt. Verschiedene Fischarten wie Salzhering, Delikateßhering, Rollmops und einige Räucherfische (z.B. Bückling) werden auch mit Messer und Gabel gegessen.

1961

67

Pilsner Bierkarpfen

*1 1/2 bis 2 kg Karpfen, Salz,
1/2 Sellerieknolle, 60 g Pflanzenfett,
4 Eßl. Semmelmehl, 10 Pfefferkörner,
1 Lorbeerblatt, 1 große Zwiebel,
1 1/2 bis 2 Flaschen Pilsner Bier*

Den Karpfen schuppen, ausnehmen und gut reinigen, zu 2 cm breiten Tranchen schneiden. In einer feuerfesten Form die dünnen Zwiebel- und Selleriescheiben mit Pflanzenfett halb gar dünsten. Das Semmelmehl darunter mischen. Darauf die Karpfenstücke legen, zerstoßene Pfefferkörner und Lorbeerblatt zugeben. Das Bier aufgießen und das Gefäß zudecken. Auf gut vorgeheizter Herdplatte alles zum Kochen bringen, dann die Energiezufuhr zurückschalten und das Gericht noch ca. 15 Minuten ziehen lassen.
Die Karpfenstücke auf einer vorgewärmten Platte anrichten und mit der durchs Sieb gestrichenen Soße begießen. Salzkartoffeln und Gemüsefrischkost dazu servieren.

Fisch-Makkaroni-Auflauf

*1 Paket Makkaroni, 2 Eßl. Pflanzenfett,
2 Dosen Heringsfilet in Tomate, 2 Eier,
40 g Rauchspeckwürfel, 1/8 l Milch, Paprika,
Speisewürze, 2 Eßl. Semmelmehl*

Die Makkaroni nach Vorschrift zubereiten, anschließend die Hälfte der garen Makkaroni in eine gefettete feuerfeste Form schichten. Darauf den Inhalt der Fischkonserven verteilen. Die angebratenen Rauchspeckwürfel darüber geben und alles mit den restlichen Makkaroni abdecken. Die Eier mit der Milch verquirlen, mit Speisewürze und Paprika abschmecken und über die Makkaroni gießen. Obenauf Semmelmehl streuen und Fettflöckchen auflegen. Im gut vorgeheizten Ofen ca. 25-30 Minuten backen.

Dosenfisch mit Käsenudeln und Kohlrabigemüse

*4-5 Kohlrabi, Salz, Pfeffer, je 1 Eßl. Mehl
und Margarine, 250 g Nudeln,
2 Eßl. geriebener Käse, 2 Büchsen Dosenfisch*

Die geschälten Kohlrabi grob raffeln und mit dem gehackten zarten Grün in 3/8 l kochendes Salzwasser schütten und auf kleiner Flamme gar machen. Aus Mehl und Margarine ein Fettklößchen formen, auflegen, unter Rühren auflösen und durchkochen. Die abgetropften gekochten Nudeln mit dem Käse durchstreuen, anrichten, den Dosenfisch in die Mitte der Platte geben und mit Kohlrabigemüse umranden.

Marinierte Heringe „Art des Fischkochs"

12 Salzheringe, 4 Zwiebeln, 2 saure Gurken, 1 Apfel, 2 halbweich gekochte Möhren, 1/2 halbweich gekochte Sellerieknolle, 2 Lorbeerblätter, 1 Teel. Senfkörner, 15 Pimentkörner, 10 Pfefferkörner, 150 g Mayonnaise, 1 Prise Zucker, 1 l Milch oder saure Sahne, Essig, Pfeffer, Worcestersoße

Die gut gewässerten Salzheringe von Haut und Gräten befreien, die Filets mit dem kleingeschnittenen Gemüse und Obst (Scheiben oder Streifen) sowie den Gewürzen schichtweise in eine Schüssel geben. Aus Mayonnaise, Milch, Zucker, etwas Essig, Worcestersoße und Pfeffer mit dem Schneebesen eine Marinade rühren. Über die eingelegten Filets gießen. 1 Tag durchziehen lassen und kühl aufbewahren.

Fettheringe mit grünen Bohnen

6 Fettheringe, 1 kg grüne Bohnen, 2 Eßl. Butter, Bohnenkraut, Pfeffer, 125 g fetter Rauchspeck, Salz

Die gut gewässerten Fettheringe filetieren, gut entgräten und auf einer Platte anrichten. Die grünen Bohnen in Salzwasser gar kochen. Sie können auch Konservenbohnen verwenden (die Bohnen sollen aber nicht nur erhitzt, sondern kurz aufgekocht werden). Die Bohnen mit Butter verfeinern, mit Bohnenkraut und Pfeffer würzen. Die Rauchspeckwürfel knusprig braten. Die ausgebratenen Speckwürfel über die Heringsfilets verteilen. Das Speckfett extra dazu reichen. Mit Pellkartoffeln zu Tisch geben.

Zu Beginn der 60er Jahre konnte man fast jede Art und Sorte Fisch kaufen. Selbst Langusten und Hummer waren im Angebot und (alle Tierschützer mögen es verzeihen) zeitweise sogar Wal„fisch", der als Säugetier ja eigentlich zum Fleischer gehört hätte, doch da gab es Jagdwurst und Schweinefleisch. Walfleisch, so erzählte meine Mutter, hätte man wie ganz normales Fleisch (vom Fleischer eben) bereiten können und mit Glück und ausreichend Gewürzen wäre nicht einmal der Verwandtschaft der Unterschied zwischen der schwer zu bekommenden Rinds- und der überdies preiswerten Walroulade aufgefallen. Spätestens in den 70er Jahren sah das Bild in den DDR-Fischläden hingegen ganz anders aus - dann hatte der Kunde nur noch die Wahl zwischen gähnender Leere oder einer DDR-Makrele, die wohl in jenen Jahren zum Beinamen „arme Seele" kam.

Fisch ist hochwertig, leicht bekömmlich und unentbehrlich in der schnellen Küche. Zu empfehlen sind Fischfilet mit Senf-Chaudeau, Gemüse, Kartoffelbrei und einem bunten Salat.
1969

69

Heringe für Naschkatzen

*4-8 Heringe (je nach Größe), Essig, Salz,
150 g roher Schinken, 2 Zwiebeln, 5 Eßl. Öl,
2 Eßl. Tomatenmark, Semmelmehl*

Die ausgenommenen Heringe so entgräten, daß die Filets am Rücken zusammenhängen. Nach dem 3-S-System vorbereiten. Den rohen Schinken in kleine Würfel schneiden und zusammen mit den gehackten Zwiebeln in wenig Öl braten. Zuletzt das Tomatenmark darunterrühren. Mit dieser Masse die Heringe füllen, dann vorsichtig in Semmelmehl wenden und braun braten.
Mit Blattsalat oder Gemüsefrischkost servieren.

Kulinarischer Fischteller

(für 2 Personen)

*1 Dose Heringsfilet in Tomatensoße oder
1 sonstige Fischkonserve,
3 hartgekochte Eier,
25 g Rauchspeckwürfel,
Petersilie, Dill oder Schnittlauch,
Radieschen,
Gurkenscheiben,
Tomatenscheiben,
Worcestersoße*

Auf 2 Abendbrottellern den Inhalt der Fischdose verteilen. Mit dem Eierschneider die Eier einmal längs und einmal quer teilen, so daß sie gehackt sind. Die Heringsfilets damit kranzartig umlegen und die Eier leicht salzen. Auf die Filets leicht angebratene Rauchspeckwürfel und gehackte Küchenkräuter streuen. Mit Radieschen-, Gurken- und Tomatenscheiben garnieren. Bei Tisch mit Worcestersoße verfeinern, dazu Schwarzbrot servieren.

Fisch-Pastetchen

*4-6 fertige Pastetchen,
2 hartgekochte Eier,
Dosenfisch in Tomaten-
oder anderer würziger Tunke,
1 Teel. Kapern,
Salz, Paprika*

Den Fisch mit einer Gabel in der Tunke zerdrücken, die in Würfel geschnittenen Eier und die Kapern zugeben, mit Salz und Paprika würzen. Die Masse in die Pasteten füllen und im vorgeheizten Ofen stark erhitzen. - Heiß mit Zitronenecken servieren.

Rostocker Fischstäbchen mit Letscho

1 Paket (400 g) Fischstäbchen,
Öl zum Braten,
1 Glas Letscho,
1/2 Teel. Majoran,
Worcestersoße

Die Fischstäbchen im gefrosteten Zustand in das heiße Öl legen und auf beiden Seiten goldgelb braten (natürlich können sie heute auch fritiert werden). Auf vorgewärmten Tellern mit warmem Letschogemüse anrichten, das mit Majoran verfeinert wurde. Teigwaren, Kartoffeln oder körnig gekochten Reis dazu reichen.

Letscho ist ein Gemüsegericht aus Paprika, Zwiebeln, Tomaten und vielerlei Gewürzen, dessen Herkunft manchmal Ungarn, manchmal Bulgarien zugeschrieben wurde, je nachdem, welche Konserven gerade im Handel erhältlich waren. Über Jahre hielt sich die Mischung als unentbehrliche Beilage - Nudeln, Reis, Jagdwurst, Fisch, Fleisch... alles wurde dank Letscho zur kompletten Mahlzeit. In manchen Supermärkten ist diese „Ostspeise", die wohl ebenso geliebt wie gehasst wurde, wieder im Glas erhältlich. Ansonsten können Sie es nach dem Rezept auf Seite 133 auch gern selbst nachkochen. Kaltes oder warmes Tomatenketchup tut es für Eilige natürlich auch, allerdings müssen Sie dann auf den unvergesslichen Geschmack dieses typischen DDR-Gerichtes verzichten.

Beim Kauf von Fischstäbchen war zu DDR-Zeiten höchste Vorsicht geboten. Es gab echt leckere Stäbchen aus Filet, aber auch zähe Abarten aus einer Masse schwer definierbarer, leicht nach Fisch schmeckender Bestandteile.

Nimm ein Ei mehr

Mit Kurt Drummer eroberte in den 60er Jahren eine zweite Institution in Fragen Kochen die flimmernde Bühne. Bald war er landauf, landab nur noch „der Fernsehkoch". Seinen Tipps und Empfehlungen vertrauten vor allem die jungen Frauen, die vor der Aufgabe standen, Beruf, Weiterbildung und Hausarbeit unter einen Hut zu bringen.

In jenen Jahren hieß zeitgemäß kochen vor allem, die neuen Möglichkeiten zu nutzen, die die moderne Küche bot. Bessere Kühltechnik (der althergebrachte Eisschrank wurde endgültig vom Kühlschrank abgelöst), dazu Toaster, Küchenmaschine und Schnellkochtopf, aber auch Würzmischungen und Halbfertiggerichte, darunter tiefgefrorene, veränderten Küche und Essgewohnheiten. Dank des populären Fernsehkochs gehörten auch diverse Forschungsergebnisse bald zum Allgemeinwissen: Vitamine und Mineralstoffe, Diäten, Rohkost, die Vorzüge von Kaninchenfleisch und selbst das Wissen über die Vielfalt der Eierzubereitung verdankten die DDR-Bürger seiner freundlichen und kompetenten Präsentation im Deutschen Fernsehfunk.

Tatarscheiben

4 Scheiben Grau- oder Weißbrot, 4 Teel. Senf, etwa 20 g Margarine, 200 g Geschabtes, 1 kleine Zwiebel, Salz, Bratfett

Das Brot mit Feinmargarine und Senf bestreichen, das Geschabte mit der feinwürfelig geschnittenen Zwiebel, mit Salz, gegebenenfalls auch mit Paprika abschmecken und auf die Brotscheiben verteilen. Mit dieser Seite nach unten in erhitztes Fett legen und kurz braten. Die Tatarscheiben appetitlich verziert auftragen.

Käsekuchen

Ungesüßter Hefeteig aus 250 g Mehl, 3 Eßl. Tomatenmark, 2 Eßl. Öl, 200 g gekochter Schinken, 300 g Schnittkäse, 30 g Margarine

Den gut gegangenen Hefeteig auf ein gefettetes Backblech drücken, Tomatenmark und Öl miteinander verrühren, damit den Teig bestreichen. Den Schinken und den in dünne Streifen geschnittenen Käse darauf verteilen, die Oberfläche nach Belieben mit Schinkenstreifen garnieren. Zuletzt mit der zerlassenen Margarine beträufeln und bei Mittelhitze backen. Anstelle von Schnittkäse, der dem Gebäck ein wirkungsvolleres Aussehen gibt, ist auch Reibekäse verwendbar.

Von 1958 an flimmerte Fernsehkoch Kurt Drummer (1928 - 2000) als „Alleinunterhalter" 650mal über die DDR-Bildschirme. Wenn es hieß „Der Fernsehkoch empfiehlt", dann freuten sich Hobby-Köche wie Fachleute gleichermaßen auf Anregungen von der veredelten Tütensuppe bis zur anspruchsvollen kulinarischen Spezialität. Er machte den DDR-Bürgern Köstlichkeiten der internationalen Küche schmackhaft, gab jungen Leuten wertvolle Hinweise, wie lecker und unaufwendig für das leibliche Wohl gesorgt werden kann und schaffte es, „Omas Küche" zu neuen Ehren zu verhelfen. In den 25 Jahren seiner Bildschirmpräsenz gelang es ihm außerdem immer wieder, ideenreich und uneitel, mit seinen wöchentlichen Rezepttipps den Mangel kreativ zu bewältigen. Generationen junger Küchenmeister profitierten von seinen Erfahrungen.

Kurt Drummer gewann eine Vielzahl internationaler Kochwettbewerbe, u.a. in London, Wien, Prag und Budapest. Und er kochte 1974 bei der Fußballweltmeisterschaft in Westdeutschland.

Sorbische Schälchen

*200 g Zervelatwurst,
1 kleines Weißkraut,
Salz, 3 Eßl. Öl, Joghurt,
Zitronensaft oder Essig,
1 Eßl. gehackter Schnittlauch,
2 Eßl. gehackte Petersilie*

Die Zervelatwurst in ganz kleine Würfel, das Weißkraut in feine Streifchen schneiden und mit den übrigen Zutaten mischen.

> Heute, cholesterinbewußt und salmonellenängstlich, mutet es schon etwas seltsam an, mit welcher Vehemenz in den Sechzigern Eierspeisen propagiert wurden - allein sie würden ein ganzes Kochbuch füllen: von Vorspeisen über Schnell- und Hauptgerichte bis zu den Süßspeisen und Kuchen.

Ei im Glas *(1 Portion)*

*2 sehr weich gekochte Eier,
1-2 Eßl. Ketchup,
1 Teel. Senf, Salz,
Pfeffer, Paprika,
Worcestersoße,*

Ketchup und Senf verrühren, nach Geschmack mit Paprika, Salz, Pfeffer und Worcestersoße scharf würzen. Die Hälfte der Masse in vorgewärmte, nicht zu hohe Wassergläser geben. Die sehr weichgekochten Eier (ca. 2-4 Minuten, das Eigelb muß noch flüssig, das Eiweiß schon geronnen sein) aufschlagen und auf die Ketchup-Senf-Masse geben. Den Rest der Würzmischung darüber geben. Nochmals mit etwas Worcestersoße nachwürzen.

Nach Belieben mit frischen Kräutern (z. B. Basilikum, Oregano oder Estragon) verzieren.
Mit warmem, gebutterten Toast ein leckeres Frühstück.

Eier in Schinkenkrem

*4 Eier, 65 g Schinken, 1/4 l Schlagsahne,
1 Eßl. geriebener Meerrettich*

Die Eier hart kochen, abschrecken, schälen und nach dem völligen Erkalten in Achtel teilen. Den Schinken wiegen oder in recht kleine Würfel schneiden, zusammen mit dem geriebenen Meerrettich unter die steif geschlagene (natürlich ungesüßte!) Sahne ziehen.
Die Eiachtel in dieser Krem, die noch mit Paprika abgeschmeckt werden kann, anordnen.

Ausgebackene Eier

4 Eier, Ausbackfett

In einem kleinen Topf Öl oder Fett zum Sieden bringen. Die Eier nacheinander in eine Tasse schlagen und rasch in das siedende Fett gleiten lassen. Nach etwa 2 Minuten herausnehmen und mit einer Petersilien- oder Tomatentunke zu Kartoffelschnee oder mit einem Salat zu Toast auftragen.
Es ist vorteilhaft, die Eier jeweils in eine Schöpfkelle, die in das heiße Fett gehalten wird, zu geben. Sie behalten dadurch ihre Form besser.

Römische Eier

4 Eier, Ausbackfett, 1 kg Spinat,
1/8 l Wasser, 1 große Zwiebel,
30 g Margarine, 1 Eßl. Mehl,
5 bis 6 Sardellen oder
die Filets eines zarten Salzherings,
Petersilie,
Salz, Pfeffer

Die Eier nacheinander aus einer Tasse in das siedende Ausbackfett schlagen; zur Erhaltung einer besseren Form das Eiweiß mit einer Gabel zusammenhalten. Eine Handvoll des vorbereiteten Spinats wegnehmen, den übrigen mit dem siedenden, leicht gesalzenen Wasser ansetzen, kurz aufwallen und abtropfen lassen. Zusammen mit der Zwiebel zerkleinern.
Margarine, Mehl und Spinatwasser für eine Schwitze verkochen, den Spinat ganz kurz darin durchdünsten. Die rohen Spinatblätter, die Sardellen und die Petersilie fein wiegen, ebenso wie Pfeffer und Salz zuletzt zugeben. Mit den ausgebackenen Eiern anrichten.

Die Empfehlungen des Fernsehkochs haben bei vielen Bürgern unserer Republik großen Anklang gefunden. Berufstätige Frauen, Köche in Gaststätten, Hotels und Werkküchen wie auch Hausfrauen erwarten stets mit großem Interesse seine Anregungen, sie notieren die Vorschläge, um sie schließlich selbst auszuprobieren. Der Fernsehkoch hat sich davon leiten lassen, das vielseitige, den jahreszeitlichen Produktionsbedingungen entsprechende Warenangebot mit den Grundsätzen und Erkenntnissen über eine zweckmäßige, richtige, mit den Ergebnissen unserer Wissenschaft übereinstimmende gesunde Ernährung zu verbinden und dabei zugleich Anregungen für eine abwechslungsreiche und schmackhafte Speisefolge zu vermitteln.

1963

Das Fernsehen ist eine großartige Sache. Was liegt also näher, als an all dem Wissens- und Sehenswerten hin und wieder Verwandte oder Freunde teilhaben zu lassen. So ein Abend ist für Gastgeber und Gäste ein Gewinn, weil sich an das Gesehene meistens noch eine lebhafte Unterhaltung anschließt. Man wird ja nicht bis Sendeschluß vor dem Bildschirm sitzen und eine Sendung nach der anderen vor sich abrollen lassen.

1963

Irgendwann in den 60er Jahren muss es sich zugetragen haben, dass die fleißigen Legehennen in der sozialistischen Großproduktion ihr Planziel deutlich übererfüllten und eine nicht endenwollende Eierschwemme das Land beglückte. „Nimm ein Ei mehr" empfahl das Plakat im HO-Laden. Eier in unendlichen Varianten und Geschmacksrichtungen kamen auf die Frühstücks-, Mittags- und Abendtische. Und lecker sind sie allemal.

Was wäre denn unser Küchenzettel ohne die beliebten und bekömmlichen Eier, mit denen sich so manche Mahlzeit bereiten oder abrunden läßt. 1961

Ungarische Eierplatte

6-8 hartgekochte Eier, 25 g Margarine, 2 mittelgroße Zwiebeln, 1/2 Glas Letscho, 1/2 Glas Mayonnaise

Die hartgekochten Eier in Scheiben schneiden. Die in der erhitzten Margarine gedünsteten Zwiebelscheiben mit Letscho und Mayonnaise mischen, über die Eier ziehen. Die Platte mit Petersiliensträußchen, Tomatenscheiben oder -würfeln garnieren.

Russische Eierhälften

6-8 hartgekochte Eier, 2-3 Eßl. gewiegtes Wildgemüse (Spinat, junger Löwenzahn, Brennesseln, Schafgarbe), 4 Eßl. Mayonnaise, Salz, 200 g Räucherlachs

Die Eier halbieren. Die Eigelb mit dem Wildgemüse und der Mayonnaise verrühren. Damit die Eihälften füllen und auf dem auf eine Platte gegebenen Lachs anrichten.

Italienische Eiernestchen

250 g gekochte Spaghetti oder Makkaroni, 1 kleines Glas Zunge oder 1 Zungenrest, auch Schinken, 4 weichgekochte Eier, 50 g Margarine, Salz, 1 Tasse Tomatenmark, 100 g Reibekäse

Die abgetropften Spaghetti locker mit der in Würfel geschnittenen Zunge vermischen und portionsweise auf feuerfesten Tellern oder in kleine gefettete Auflaufformen verteilen. Die weichgekochten, geschälten Eier darauflegen.

Margarine und Salz schaumig rühren, abwechselnd Tomatenmark und Reibekäse zugeben. Die Masse entweder mit dem Löffel in Tupfen auf die Spaghetti setzen oder in den Spritzbeutel füllen und mit großer Tülle aufspritzen. Kurz in die heiße Röhre schieben, dann auftragen.

Tomatenrührei mit Senf und Käse

*4 Eier, 4 Tomaten, 100 g Schnittkäse,
50 g Butter oder Margarine, Salz, Pfeffer,
Senf, 6 Scheiben Weißbrot, Schnittlauch*

Die ohne Kerngehäuse in Würfel geschnittenen Tomaten in der Margarine anschwitzen, mit Salz und Pfeffer würzen, die verquirlten Eier dazugeben und, wenn sie fast gestockt sind, noch den in Würfel geschnittenen Käse, reichlich Schnittlauch und einen Eßlöffel Senf darunterziehen. Diese Mischung auf scharf geröstete Weißbrotscheiben geben und mit Kopfsalatblättern oder Scheiben von frischer Gurke garnieren.

Sizilianische Eier

4 Eier, Salz, 50 g Reibekäse

Ragout-fin-Förmchen gut fetten. In jedes ein Ei gleiten lassen, mit wenig Salz und so mit geriebenem Käse bestreuen, daß das Eigelb frei bleibt. In der heißen Röhre oder im Grill stocken lassen.

Verlorene Eier, Grundrezept

*Eier (für eine Mittagsmahlzeit
ca. 2-3 Stück pro Person),
Essigwasser*

Essigwasser zum Kochen bringen. Jedes Ei vorsichtig auf eine Untertasse schlagen. Das Eigelb darf dabei nicht verletzt werden. Das Essigwasser von der Kochstelle nehmen und die Eier behutsam hineingleiten lassen. Das Eiklar mit einem Holzlöffel über das Eigelb ziehen. Darauf achten, daß die Eier nicht zu dicht aneinander schwimmen, damit sie sich nicht gegenseitig in der Form beeinträchtigen. Nach 4-5 Minuten die Eier vorsichtig mit einem Schaumlöffel aus dem Wasser nehmen. Die Eier sind gar, wenn das Eiweiß undurchsichtig weiß gestockt, das Eigelb noch sahnig-kremig geblieben ist.
Damit die Verlorenen Eier eine gleichmäßige Form haben, sollten die Ränder gegebenenfalls etwas beschnitten werden.

77

Verlorene Eier in Kräuterketchup

4 Eier, 4 Scheiben Weißbrot,
1 Zwiebel, 50 g magerer Speck,
Salz, Worcestersoße,
1 Flasche Tomatenketchup,
Pfeffer, Petersilie

4 verlorene Eier zubereiten, auf die goldgelb gerösteten Weißbrotscheiben setzen und mit Kräuterketchup überziehen, der wie folgt zubereitet wird:
Den Speck in feine Würfel schneiden, auslassen, eine geriebene Zwiebel darin anschwitzen, den Tomatenketchup unterrühren, mit Salz, Pfeffer, Worcestersoße und reichlich gehackter Petersilie abschmecken. Dazu paßt grüner Salat.

> Der Fernsehkoch empfiehlt außerdem: Verlorene Eier auf Curryreis mit Käse überbacken, auf pikantem Schwarzwurzelsalat mit Mayonnaise oder auf Kartoffelpüree.

Schweizer Käsehappen

4 dünne Scheiben Weißbrot,
4 Spiegeleier,
Butter oder Feinmargarine,
4 Scheiben Schnittkäse,
3 Eßl. Reibekäse

Das Weißbrot mit Butter oder Margarine bestreichen und mit dem Käse belegen, auf jede Scheibe 1 Spiegelei, das der Brotform angepaßt wurde, setzen und mit Reibekäse bestreuen. Auf einem gefetteten Blech erhitzen, bis der Käse leicht zu schmelzen beginnt. Die Schnitten heiß mit Mixed Pickles oder in einem grünen Salatbett servieren.

Rotgrüner Eierkuchen

125 g Mehl, 3 Eier,
1 Messerspitze Salz,
1/4 l Milch oder Wasser,
Butter oder Margarine zum Backen,
2 Eßl. Spinat,
1 Eßl. Tomatenmark,
1 kleine, geriebene Zwiebel,
Fleischreste

Die Eigelb vom Eiweiß trennen, Eiweiß kalt stellen. Das Eigelb mit der Flüssigkeit und Salz verquirlen. Den Teig etwas ruhen lassen, damit das Mehl ausquellen kann, dann in 2 Hälften teilen, einen Teil mit Spinat, den anderen mit Tomatenmark und Zwiebel mischen. Kurz vor dem Ausbacken das steifgeschlagene Eiweiß unterziehen. Nach dem Backen auf den roten Eierkuchen kleingeschnittene Fleischreste, mit etwas Soße gebunden, geben. Den grünen Eierkuchen aufsetzen.

Wursteier

Gefettete Portionsförmchen etwa zur Hälfte mit kleingeschnittenen Wurst- und Schinkenresten oder Würstchenwürfeln füllen. Im Mixer pürierte Tomaten, kräftig gewürzt, übergießen und zuletzt obenauf ein Ei schlagen. Im Ofen backen, bis die Eier gestockt sind.

Eierpfanne

2 Zwiebeln, 2 Paprikaschoten,
2 schnittfeste Tomaten, Bratfett,
100 g Salami, 100 g Jagdwurst,
6 Eier, 1/8 l Milch, Salz, gehackte Kräuter

Zwiebelwürfel, Paprika- und Tomatenstreifen mischen und mit reichlich Fett in eine Pfanne geben, darüber die Wurstwürfel verteilen. Die Eier mit Milch und Salz verquirlen und darübergießen. In der Röhre, ohne zu wenden, fest werden lassen.
Vor dem Servieren mit gehackten Kräutern und nach Belieben mit Reibekäse bestreuen.

Aufläufe sind schnell zubereitet, wenn gare Zutaten vorhanden sind. Und da liegt die Vermutung nahe, daß es auch Reste sein können, die den gefetteten feuerfesten Formen und Förmchen anvertraut werden. Es gibt feine Eieraufläufe, die sich auf Festtagstischen sehen lassen können, womit jedoch nichts gegen die etwas hausbackenen gesagt werden soll, die saftig, wohlschmeckend und dampfend gleich vom Herd auf den Tisch kommen

1969

Wir wissen, daß unsere Nahrung vollwertig, aber nicht schwergewichtig sein soll, und wir wollen, daß Tisch und Tafel trotzdem Duft, Farbe und Fülle besitzen wie in den Jahrhunderten des gastronomischen Leichtsinns. Alle drei Bedingungen gleichzeitig zu erfüllen, ist nicht ganz so einfach. Viel Spaß beim Probieren.

Ihr Fernsehkoch Kurt Drummer
1969

Pfefferhähnchen in Gurkensoße

*1 Broiler, 3 Eßl. Öl, 1 Eßl. Butter, 1 Zwiebel,
1 mittelgroße grüne Gurke, Glutal, Pfeffer,
1 Eßl. Tomatenmark, 1 Glas Weißwein,
1/2 Flasche Joghurt, 1 Eßl. Mehl, Salz*

Den Broiler in 4 Brust- und Keulenstücke teilen, dünn mit Öl bestreichen, mit Salz, Glutal und Pfeffer würzen und zugedeckt etwa 20 Minuten stehenlassen. Das so vorbereitete Geflügel in einer Mischung aus Öl und Butter von allen Seiten knusprig braten, erst dann die geriebene Zwiebel und die ohne Kerngehäuse in grobe Würfel geschnittene grüne Gurke dazugeben. Die Gurkenwürfel kräftig mit Pfeffer würzen, alles zugedeckt einige Zeit dünsten lassen, das Tomatenmark und den Weißwein zugießen und das Gericht fertig garen lassen. Joghurt und Mehl verrühren, zu der Soße geben, kurz aufkochen lassen und gegebenenfalls noch einmal mit Salz und Pfeffer abschmecken.
Mit Butterreis und Blumenkohlsalat anrichten.

Apfelhähnchen im Mantel

*250 g saure Äpfel, 4 cl Apfelkorn,
2 Eßl. Magerquark, 2 Eier, Pfeffer,
150 g Gehacktes (halb und halb), Salz,
1 Broiler, 4 Eßl. Öl,
1 Packung gefrorener Blätterteig*

Die Äpfel schälen, ausstechen und vierteln. In feine Streifen schneiden und mit dem Apfelkorn einige Stunden marinieren. Den Magerquark zum Gehackten geben und mit dem Ei vermischen. Die marinierten Apfelstreifen untermengen, mit Salz und Pfeffer abschmecken. Das bratfertig vorbereitete Hähnchen damit füllen und zunähen. Mit Salz und Pfeffer würzen, im heißen Öl in der Bratröhre ca. 30-40 Minuten unter öfterem Wenden und Begießen braten, danach herausnehmen und abkühlen lassen. Die Fäden vom Zunähen entfernen.
Blätterteig auftauen lassen und ausrollen, das Hähnchen daraufsetzen und in den Teig einschlagen. Die Ränder mit Eiweiß bestreichen, oben eine Öffnung von 2 cm ø lassen, wo der Backdampf entweichen kann.
Das Hähnchen auf ein befeuchtetes Backblech setzen, mit einem verquirlten Ei bestreichen. Im vorgeheizten Ofen ca. 20 Minuten bei 200 Grad goldgelb backen. Im Mantel servieren und am Tisch tranchieren. Als Beilage einen frischen Salat reichen.

Broiler in Alufolie

*1 Broiler, 1 Bund Petersilie,
2-3 Eßl. Butter, 1 kleine Zwiebel,
1 Zitrone, Salz, Pfeffer,
Paprika, Senf, Zucker,
Öl zum Bestreichen*

Den Broiler innen leicht mit einer Mischung von Salz, Pfeffer und Paprika einreiben und die gut gewaschene Petersilie in den Rumpf geben. Die Butter schaumig rühren, 1 Teel. Senf, die geriebene Zwiebel, Zitronensaft, Salz, Edelsüßpaprika und eine Spur Zucker dazugeben und alles gut verrühren. Mit dieser würzigen Buttermischung den Broiler von außen bestreichen und auf ein entsprechend großes Stück Alufolie, die dünn mit Öl bestrichen wurde, setzen. Die Foliekanten nach oben falzen, damit der Fleischsaft nicht auslaufen kann, und den Broiler in einer Bratpfanne ohne Fett bei ca. 230 Grad in der Röhre garen. Den fertigen Broiler auf eine Platte legen, die Alufolie entfernen und das Huhn mit seinem natürlichen Saft und zartem Gemüse oder Salat und Weißbrot servieren.

Broilerbrust im Silbermantel

4 Broilerbrüste, 100 g gekochter Schinken,
100 g Schnittkäse, 1 Eßl. Butter,
1 Bund Petersilie, Glutal, Edelsüßpaprika,
Worcestersoße, Öl zum Bestreichen

Jede der von den Knochen gelösten Broilerbrüste seitlich flach einschneiden, so daß eine Tasche entsteht, aufklappen, innen leicht mit Glutal und Edelsüßpaprika einreiben und mit etwas Worcestersoße beträufeln. In jedes Bruststück eine entsprechend große, nicht zu dicke Scheibe gekochten Schinken und eine Scheibe Käse legen, dazwischen ein nußgroßes Stück Butter und 1 bis 2 Stengel Petersilie.
Das Fleisch wieder zusammenklappen, eventuell mit einer Rouladennadel feststecken, außen ebenfalls von beiden Seiten mit Glutal, Paprika und Worcestersoße würzen und auf entsprechend große Stücke geölter Alufolie setzen.

Hinter den Scheiben der Broiler-Bratküchen drehen sich die goldbraunen Vögel aufreizend langsam um ihre eigene Achse und wenn die Tür aufgeht, streicht ein Duft wie aus den Küchen der Märchen über die Großstadtstraße. Natürlich kann man das auch zu Hause haben. In der Tiefkühltruhe schlummern rosig die Hühnchen und Hähnchen. Zartes, weißes Fleisch umkleidet in dicken Schichten das feine, leichte Knochengerüst, es wird im Handumdrehen gar und schenkt den „Genuß ohne Reue" - denn Wohlgeschmack paart sich mit Kalorienarmut, leichter Verdaulichkeit und hohem Nährwert.

1969

Fisch und Geflügel sind äußerst wertvolle Bestandteile unserer Ernährung. Als moderne Frau wissen Sie sehr gut, daß der Begriff „wertvoll" nicht allein von der finanziellen Seite her zu sehen ist. Sie kennen den Wert, den Vitamine, Mineralsalze, Kohlenhydrate, Eiweiß und Fett in der Nahrung für uns haben, schon recht genau.
1964

Die Foliepakete gut verschließen und bei ca. 260 Grad in der Bratröhre oder im Grill garen. Mit Reis oder Pommes frites und jungem Gemüse oder zartem Salat servieren.

Coq au vin

1 Brathuhn (ca. 1,5 kg),
5 Eßl. Margarine,
1/8 l Weinbrand,
1-1 1/2 Flaschen Rotwein,
1/2 Teel. Thymian, 1/2 Teel. Majoran,
1 Teel. Petersilie, 4 Scheiben Speck,
4 Zwiebeln, Salz, Pfeffer, Mehl,
150 g Champignons oder andere Pilze,
getoastetes Weißbrot

Das Huhn in etwa 12 Stücke teilen, diese in Mehl wälzen und in einem schweren Topf mit Margarine anbräunen, mit Salz und Pfeffer würzen. Den erhitzten Weinbrand darübergießen und anzünden. Wenn die Flamme heruntergebrannt ist, soviel Rotwein dazugießen, daß die Hühnerstücke gerade bedeckt sind; Majoran, Thymian und gewiegte Petersilie zufügen. Leicht kochen lassen, bis das Fleisch weich ist.

Kurz vor dem Essen die Zwiebeln vierteln, die Champignons in Scheiben und den Speck in Würfel schneiden. Den Speck in einer Pfanne ausbraten, die Zwiebelviertel zufügen und bräunen, Pilzscheiben darin gar braten.
Getoastete Weißbrotscheiben auf eine Platte legen, das Speck-Zwiebel-Gemisch darauf geben, darüber die Hühnerstücke verteilen, Weinsauce darübergießen. Wer das Gericht sämiger wünscht, dickt sie mit etwas Speisestärke an.

Spargelhühnchen

500 g gekochtes Hühnerfleisch, 500 g Spargel,
100 g geriebener Käse, 3 Eßl. Weinbrand
Für die Soße: 3 Eßl. Butter, 3 Eßl. Mehl,
3/4 l Hühnerbrühe, 1/2 Tasse Sahne,
2 Eßl. Weißwein, Salz, Pfeffer

Den Spargel in Salzwasser nicht zu weich kochen, herausnehmen, beiseite stellen. Das Hühnerfleisch in dünne Scheiben schneiden, beiseite stellen. Aus Butter und Mehl eine helle Schwitze bereiten, nach und nach mit heißer Hühnerbrühe unter ständigem Rühren auffüllen, 10 Minuten im Wasserbad kochen lassen. Die geschlagene Sahne und den Weißwein untermischen, salzen, pfeffern. Ein untergezogenes Eigelb verfeinert die Soße.

Den Spargel in eine mittelgroße Kasserolle (oder Auflaufform) legen, etwas Soße darübergießen, die Hälfte des Käse darüberstreuen.

Darauf kommt das Hühnerfleisch, das mit der restlichen Soße begossen wird. Den Weinbrand darüber spritzen und den restlichen Käse aufstreuen.

Die Kasserolle unbedeckt in den vorgeheizten Ofen schieben, bei mittlerer Hitze überbacken (die Oberfläche soll schön gebräunt sein).

Für dieses Gericht sind auch Putenreste sowie Geflügelreste bestens geeignet. Kleinere Reste können nach diesem Grundrezept auch in Portionsförmchen überbacken werden.

Soziologen definieren den Wohlstand gern als „Huhn in jedermanns Topf". Der Feinschmecker ist einverstanden. Aber warum nur im Topf? Warum nicht in einer Bratpfanne, unterm Grill, über offenem Feuer, im Ofen und in Saucen, die einfach und doch großartig sind, weil sie den natürlichen Geschmack des Geflügels hervorbringen. Die Rezepte wollen sich nicht exotisch aufgeputzt geben, sondern wirklich unverfälschte Kochkunst vorstellen. Wählen Sie davon, was Ihnen zusagt, experimentieren Sie auch selbst einmal; erfinden Sie sich selbst ihre eigenen Hühnergerichte.

1969

Der Schweinebraten wird vom Grillhähnchen überrundet, neben Salz und Pfeffer ist die reiche Skala in- und ausländischer Gewürze getreten, und statt Bier kommt immer häufiger leichter Wein auf den Tisch - kurz, unsere Küche büßt allmählich ihre jahrhundertealte Schwergewichtigkeit ein! Das ist der rechte Augenblick für den Auftritt des Kaninchens.

1969

83

Flammendes Festtagshähnchen

*1 Broiler, 2 Eßl. Öl, 75 g Butter,
150 g Aprikosen (auch als Konserve),
1 Teel. Senf, 4 Eßl. Kondensmilch,
50 g Mandeln, 4 Eßl. Weinbrand,
Salz, Glutal, Pfeffer, Paprika*

Den Broiler innen und außen mit Salz, Glutal, Pfeffer und Paprika einreiben und in einer Mischung aus Öl und einem Teil der Butter anbraten. Nach dem Bräunen allmählich etwas Wasser zugießen und den Broiler unter häufigem Begießen schön braun braten. Den fertigen Broiler in Portionsstücke teilen, nach Möglichkeit auslösen, warm stellen.
Die Aprikosen fein hacken oder im Mixer pürieren und in etwa 50 g Butter in einem breiten Gefäß erhitzen, Senf zugeben und mit dem durchgeseihten Bratensatz auffüllen, mit Kondensmilch verfeinern und die Fleischstücke in der Aprikosensoße nochmals erhitzen.
Die gehackten Mandeln in einer Pfanne goldgelb rösten, mit erwärmtem Weinbrand übergießen, anzünden und das brennende Mandel-Weinbrand-Gemisch über die Hähnchenstücke geben. Dazu Reis reichen.

Kaninchenpfeffer

*1 Kaninchen, 1/2 l Weißwein, 3-4 Eßl. Essig,
2 Zwiebeln, 1 Möhre, 100 g magerer Speck,
2 Eßl. Butter, 2 Eßl. Mehl,
2 Eßl. Johannisbeerkonfitüre,
1/2 Flasche Kondensmilch, Salz,
10 Pfefferkörner, 1 Lorbeerblatt, 2 Nelken,
wenig Thymian*

Das ausgenommene, gut gewaschene Kaninchen in Würfel wie für Gulasch schneiden, die Fleischstücke in eine Schüssel schichten und mit einer Marinade aus Weißwein, Essig, den in Scheiben geschnittenen Zwiebeln und der Möhre und den Gewürzen übergießen und gut zugedeckt 1-2 Tage marinieren lassen.
Dann die gut abgetropften Fleischstücke in einer Mischung von ausgelassenem Speck und Butter anbraten. Wenn sie gut gebräunt sind, mit Mehl bestäuben, nochmals bräunen lassen, mit Salz nachwürzen und mit der durchgeseihten Weinmarinade nach und nach auffüllen. Mit Konfitüre und Sahne abschmecken. Dazu Kartoffelknödel und Apfelrotkohl reichen.

Echt ungarisches Kaninchengulasch

*1 Kaninchen, 75 g Schmalz, 4 Zwiebeln,
2 Eßl. Tomatenmark, 500 g Kartoffeln,
2 Paprikafrüchte (auch Konserve oder
gefrostet), 300 g Sauerkraut, Salz, Kümmel,
Edelsüßpaprika, etwas Knoblauch*

Das ausgenommene, gewaschene Kaninchen in Portionsstücke von etwa 40-50 g halbieren. In einem entsprechend großen Topf Schmalz auslassen, die in Scheiben geschnittenen Zwiebeln leicht anrösten und die mit Salz und gehacktem

Kümmel gewürzten Fleischstücke zugeben. Soviel Wasser auffüllen, daß das Fleisch gerade bedeckt ist. Tomatenmark unterrühren, mit Paprika und etwas Knoblauch nachwürzen. Das Ganze zugedeckt fast weich kochen lassen. Erst dann die in kleine Würfel geschnittenen Kartoffeln, die geschnittene Paprika sowie das Sauerkraut zugeben. Nochmals mit Kümmel, Salz und Paprika abschmecken, gar ziehen lassen. Mit frischem Salat und Weißbrot servieren.

Kaninchenrücken in Tomaten-Zitronen-Soße

1 Kaninchenrücken (auch 1 Rücken, 2 Keulen), 100 g fetter Speck, 3 Eßl. Öl, 1 Möhre, 2 Eßl. Tomatenmark, 2 Zitronen, 1/2 Flasche Kondensmilch, 1 Eßl. Mehl, Salz, Glutal, Paprika
Für die Marinade:
1 kleine Möhre, 2 Zwiebeln, 2-3 Gläser nicht zu süßer Dessertwein, 1 Lorbeerblatt, Salz, Pfeffer, Thymian

Die ausgelösten Filets vom Kaninchenrücken, gegebenenfalls auch die Keulen, gut spicken und in der vorbereiteten Marinade 2-3 Tage zuge-

Jedes Stück Wildfleisch hat Anspruch auf spezielle, pikante Marinaden. Nur das arme Kaninchen soll ganz aus sich selbst wirken, fade in Butter gedünstet oder in scharfer Beize vergewaltigt. Dabei bringt es die besten Eigenschaften allen Fleisches mit: jenes Anpassungsvermögen, das wir beim Huhn so sehr schätzen. Sein Geschmack ist im besten Sinne neutral, und so paart es sich harmonisch mit Räucherspeck oder Öl, mit Zwiebel oder Ananas, mit Curry oder Anchovis, mit jungen Erbsen, saurer Gurke oder Apfelsinenscheiben.

1969

Tipp:

Alle Garzeiten für Kaninchen und Hühnchen sind heute deutlich kürzer anzusetzen, da die Tiere zarteres Fleisch haben. Hier geht Erfahrung und Probieren über jede Vorgabe.

deckt an einen kühlen Ort stellen. Gut abtropfen lassen, in einer ausreichend großen Pfanne von allen Seiten in Öl saftig anbraten, die fein geschnittene Möhre und das Tomatenmark hinzugeben und nach und nach mit der ganzen Marinade auffüllen. Gar ziehen lassen. Das Fleisch herausnehmen und warmstellen. Die Soße durch ein Sieb geben, mit Zitronensaft, etwas abgeriebener Zitronenschale, Salz und Glutal abschmecken. Die mit Mehl und 1/2 Eßl. Paprikapulver verquirlte Kondensmilch dazugeben, alles aufkochen lassen und das Fleisch nochmals 10 Minuten in dieser Soße ziehen lassen.

Mit Kartoffeln, Rotkohl, Rosenkohl oder einem grünen Salat anrichten.

Kaninchen am Spieß

1 Kaninchen, 150 g Räucherspeck, 4 Eßl. Öl, Salz, Glutal, Paprika

Das Kaninchen ausnehmen, den Kopf abtrennen, gut waschen und abtrocknen. Keulen, Läufchen und Rücken mit Räucherspeck spicken. Das Kaninchen innen und außen mit den Gewürzen einreiben und dann mit Öl bepinseln. Auf einen Spieß stecken und unter häufigem Drehen über Holzkohleglut rösten, dabei abwechselnd mit heißem Wasser und Öl, das mit etwas Edelsüßpaprika verrührt wurde, bestreichen. Bei gleichmäßigem Drehen beträgt die Garzeit ca. 60 Minuten.

Auf einem Rost können nebenbei Tomaten, Gurken und Zwiebeln gegrillt werden. Als Beilage Pommes frites und verschiedene würzige Salate oder auch nur Brot servieren.

Veroneser Kaninchen

1 Kaninchen (auch Kaninchenteile: Rücken, Keule), 2 Eßl. Öl, 1 Eßl. Butter, 2 Zwiebeln, 75 g Schinkenspeck, 4 Tomaten, 1 Glas Rotwein, 75 g Reibekäse, Anchovis oder Anchovispaste, Salz, Pfeffer, Majoran

Das Kaninchen ausnehmen, gut waschen und in Portionsstücke teilen. Mit Salz und Pfeffer einreiben und in einer Mischung von Öl und Butter anbraten. Wenn das Fleisch eine schöne Farbe hat, kleine Schinkenspeckwürfel dazugeben, kurz mitrösten lassen, grobe Würfel von Zwiebel und Tomate hinzufügen, mit Salz, Pfeffer und einer Spur Majoran bestreuen. Alles zugedeckt dünsten lassen. Dann mit Rotwein auffüllen und garen lassen. Das Fleisch herausnehmen, auf einer feuerfesten Form anrichten, mit Reibekäse bestreuen und in der Röhre knusprig überbacken.
Die Soße mit gehackten Anchovis oder etwas Anchovispaste abschmecken und gesondert servieren. Mit Spaghetti oder Reis und einem frischen Salat anrichten.

Die Zeit will nun auch in unseren Küchen von Tag zu Tag mit mehr Überlegung genutzt werden. Glauben Sie bitte nicht, daß das nur bei Ihnen und Ihrer Nachbarin so sei. Sie können sich sogar in anderen Ländern umschauen und die Kochrezepte dort verfolgen – überall steht eine Kost im Vordergrund, die sich verhältnismäßig rasch bereiten läßt und dabei den ernährungswissenschaftlichen Erkenntnissen gerecht wird.

1962

Wenn also eine Rezeptsammlung kein Kochbuch darstellt, was ist sie dann? Nun, zunächst ist sie etwas, das Chefkoch Kurt Drummer, Gewinner internationaler Preise für die DDR, „einen Blick in die Küchen anderer Völker werfen" nennt.

1969

87

Kochtipps von Chefkoch Kurt Drummer waren darüber hinaus immer auch Anregungen für neue Geschmacksvarianten altbekannter Gerichte.

Pikantes Schnitzelfleisch zu rotem Kartoffelbrei

500 g Kalb- oder mageres Schweinefleisch ohne Knochen, Salz, Mehl, 50 g Margarine, 3/8 l Brühe oder Wasser, 1/4 l saure Milch oder saure Sahne, 1 Eßl. Stärkemehl, 4 Eßl. frische Kräuter, Zitronensaft

Das Fleisch nur kurz waschen, in schmale Stücke schneiden und in dem mit Salz vermischten Mehl wenden. Die Margarine erhitzen und das Fleisch darin anbraten. Erst dann die kochende Brühe und die saure Milch zugießen. Zugedeckt etwa 30 Minuten lang schmoren lassen. Das Stärkemehl in wenig kaltem Wasser anrühren und in dem Gericht kurz aufkochen. Mit Salz, nach Belieben auch 1 Prise Pfeffer oder Paprika abschmecken. Unmittelbar vor dem Auftragen die gehackten Kräuter darüberstreuen und mit Zitronensaft abschmecken. Für roten Kartoffelbrei gare, pürierte Möhren unter den Brei mischen und nach Belieben mit Meerrettich würzen.

Bunte Gemüseschüssel

1 kleiner Blumenkohl, 4 junge Kohlrabi, 375 g junge Erbsen, 200 g Jagd- oder Bockwurst oder Mortadella, 40 g Margarine, 1/2 l Tomatentunke, 100 g Reibekäse

Das vorbereitete Gemüse in leicht gesalzenem Wasser gar dünsten. Inzwischen eine feuerfeste Form fetten und mit der streifig oder würfelig geschnittenen Wurst belegen. Das abgetropfte Gemüse darauf verteilen, mit der Tomatentunke übergießen und mit dem Reibekäse bestreuen. Die offene Form in der heißen Röhre so lange stehen lassen, bis der Käse geschmolzen ist.
Dazu kleine gare Kartoffeln in Feinmargarine schwenken und mit gehacktem Dill bestreuen.

Herzhafte Krautspalten

1 Weißkraut, 75 g Margarine, Salz, 4 Eßl. gehackte Kräuter, 200-300 g Blutwurst
oder
1 kleines Weißkraut, Salzwasser, Mehl, 250 g Leberwurst, 2 Eier, 4 Eßl. Öl, Bratfett

Das Weißkraut in Spalten schneiden und in wenig leicht gesalzenem Wasser, dem 50 g Margarine beigegeben worden sind, gar dünsten, nach Belieben etwas Kümmel zufügen. Abgetropft mit den Kräutern bestreuen und die gebratenen Wurstwürfel darauf verteilen.
Oder das ganze Weißkraut in Salzwasser gar dünsten, abtropfen lassen und in Spalten schneiden. Jede Spalte in Mehl wenden, beide Seiten mit Leberwurst bestreichen, in das zusammen mit dem Öl verschlagene Ei tauchen und auf beiden Seiten goldgelb braten.

Rehrücken mit feinen Kräutern

*1 kg Rehrücken, 75 g Speck, 3 Eßl. Öl,
3 Eßl. Margarine, 1/8 l Sahne, 1 Teel. Mehl,
1/2 Zitrone, 1 Glas Wermutwein,
3 Eßl. gehackte Kräuter, Kräutersalz,
Pfeffer, 4-5 Wacholderbeeren*

Den Rehrücken häuten, spicken, leicht pfeffern und mit Öl bestreichen, 1 Stunde ruhen lassen. Dann salzen und in einer Mischung aus heißem Öl und Margarine sehr saftig braten, häufig begießen. In das Bratfett zerdrückte Wacholderbeeren geben, den Bratsaft nach dem Herausnehmen des Rückens mit Wermutwein, Zitronensaft und 1/8 l Wasser aufgießen, kurz durchkochen lassen, mit geriebener Zitronenschale abschmecken, durchseihen und mit etwas in saurer Sahne verquirltem Mehl binden. Zum Schluß reichlich, leicht in Margarine angeschwitzte, gehackte Kräuter dazugeben.
Den Rehrücken portionieren, die Soße gesondert reichen und dazu Kartoffelpüree oder Kroketten und verschiedene Salate servieren.

In den waldreichen Gebieten unserer Republik erreicht das große Halali der Jäger im späten Herbst seinen Höhepunkt. Das Ergebnis kommt uns gerade recht für einen Festtagsbraten im Weihnachtsmonat. Wild - sein Fleisch ist magerer und damit bekömmlicher als das der meisten Schlachttiere - ist nichts Alltägliches, und deshalb knüpft die ganze Familie große Erwartungen daran. Hase wird nicht immer abgezogen, sondern häufig noch im Fell verkauft. Das bringt zwar mehr Arbeit, aber man sieht auch, ob man ein junges oder etwas älteres Tier vor sich hat. Lassen sich nämlich die Ohren leicht einreißen, so ist der Hase noch jung. Reh, Hirsch und Wildschwein werden dagegen in bratfertigen Stücken zum Verkauf angeboten. Das Fleisch ist allenfalls noch zu häuten. Bei Hirsch und Wildschwein empfiehlt es sich, die Fleischstücke vor dem Braten noch etwa 2 Tage in eine Beize zu legen.

1963

Wild gab es, wie vieles andere auch, mit guten Beziehungen sogar im Handel. Ab den 70er Jahren wurden hierfür eigens „Spezialverkaufsstellen" eingerichtet, die jedoch meist nur Kaninchen und ein paar Konserven im Angebot hatten. Da war gut beraten, wer einen Jäger kannte...

89

Kochen leicht gemacht

Gern und gut essen und doch nicht stundenlang in der Küche stehen... In den 60ern war die „Durchschnitts"-DDR-Frau berufstätig, hatte zwei Kinder, einen Mann und bildete sich weiter, zumeist im Fern- oder Abendstudium.

Kein Wunder, dass in jenen Jahren schnelle Gerichte Hochkonjunktur hatten, Küchenarbeit sollte nur noch ein Mindestmaß an Aufwand erfordern. Vorbei jene Zeiten, da die tüchtige Hausfrau freudig den halben Tag am Herd stand, bis der Herr des Hauses hungrig von seinem Tagewerk zurückkehrte. In den meisten Familien waren beide Eltern berufstätig. An den Werktagen gab es Betriebs- und Schulessen, bis Mitte der sechziger Jahre schloß das auch den Sonnabend ein. Gemeinsame Mahlzeiten in Familie beschränkten sich auf die Sonntage und das tägliche Abendbrot. Deshalb mußte Kochen schnell erledigt sein - darauf stellten sich die Lebensmittelhersteller mehr und mehr ein: das Angebot an Halbfertig- und Fertigprodukten wuchs. Konserven und Tütensuppen kamen in Mode - nicht unbedingt ihres Geschmacks wegen. Aber sie waren schnell und problemlos zubereitet. Das schafften der Ehemann oder ein größeres Kind notfalls auch allein.

Anfang der 60er Jahre wurde sonnabends noch gearbeitet und so gab es bei uns am frühen Nachmittag, wenn endlich alle zu Hause waren, zumeist Käsebrötchen und Kakao. Wahrscheinlich hat sich damals die Sitte eingebürgert, abends etwas leckeres Kleines zu essen, in der Pfanne Gebrutzeltes oder Überbackenes waren besonders beliebt. Und die allgegenwärtige Jagdwurst bzw. Bockwürste waren in allen Variationen vertreten.

Wurstgulasch

*2-3 Bockwürste, 2 Möhren, 1 Tomate,
1 Zwiebel, 50 g Margarine, Salz,
1/4 l Wasser oder Brühe, 1 Eßl. Mehl,
1 kleine Gewürzgurke*

Die Bockwürste abziehen und in Scheibchen teilen. Möhren, Tomate und Zwiebel in kleine Würfel schneiden und in 30 g erhitzte Margarine geben, ein wenig Salz zufügen. Nach kräftigem Anbraten das Wasser angießen. Erst wenn die Möhren nahezu gar sind, die in dem Mehl gewälzten und in dem übrigen Fett gesondert an-

Aber auch die guten Dinge haben oft zwei Seiten! Und das gilt auch für den gewaltigen Fortschritt, den wir Frauen einesteils gemacht haben. Spüren wir das nicht häufig ganz deutlich, wenn wir den Betrieb verlassen, die beruflichen Ereignisse allmählich abklingen und unsere Gedanken um das Abendessen zu kreisen beginnen? Obwohl Werkküchen und andere Stätten der Gemeinschaftsverpflegung in den meisten Fällen für ausreichende warme Mahlzeiten sorgen, so wissen wir doch, daß sie individuell bereitete Gerichte im Familienkreis wirkungsvoll ergänzen sollen.

1962

Wie oft stehen Sie, von der Arbeit gekommen, in der Küche und überlegen: „Was setze ich meiner Familie heute vor?" Das ist übrigens schon ein Plus für Sie. Sie denken nach, weil Sie der Familie eben nicht die herkömmlichen, einförmigen Wurstschnitten vorsetzen möchten. Sie wissen genau: Der Nährwert muß gesichert sein und das Auge ißt mit.

1965

So fängt's an: Eines Tages ist man Brigadier auf einer fernen Baustelle oder Studentin in einer fremden Stadt - ohne Mutters Kostplan und Großmutters Kochbuch. Was bleibt außer dem Betriebsessen? Bockwurst, Brötchen, Brotbelag und ab und zu ein Ei in der Pfanne. Aber Bockwurst ist kein Lebensstil und Brotbelag wird auf die Dauer langweilig. Essen macht eben nur Spaß, wenn es Abwechslung bietet.

1966

Im Westen tanzte man Twist - ganz klar, dass dieser „kapitalistischen Unkultur" etwas Eigenes, Zukunftsfrohes entgegengesetzt werden musste. Und wenn die Jugend Walzer und Foxtrott nicht mochte, dann eben Kasatschok und Letkiss! Nur schade, dass diese Modetänze sich nicht durchsetzten und die „Kampfreserve der Partei" sich lieber mit Twist und Elvis Presley vergnügte.

gebratenen Wurstwürfel dazugeben. Mit Salz, nach Belieben auch 1 Prise Zucker abschmekken, nachdem die Gurkenwürfel untergerührt wurden. Das Gericht ist eine gute Verwendungsmöglichkeit für übriggebliebene Konservenwürstchen. (Diese hatten zu DDR-Zeiten eine so harte Pelle, dass man sie immer abziehen mußte!)

Panierte Wurstrollen

4 dünne Scheiben Jagdwurst oder Bierschinken, 4 Eßl. Reibekäse, 1 Ei, 1 Eßl. Öl, Bratfett

Die Wurstscheiben vorsichtig von der Schale befreien, auf jede Scheibe Reibekäse streuen. Die Wurstscheiben zusammenrollen, mit einer Rouladennadel befestigen und in dem mit Öl verschlagenen Ei wenden, sofort in heißem Fett ringsum braten.
Einfacher geht es, wenn Sie den Reibekäse unter die Panade mischen, die in diesem Fall etwas dickeren Wurstscheiben darin wenden und von beiden Seiten braten.

Wurstschüsselchen mit Ei

4 Scheiben Jagdwurst, Bratfett, 2-3 Eier, 6 Eßl. Milch, Selterwasser oder Weißwein, Salz, Paprika oder Ingwer, Petersilie

Die Wurstscheiben mit völlig unverletzter Haut in dem heißen Fett von nur einer Seite braten. Die auf diese Weise entstandenen Schüsselchen warmstellen. Eier, Flüssigkeit, Salz und Paprika verquirlen, davon Rührei bereiten. Sofort in die Wurstschüsselchen füllen, mit gewiegter Petersilie oder gehacktem Schnittlauch bestreuen.

Letkisshappen

*250 g gekochter Schinken,
2 hartgekochte Eier, 2-3 Eßl. saure Sahne,
2-3 Scheiben sauer eingelegter Sellerie,
Selleriesaft, Salz, Zucker, Öl,
gehackte Petersilie, Nuß- oder Mandelsplitter,
Toastscheiben, frische Salatblätter*

Den Schinken, das Eiweiß und den Sellerie in Würfel oder Streifen schneiden. Das Eigelb zerdrücken und mit Sahne, wenig Selleriesaft, Salz, Zucker und einigen Tropfen Öl verrühren. Alle Zutaten gut mischen. Auf mit frischen Salatblättern belegten Toastscheiben anrichten, mit Petersilie und gehackten Nüssen bestreuen. Anstelle von Schinken können auch Geflügelfleischreste, mit Jagdwurst ergänzt, verwendet werden.

Hoppelpoppel

*1 Suppenteller gekochte Kartoffeln,
100 g Schinken, 2-3 Eier, Salz*

Die Kartoffeln in Scheiben, den Schinken in Würfel schneiden und beides zusammen in dem erhitzten Fett braten. Die mit ein wenig Salz verquirlten Eier erst kurz vor Beendigung der Bratzeit darübergießen und unter vorsichtigem Anheben der Kartoffeln stocken lassen. Nach Belieben kann eine kleinwürfelig geschnittene Zwiebel mitgebraten werden.

Gebratener Wurstkuchen

*Je Person: 1 Ei, 1 Eßl. Tomatenmark,
1 Teel. Zucker, 2 Eßl. Mehl,
1 Paar Wiener Würstchen, 1 Brötchen,
50 g Margarine, Salz*

Das Ei in einer Schüssel mit 5 Eßl. Wasser gut verrühren, Tomatenmark, Zucker und Salz untermischen. Nun das Mehl mit dem Schneebesen darunterschlagen.
Die Würstchen und Brötchen in dünne Scheiben schneiden und in einem Tiegel mit Margarine leicht bräunen lassen. Den Teig über das Ganze gießen und bei kleiner Flamme beidseitig so lange braten, bis der Teig gestockt ist.

Würstchen im Schlafrock

4 Bockwürste, 2 Eier, 1 Tasse Milch,
1 Tasse Mehl, Salz, Pritamin,
Öl zum Ausbacken
Variante: *gefrosteter Blätterteig, 4 Bockwürste,*
Pritamin, Gewürze nach Geschmack

Eier, Mehl und Milch mit einer Prise Salz zu einem zähflüssigen Teig verrühren. Die Würste enthäuten, längs halbieren, mit Pritamin bestreichen, im Eierkuchenteig wenden und in heißem Öl schwimmend goldgelb backen (geht auch in der Friteuse).
Oder: Blätterteig auftauen lassen, mit Pritamin bestreichen, mit Salz, Pfeffer, etwas Paprika bestreuen. Die Würste enthäuten, längs halbieren und mit der Schnittfläche auf das Paprikamark legen. Die Bätterteigscheiben zusammenrollen und im vorgeheizten Ofen ca. 20-25 Minuten backen. Mit frischem Salat servieren.

Feines Nierchenragout

600 g Schweinenierchen, Zitronensaft,
250 g Champignons (auch Konserve),
2 kleine Zwiebeln, 125 g Sellerie, Salz,
1 Teel. Mehl, 50 g Butter oder Margarine,
2 Teel. scharfer Senf, 1 Glas Weißwein,
Sahne, 1-2 Teel. Essig,

Die Nieren vom Fett und den Röhren befreien, gründlich waschen (am besten mehrere Stunden in Zitronenwasser wässern, Wasser öfter wechseln). Champignons putzen, waschen und in dünne Scheiben schneiden und mit Zitronensaft mischen. Zwiebeln und Sellerie schälen und ganz klein würfeln. Nieren abtropfen lassen, gut trockentupfen und in dünne Scheiben schnei-

den. 25 g Margarine oder Butter in einer Pfanne erhitzen und die Nierchen unter Rühren 3 Minuten braten, herausnehmen und salzen.
Restliche Fettigkeit in die Pfanne geben, Zwiebeln und Sellerie glasig anschwitzen, die Pilze kurz andünsten und alles mit Mehl bestäuben, Senf unterrühren, Weißwein und evtl. etwas Wasser auffüllen, einmal aufkochen. Nieren wieder zugeben, dünsten bis sie weich sind, Sahne zugeben und mit Salz und Essig pikant abschmecken.

Schaschlyk

200 g Hammel- und Schweinefleisch
(evtl. nur 1 Fleischsorte verwenden),
1 Zwiebel, 2 große Gewürzgurken,
Speck, Bratfett,
Salz, Pfeffer, Paprika

Fleisch waschen, in Würfel schneiden, würzen. Speck in dünne, Zwiebel und Gurke in dicke Scheiben schneiden. Fleisch, Zwiebel und Gurke abwechselnd auf Holzspieße reihen, in heißem Fett braten, nochmals nachwürzen. Ist ein Stück Leber oder Niere mit dabei, wird das Gericht besonders fein im Geschmack.

Majoranschnitzel

4 Schweineschnitzel, Majoran,
Öl zum Bepinseln, 1-2 säuerliche Äpfel

Die vorbereiteten Schweineschnitzel mit Majoran würzen und anschließend mit Öl bepinseln. Auf jeder Seite 4 Minuten grillen, erst dann salzen. Nach dem Wenden des Fleisches können Apfelscheiben mitgegrillt werden. Diese auf den Schnitzeln anrichten. Salat dazu servieren.

Kennen Sie Schaschlyk von Jagdwurst? Jagdwurst- und Speckscheiben, nicht zu dünn geschnitten, Blätter von Zwiebelvierteln und Tomatenviertel im Wechsel auf Stäbe spießen. (Ihre Kinder oder auch der Ehemann haben Ihnen Stäbchen aus Holz geschnitzt, die in der Länge mit dem Durchmesser Ihres Tiegels übereinstimmen. Sie können auch Stäbchen kaufen, doch die passen meistens nicht in die Tiegel.) In Margarine oder Schmalz braten Sie die mit Salz oder Pfeffer bestreuten Schaschlyks 7-10 Minuten auf kleiner Flamme. Dazu gibt es Risotto, Kartoffelbrei, Spaghetti oder, wenn es ganz schnell gehen soll, Brot. Ein frischer Salat macht das Essen komplett.

1965

Räuberbraten

4 Scheiben Mischbrot, 4 Schweineschnitzel, 20 g Margarine, Letscho, Salz, Pfeffer, Schnittlauch

Die Schnitzel dünn klopfen, salzen, pfeffern, in der zerlassenen Margarine auf großer Flamme von jeder Seite 2-3 Minuten braten. Auf die Brote legen, den Bratfond darauf verteilen, auf jedes Schnitzel 2 Eßl. heißes Letscho geben, mit Schnittlauch bestreuen.

Man sollte sich einmal entschlossem vom Althergebrachten lösen. Um möglichst viel Freizeit zu gewinnen, gibt es einen guten Ausweg, der alle zufriedenstellt: Ein spätes Frühstück wird mit einem frühen Mittagessen zusammengelegt. Diese Mahlzeit, „Brunch" genannt (eine Zusammenfassung aus Breakfest und Lunch), ist in vielen Ländern schon heimisch geworden.

1969

Sehr beliebt waren auch Salate - von herzhaft über pikant bis süß. Sie ließen sich gut vorbereiten und mit einer Kleinigkeit schnell zum Abendbrot servieren.

Specksalat (warmer Kartoffelsalat)

750 g neue Kartoffeln, 1 Zwiebel,
2 Eßl. Essig, Salz, Pfeffer, Paprika,
30 bis 40 g Speck,
kochendes Wasser oder Brühe

Die Kartoffeln waschen und mit der Schale kochen, abziehen und sofort in Scheiben oder Würfel schneiden. Die sehr fein geschnittene Zwiebel, Essig und Gewürze nach Geschmack zugeben. Den kleinwürfelig geschnittenen und ausgelassenen Speck zufügen und soviel Wasser oder Brühe kochend heiß darüber gießen, daß der Salat geschmeidig wird. Das genaue Quantum der Flüssigkeit hängt davon ab, ob die Kartoffeln mehlig oder festkochend sind. Im Sommer grüne Gurke an diesen Salat hobeln.

Reis-Pilz-Salat

1 1/2 Tassen körnig gekochter Reis, Salz,
etwas abgeriebene Zitronenschale,
100 g gedünstete Champignons oder
1 kleine Dose, 1 Stips Sardellenpaste,
gehackte Petersilie, Schnittlauch

Alle Zutaten locker mischen. Nach Belieben in kalt ausgespülte Tassen füllen und stürzen. Mit Tomatenscheiben, Petersilie und Schnittlauch garnieren.
Statt der Pilze oder außerdem passen nahezu alle Gemüsearten, kurz gedünstet, an einen solchen Salat, der sich ein anderes Mal auch mit garen Teigwaren bereiten läßt.

Grün - Rot

375 g Jagdwurst oder Kraftfleisch aus der
Dose, eingelegte saure Bohnen,
3 Eßl. Letscho, 3 Eßl. Mayonnaise,
Salz, Zucker, Schnittlauch

Die Wurst in kleine Würfel schneiden und mit Zitronensaft marinieren, die Bohnen abtropfen lassen, Letscho und Mayonnaise verrühren, mit Salz und Zucker abschmecken, unter die übrigen Zutaten heben und mit gehacktem Schnittlauch bestreuen. Statt Letscho kann auch Tomatenmark (-ketchup) verwendet werden.

Pußtasalat

1 kleines Glas sauer eingelegte Paprikaschoten, 250 g Schweinebraten (auch Reste), 2 Äpfel, 2 Eßl. Paprika- oder Tomatenmark, 2 Eßl. Mayonnaise, Salz, Paprika, Senf, feingehackte Zwiebel, Schinkenröllchen zum Garnieren

Die Paprikaschoten gut abtropfen lassen, in schmale Streifen schneiden, Schweinebraten und die vom Kerngehäuse befreiten Äpfel ebenfalls in Streifchen schneiden. Paprikamark, Mayonnaise verrühren und mit den Gewürzen pikant abschmecken.
Darin die übrigen Zutaten vermengen. Mit der Zwiebel bestreuen und den Schinkenröllchen anrichten.

Rotkrautsalat

1 kleines Rotkraut, 1/4 l Apfelsaft, Salz, Zucker, Pimentkörner, Essig, 2 Äpfel, 2 Eßl. Öl, Rotwein, Mandeln

Das Rotkraut feinstreifig schneiden. Apfelsaft mit den Gewürzen aufkochen, das Kraut darin knapp gar dünsten (es muß noch Biß haben), auskühlen lassen. Die Äpfel raspeln und mit einem Schuß Rotwein und dem Öl unter den Salat geben. Mit Mandelstiften bestreuen.

Viele Betriebe arbeiten für den Ostersonnabend vor, um ihrer Belegschaft ein längeres Ausspannen zu ermöglichen. Diese vier freien Tage werden wohl für die meisten von uns Frauen das allerschönste Osterei sein. Aber Eier, das wissen Sie ja selbst, bekommen schnell einen Knacks, der ihren Wert mindert. Und das kann sehr leicht auch mit Ihrem Freizeit-Osterei passieren! Wenn Sie nicht Vorsorge treffen, bekommt es erst einmal am Sonnabend durch den sich sehr in die Länge ziehenden Einkauf und an den übrigen Tagen durch zu viel Küchenarbeit einen gehörigen Sprung.

1961

Wie sehr freuen wir Frauen uns jedesmal, wenn die Familie unsere mit so viel Liebe zubereiteten Mahlzeiten nicht nur als eine Selbstverständlichkeit hinnimmt, sondern ein paar freundliche Worte dafür findet. Glauben Sie nicht auch, daß es all den vielen fleißigen Menschen, die täglich für unsere Ernährung schaffen, ähnlich geht? Das ist ist im Fischkombinat ebenso wie in der LPG.

1964

Gruß aus Kuba

*250 g Schnittkäse, 4-6 Eßl. Ananasstücke,
3 Eßl. gehackte Nüsse, 100 g Quark,
saure Sahne, Salz, Zucker*

Käse klein schneiden und mit der Ananas mischen, mit Nüssen bestreuen. Den Quark mit etwas saurer Sahne verrühren, so daß eine sämige Tunke entsteht, mit Salz und Zucker abschmecken. Durch ein Sieb über den Käse streichen. Mit Ananasstückchen und Bananenscheibchen garnieren.

Obstsalat

*2 Apfelsinen, 2 Äpfel, 1/2 Zitrone,
2 Eßl. gehackte Nüsse,
1 Fläschen Kaffeesahne, 2 Eßl. Zucker,
1 Eßl. Weinbrand oder guter Rum*

Apfelsinen und Äpfel schälen, in kleine Stücke schneiden, mit dem Zitronensaft beträufeln und mit den gehackten Nüssen bestreuen. Kaffeesahne, Zucker und Weinbrand im Mixbecher schütteln oder gut verquirlen und über die Früchte gießen.

Fruchtscheiben in Obstschaumtunke

*6 Toastbiskuits,
6 Eßl. Obstgelee oder Butter,
abgetropfte Früchte (auch Konserve),
1/4 l Weißwein oder Apfelsaft,
20 g Zucker, 2 Eier, 1 Prise Salz*

Die Toastbiskuit auf kleinen Tellern anordnen, nach Geschmack mit Gelee oder Butter bestreichen und mit den gedünsteten, gut abgetropften Früchten belegen.
Weißwein, Zucker, Eier und eine Prise Salz im Wasserbad so lange schlagen, bis die Masse ganz dickschaumig ist. Das Wasser darf den Siedepunkt nicht ganz erreichen! Während des Erkaltens die Tunke entweder mit ein wenig Zucker bestreuen, damit sich keine Haut bildet, oder öfter umrühren.
Nach Belieben ein paar Tropfen Zitronensaft zufügen und zu den belegten Biskuits auftragen.

Apfelsaftspeise

*3/8 l Apfelsaft, 40 g Sultaninen,
1 Eßl. Feinmargarine, 40 g Zucker,
abgeriebene Zitronenschale,
65 g Grieß, 1 Ei, 1 Schuß Weinbrand*

Den Apfelsaft mit den Sultaninen und der Feinmargarine aufkochen. Zucker, Zitronenschale und Grieß einstreuen und unter ständigem Rühren ausquellen lassen. Vom Feuer nehmen. Ei und Weinbrand unterschlagen.
Die Masse in Förmchen füllen, erkaltet stürzen und nach Belieben mit Vanilletunke oder gesüßter Milch auftragen.

Und dann bescherten uns die 60er Jahre ein Gericht, das bis heute auf fast allen Speisekarten zu finden ist, Abendbrottische ziert und immer neue Variationen erfährt:
Die Karlsbader Schnitte.

Was verwöhnten westdeutschen Gaumen der Toast Hawai war, das war für den bescheideneren Ostdeutschen eben jene Toastscheibe mit Jagdwurst, Schinken, Hackbraten, Fleisch oder einem anderen Rest belegt und in der Röhre oder dem Grill mit Käse überbacken. Natürlich blieb es nicht dabei. Irgendwann begannen die DDR-Bürger auch hier mit ihren beliebten Experimenten: Pritamin oder Tomatenmark, Zwiebel- oder Tomatenscheiben, Pfirsichscheibchen und sogar Ananas kamen zum Einsatz. Und variiert wird bis heute. Hier das Originalrezept:

Karlsbader Schnitten

4 Scheiben Weiß- oder Graubrot,
40 g Butter, 4 Scheiben gekochter Schinken,
4 Scheiben Vollfett-Schnittkäse

Die Toastscheiben mit einem Teil der Butter bestreichen, den Schinken auflegen und jeweils mit 1 Scheibe Käse in Brotscheibengröße bedecken. Die restliche Butter als Flöckchen obenauf setzen und die Schnitten in der Elektroform oder auf gefettetem Backblech solange überbacken, bis der Käse zu schmelzen beginnt.
Besonders gut schmecken die Schnitten, wenn die Brotscheiben in Tomatenketchup eingeweicht und erst dann mit Butter bestrichen werden. Als Auflage ist außer Schinken auch Wiegebraten oder Leberkäse geeignet, und anstelle von Schnittkäse läßt sich in dicke Scheiben geschnittener Schmelzkäse verwenden.

An einem Tag in der Woche - und jetzt auch oft an 2 Tagen - ist die Familie von früh bis spät beisammen. Auf das Wochenende freuen sich die Kinder, und für den Sonntag haben die Eltern ganz bestimmte Vorstellungen von dem, was sie gern tun möchten. An Sonntagen wollen aber auch alle etwas Besonderes essen, und wenn nun, wie es üblich ist, auch noch länger geschlafen wird, ergibt sich ein fast pausenloser Kreislauf zwischen Auftischen - Abräumen - Kochen - Tischdecken - Abwaschen und so weiter.

1966

Dass das Lebensmittelangebot trotz aller Verbesserungen eingeschränkt blieb, zeigt u. a. der Obstsalat aus Äpfeln und Apfelsinen und das in einer Zeit, da in westlichen Gefilden bereits Obstexoten die Küchen eroberten.

Herbert Köfer, Schauspieler
Eine Institution des DDR-Fernsehens
und Films, spielte in unzähligen Fern-
sehserien und Filmen.

Helmut Recknagel, Skispringer
Weltmeister, Olympiasieger 1960
und Gewinner der Vier-Schanzen-
Tournee.

Werner Klemke, Grafiker
Lieferte über Jahrzehnte u.a. die
Titelbilder des „Magazin" - der be-
gehrtesten Publikation im Land.
Markenzeichen war sein kleiner
schwarzer Kater.

Bruno Apitz, Schriftsteller
Weltbekannt durch seinen Roman
„Nackt unter Wölfen",
in der DDR Pflichtlektüre.

Der Hunger ist männlichen Ge-
schlechts. Demnach bestätigt sogar
die Grammatik: Männer sind die
besten Köche. Sie waren es schon
in der Steinzeit; sie sind es mitten
in der wissenschaftlich-technischen
Revolution. Wir wissen, nicht nur
als Koch haben die Männer einiges angerichtet und nicht immer
haben sie es ausgelöffelt.   1968

Auch die Männer eroberten in diesen Jahren
die Küche wieder als ihr ureigenes Territo-
rium. Hausarbeit wurde zunehmend in der
Familie geteilt, Kochen machte keine Aus-
nahme. 1968 erschien ein Rezeptbuch für
Männer, die gern kochen.
Und einige Prominente der Zeit steuerten
ihre Lieblingsrezepte bei:

Köfers Eierkuchensalat

*4 Eier, 1 Eßl. Mehl, 6 Eßl. Milch, Öl zum
Backen, 4 Tomaten, 2 Paprikaschoten,
2 Eßl. Öl, 1/2 Zitrone, 1 Eßl. Mayonnaise,
Zucker, Salz, Pfeffer, je 1 Bund Schnittlauch
und Petersilie*

Eigelb mit Mehl, Milch und 1 Prise Salz verquirlen. Aus den Eiweiß festen Schnee schlagen und
unter den Teig heben. In einer Pfanne mit Öl
Eierkuchen backen, erkalten lassen. Dann in ca.
1/2 cm breite und 4 cm lange Streifen schneiden. Tomaten häuten und entkernen, Paprika
entkernen, beide in Würfel schneiden und vorsichtig mit den Omelettestreifen vermengen. Das
Kerngehäuse der Tomaten mit leicht verdünntem
Zitronensaft, Öl, Mayonnaise, Zucker, Salz und
Pfeffer in der Mixette zu einer glatten Soße
schlagen, über den Salat gießen und mit gehacktem Schnittlauch und gewiegter Petersilie
bestreuen.

Recknagels illustrierte Brote

Vierschanzenbrot:
*8 dünne Scheiben Weißbrot, 40 g Butter,
1 Eßl. geriebener Meerrettich,
1 Eßl. Mayonnaise, 4 Scheiben gekochter
Schinken, 2 Tomaten, Kopfsalat*

Butter schaumig rühren, mit Meerrettich und Mayonnaise vermischen, die Brotscheiben (ohne Rinde) damit bestreichen. 4 Scheiben mit den in Streifen geschnittenen Salatblättern, Tomatenscheiben und Schinken belegen, leicht mit Salz und Pfeffer bestreuen und mit den übrigen Brotscheiben abdecken. Die Brote 15 Minuten in den Kühlschrank stellen, schräg oder längs halbiert servieren.

Olympiaschnitten:

4 Scheiben Vollkornbrot, 40 g Butter,
8 Scheiben Salami, 1 Camembert

Butterbrote mit Salami belegen, den Käse in 4 runde Scheiben zerteilen, diese halbieren, über die Salami legen, mit Paprika bestreuen und mit Radieschenscheiben garnieren.

Werner Klemkes Käseauflauf

50 g Margarine, 6 Eßl. Mehl, 1 Tasse Milch,
125 g geriebener Käse, 2 Eier, Salz, Pfeffer

Aus Margarine und Mehl eine helle Schwitze bereiten, mit Milch glattrühren, Käse untermischen, die steif geschlagenen Eiweiß, zuletzt das Eigelb unterheben. Mit Pfeffer und Salz abschmecken, in der Röhre backen und zu Vollkornbrot servieren.

Katers pikanter Frühstückstrunk

Pro Person: 1/4 l Joghurt,
1 Eßl. Tomatenmark, Salz, Pfeffer,
1 Eßl. gewiegte Küchenkräuter

Joghurt mit Tomatenmark, Salz und Pfeffer gut verquirlen, zuletzt Kräuter unterheben, kalt servieren.

Roulädchen á la Bruno Apitz

800 g Rouladenfleisch, 125 g Magerspeck,
6 kleine Gewürzgurken, 3 Zwiebeln,
1 Knoblauchzehe, Senf, Majoran,
Salz, Pfeffer, 50 g Margarine,
Suppengrün (Wurzelwerk),
Tomatenmark, 1/4 l Kaffeesahne

Das gewaschene, gut abgetrocknete Fleisch in dünne Scheiben (ca. 6 x 12 cm groß) schneiden (Roulädchen sind so lang wie ein kleiner Finger und so dick wie ein Daumen.) Jede Scheibe mit der Knoblauchzehe abreiben, beide Seiten salzen und pfeffern, eine Seite mit Majoran und Senf bestreichen. Darauf je eine dünne Scheibe Speck, Zwiebel und 1 Streifchen Gurke legen. Zusammenrollen und mit Faden so binden, daß nichts herausfallen kann. Das gesäuberte Suppengrün und Zwiebeln sehr fein würfeln. In einer großen Pfanne Margarine erhitzen und die Roulädchen ringsum knusprig braun braten. Das Gemüse zufügen und anrösten. Etwas heißes Wasser zugießen und das Fleisch bei kleiner Flamme garen lassen. Die fertigen Miniaturrouladen auf einer vorgewärmten Platte anrichten, den Bratenfond durch ein Sieb streichen, mit Tomatenmark und Sahne zu einer Soße aufkochen. Mit Salz und Pfeffer abschmecken.

Das leisten w
D

1970
In Erfurt findet das erste innerdeutsche Treffen zwischen Willy Brandt und Willy Stoph statt.

Exporte werden von nun an mit „Made in GDR" oder „Made in DDR" gekennzeichnet.

1971
Die letzten privaten und halbstaatlichen Betriebe werden Volkseigentum.

1972
Der VIII. Parteitag der SED beschließt die „Einheit von Wirtschafts- und Sozialpolitik" - das heißt umfangreiche Lohnerhöhungen, Beginn des „Wohnungsbauprogrammes" und mehr Urlaub. Die „Familiengründung" wird durch die Gewährung zinsloser, zweckgebundener Kredite gefördert. Der Schwangerschafts- und Wochenurlaub wird erhöht, für jedes Neugeborene gibt es 1 000 Mark Beihilfe.

1974
Jetzt heißt es auch auf den Autos „DDR" statt „D".

1975
Das Fernsehen der DDR stellt seine Werbesendungen ein. Die Versandhäuser werden geschlossen.

102

uns 70er Jahre

Wer sich aus eigenem Erleben an die 70er Jahre in der DDR erinnert, hat sicherlich noch heute die stereotypen Formeln von den „erfolgreichsten Jahren in der Geschichte der DDR" im Ohr. Zwar hatten die Anfang der 60er Jahre eingeleiteten Wirtschaftsreformen des „Neuen Ökonomischen Systemes" bis Ende der sechziger Jahre tatsächlich zu einer Verbesserung in der Wirtschaft geführt, war die Selbstbestimmung der Betriebe gestiegen und vielfältige Modernisierungen des Alltagslebens durchgesetzt worden, doch der Verbrauch der Bevölkerung stieg schneller als geplant. Für die stabilen Preise in HO und Konsum konnte man kaum etwas kaufen, dafür boten die Delikat- und Exquisit-Läden nun die „Mangelwaren" zu deutlich höheren Preisen an. Besonders Glückliche - all jene nämlich, die nette Verwandte und Bekannte im Westen hatten, kauften in den „Intershops", andere setzten auf eine Wiederbelebung der Naturalwirtschaft, der Tauschhandel blühte. Glücklich konnten sich auch jene schätzen, die in Berlin wohnten oder regelmäßig dort zu tun hatten. Jede „Dienstfahrt" geriet zum Einkaufserlebnis und nichts war beliebter als Dienstberatungen in Berlin vor Feiertagen. Hier ließen sich vor Weihnachten Südfrüchte ergattern, so wie es stets zur Leipziger Frühjahrsmesse die ersten grünen Gurken und frischen Salat gab, der dann wieder aus den Regalen verschwand, bis die einheimischen Kleingärtner und Bauern jahreszeitgemäß liefern konnten.

Wen wundert es da, dass auf vielen Balkons der neugebauten Wohnungen nicht nur Blumen blühten, sondern Radieschen ebenso wie Tomaten gezüchtet wurden und dass der gelernte DDR-Bürger immer seinen Einkaufsbeutel zur Hand hatte - man konnte ja nie wissen, was es gerade geben würde.

Was Hobbyköche mögen

Experimentierfreudige Jahre für Küchenfans: Neue Produkte sollen Wohlstand und Weltoffenheit dokumentieren. Beliebte Markenartikel wie Mocca fix, Exzellent Saucen, Manasan, Früchte C oder Zetti-Knusperflocken kommen in die Geschäfte.

Kochen wurde zum Hobby, zum Spaß für die ganze Familie. Elektrogrills, Fonduegeräte, Feuerzangenbowlen, Friteusen waren als sogenannte „Luxusartikel" im Handel. Nun, da die „Grundversorgung der Bevölkerung" gesichert war, erwachte der Wunsch nach „Luxus". Noch 1972 bezeichnete das Lexikon Luxus als „Verschwendungssucht... jener Aufwand für den individuellen Genuß, der das historisch mögliche Niveau der Bedürfnisbefriedigung übersteigt". Und dieses „historisch mögliche Maß" war schnell erreicht: Lohn- und Gehaltserhöhungen hatten zu einem deutlichen Anstieg der Kaufkraft geführt, ohne daß dem ein ausreichendes Angebot gegenübergestanden hätte. Lange Lieferzeiten und komplizierte Bestellsysteme, „Beratungsmuster" und „Bückware" bestimmten den Einkaufsalltag (z.B. für die begehrten ddk-Kühlschränke). Hinzu kamen deutliche Importbeschränkungen bei gleichzeitiger Erhöhung des Exportes, damit wurde im Land vieles zur Mangelware. Über ein ausgeklügeltes Netz von Ankaufstellen für Obst, Gemüse und anderes versuchte man „Engpässe" in der Versorgung zu überwinden. Und so verwundert es nicht, dass in Rezepten nun häufiger zu lesen ist, was man anstelle von oder gegebenenfalls auch verwenden könne und was sich problemlos weglassen lässt.

Räuberspieße

*350 g Schnitzelfleisch, 1 große Zwiebel,
50 g Schinken- oder Paprikaspeck,
2 rote Paprikafrüchte, 4 Eßl. Rotwein,
1 Eßl. Essig, 1 Knoblauchzehe,
1 Prise Thymian, Salz, Pfeffer, Öl*

Das Fleisch in Würfel schneiden, die Zwiebeln vierteln und in Spalten teilen. Die Paprikafrüchte und Speck in Scheiben schneiden, alle Zutaten abwechselnd auf Spieße stecken.
Die Spieße etwa 1 Stunde in eine Marinade aus 1/8 Liter Wasser, Rotwein, Essig, zerdrücktem Knoblauch, Thymian, Salz und Pfeffer legen. Danach herausnehmen, gut abtropfen lassen, mit Öl einpinseln und etwa 15 Minuten grillen.

Gefüllter Kotelettstrang
(8 bis 10 Personen)

*1 1/2 kg Kotelettstrang, 2 bis 3 Knacker,
Salz, Pfeffer, Öl, 1 Flasche helles Bier*

Den ausgelösten Kotelettstrang mit einem scharfen langen Messer in der Mitte der Länge nach durchstechen. Die Öffnung muß so breit sein, daß die Knacker bequem hineingeschoben werden können.
Mit Salz und Pfeffer würzen, gut mit Öl einpinseln und auf dem Rost 40-50 Minuten grillen. Ab und zu wenden und mit Bier ablöschen.

Das steigende Nationaleinkommen beginnt sich nicht mehr nur auf die geringe Schicht der Privilegierten, sondern auf den Lebensstandard der Masse der Bevölkerung auszuwirken. Damit ändert sich auch die Struktur des Lebensmittelverzehrs. Sehen wir uns die heutige Ernährungssituation in der DDR an: verglichen mit überwundenen Gesellschaftsordnungen hat jeder Bürger reichlich zu essen, ist er von der Sorge befreit, seine Kinder hungern sehen zu müssen. Es steht ein vielseitiges, preiswürdiges, im internationalen Vergleich z.T. sehr billiges, hygienisch einwandfreies Lebensmittel- und Speisensortiment zur Verfügung, aus dem jeder nach seinen Wünschen wählen kann, auch wenn das Angebot gelegentlich einzelne Wünsche unerfüllt läßt.

1977

Das Grillen ist eine uralte menschliche Kunst, die im Lauf der Zeit oftmals an Bedeutung verlor, aber nicht ganz vergessen wurde. In unseren Tagen erlebt sie eine neue Blüte, nicht zuletzt deshalb, weil schmackhaft, bekömmlich und gesund ist, was da vom Feuer auf den Tisch kommt.

1971

105

Häusliche Kochkunst muß sich vor allem im Alltag bewähren. Wir stehen morgens zeitig auf, meist wird nur Kaffee getrunken, die Kinder bekommen Milch, gefrühstückt wird im Kindergarten, der Schule, im Betrieb. Tagsüber wird dort gegessen, wo gearbeitet, gelernt, gespielt wird. Erst am späten Nachmittag ist die Familie wieder vereint. Ist das eine Absage an die Kochkunst? Vor Jahren war man wohl dieser Meinung und prophezeite eine Abkehr vom häuslichen Herd. Natürlich, Schülergaststätten und Speiseräume, Fertiggerichte und Konserven erleichtern die Arbeit, aber die Freude am „Selbermachen" wurde nur größer. Für viele sind Küche und Herd zu lukullischen Experimentierfeldern geworden.

1979

Vom Grillen reden, heißt Vorteile aufzählen. Die intensive, das Fleisch wie ein Schock treffende Strahlungshitze schließt alle Poren der Oberfläche. Der Saft und die Aromastoffe bleiben im Fleisch. Der Nährwert bleibt voll erhalten und gegrilltes Fleisch zählt zur Schonkost im besten Sinne. Weil es mit wenig Fettzusatz zubereitet wird, gibt es keine Beeinträchtigung der schlanken Linie.

1971

Rehrücken vom Grill

1 Rehrücken, Salz, Pfeffer, Senf, 100 g Speck

Den vorbereiteten Rehrücken salzen, pfeffern und mit Senf bestreichen. Den Speck in Scheiben schneiden und das Fleisch damit belegen. Auf den Rost des Grills legen und von allen Seiten bräunen.

Paprikalendchen

1 Schweinslendchen, edelsüßer Paprika, Öl, Salz, 30 g Butter

Das Schweinslendchen in dicke Scheiben schneiden, mit dem Handballen flachdrücken, mit Paprika einreiben und mit Öl bestreichen. Von beiden Seiten auf dem Rost grillen, bis das Fleisch gar ist, erst dann salzen. Während der letzten Grillminuten die zerlassene Butter über das Fleisch träufeln.

Gefüllte Hähnchenkeulen

*4 Hähnchenkeulen, 125 g Geschabtes,
1/2 Ei, Salz, Pfeffer, Petersilie,
abgeriebene Zitronenschale, Öl*

Das Oberteil jeder Keule auseinanderdrücken, den Knochen von oben herauslösen und von unten das Fleisch zunähen oder zubinden. Das Geschabte mit dem Ei vermengen, mit Salz, Pfeffer, gehackter Petersilie und Zitronenschale würzen und in die Keulchen füllen. Das Fleisch zunähen, mit wenig Salz bestreuen, mit Öl bepinseln und im Grill beiderseits je 10 Minuten grillen.

Forstmeisterrouladen

*4 dünne Schnitzel aus der Keule von
Reh, Hirsch oder Jungwildschwein,
Salz, 1 Zwiebel, 30 g Margarine,
50 g Champignons, 1 Paprikafrucht, Öl*

Die Schnitzel klopfen und mit Salz bestreuen. Die gehackte Zwiebel in der erhitzten Margarine glasig schwitzen, feingeschnittene Champignons und Paprikafrucht zugeben. Das Gemisch auf die Schnitzel verteilen, diese zusammenrollen und befestigen. Mit Öl bepinseln, unter häufigem Wenden im gut vorgeheizten Grill garen.

Beefsteak »Karoline«

*600 g Rindsfilet, Salz, Pfeffer, Öl,
1 Gewürzgurke, 50 g gare Champignons
oder andere Pilze, 4 Scheiben Käse, 2 Tomaten*

Von dem Rindsfilet 4 Scheiben schneiden, Fett und Haut entfernen, mit Salz und Pfeffer würzen, mit Öl bepinseln und in den heißen Grill geben. Kurz bevor das Fleisch gar ist, mit kleingeschnittener Gurke und Pilzen belegen. Erwärmen lassen, je 1 Scheibe Käse auf ein Steak decken und darauf 2 Tomatenscheiben legen. Mit Salz und Pfeffer bestreuen und das Ganze nochmals kurz in den Grill geben.

Gegrillte Forelle

*4 Forellen, 50 g süße Mandeln,
2 bittere Mandeln, 80 g Butter,
1 Zitrone oder Apfelsine, Öl, Pfeffer, Salz*

Die gebrühten, abgezogenen Mandeln feinhacken. Dann mit der Butter, einigen Tropfen Zitronen- oder Apfelsinensaft und 1 Prise Salz verkneten. Zu einer Rolle geformt in Alufolie wickeln und kaltstellen. Die vorbereiteten, ausgenommenen Forellen mit Öl bestreichen und grillen, dann erst salzen und pfeffern. Jede Forelle mit 2 Scheiben Mandelbutter und Zitronen- oder Apfelsinenspalten belegt servieren.

Natürlich wurde nicht nur gegrillt. Die in den Bezirksstätten geschaffenen neuen „Interhotels" lockten mit anspruchsvoller Küche. Statt sättigender Hausmannskost gab es hier vielfältige Variationen bekannter und weniger bekannter Speisen, anders gewürzt, ungewöhnlich kombiniert, modern zubereitet. Und die Hobby-Köche zu Hause kochten nach, was sich nachkochen ließ.

Putenpfanne

1 mittelgroße Pute, 2 Eßl. Schmalz,
1/2 Eßl. Paprika, Salz, Pfeffer, Majoran,
Kümmel, Chilipulver, 8 Zwiebeln,
1 kg Kartoffeln, 2 Möhren, 1/2 Weißkohl,
1 kleine Sellerieknolle, 2 Tomaten,
je 2 Tassen grüne Bohnen und Erbsen,
1 Tasse weiße Bohnen,
250 g Kürbis (wenn vorhanden),
3 Maiskolben oder Maiskörner aus der Dose,
1 Eßl. gewiegte Petersilie, 200 ml Weißwein

Die vorbereitete Pute waschen, abtropfen und tranchieren. Im heißen Schmalz unter Zugabe von Paprika, Salz, Pfeffer, Majoran, Kümmel und Chilipulver von allen Seiten goldbraun braten. Die in dünne Scheiben geschnittenen Zwiebeln, die geschälten, kleingeschnittenen Kartoffeln sowie das zerkleinerte Gemüse zugeben (weiße Bohnen vorher über Nacht einweichen). Gut umrühren, Petersilie und Wein zugeben. Zugedeckt auf kleiner Flamme schmoren. Ab und zu den Topf schwenken, damit ein Anbrennen verhindert wird. Evtl. noch etwas Wasser zugießen. Nochmals abschmecken und mit körnig gekochtem Reis servieren.
Anstelle von Putenfleisch kann auch Broiler, Rind- oder Schweinefleisch verwendet werden.

Bunte Fleischspießchen auf Champignonreis

500 g Kotelettfleisch ohne Knochen,
120 g magerer Speck, 2 grüne Paprikafrüchte,
3 Tomaten, Salz, Pfeffer, 40 g Schmalz,
40 g Butter, 2 Beutel KuKo-Reis,
1/2 Dose Champignons oder
100 g frische Pilze

Fleisch, Speck, Paprikafrüchte und Tomaten in mundgerechte Stücke schneiden. Im Wechsel auf Spieße reihen, mit Salz und Pfeffer würzen und im heißen Schmalz braten. In 10 g Butter nachbraten.
Den Reis in Salzwasser körnig kochen und die feingeschnittenen, in der restlichen Butter gedünsteten Champignons unterheben. Die Spieße auf dem Reis anrichten und mit Kräuterbutter und Gurkensalat servieren.

Raffiniertes Jägerschnitzel

*4 dicke Scheiben Bierschinken,
100 g geriebener Käse, Mehl, 1 Ei,
2 Eßl. Kaffeesahne, Semmelmehl,
Öl zum Braten, 2 Eßl. Tomatenmark,
1 Päckchen Tomaten- oder Bratensoße,
4 Toastscheiben, Butter, 1 Zwiebel*

Die Bierschinkenscheiben in der Mitte längs ein-, aber nicht durchschneiden, so daß eine Tasche entsteht, mit geriebenem Käse füllen. In Mehl, mit Kaffeesahne verquirltem Ei und Semmelmehl wenden und fest andrücken. In einer Pfanne Öl erhitzen und darin die panierten Bierschinkenscheiben auf beiden Seiten goldgelb braten. In der Zwischenzeit die Tomatensoße nach Vorschrift kochen. Das Jägerschnitzel auf mit Butter bestrichenen Toastscheiben anrichten, die gebratenen Zwiebelringe daraufschichten oder mit Tomatensoße umkränzen. Grünen Salat oder Obst dazu reichen. Anstelle von Tomatensoße können auch gebratene Zwiebeln dazu gereicht werden.

Böhmisches Bierfleisch

*600 g Schweinefleisch, 1 Eßl. Edelsüßpaprika,
300 g Zwiebeln, 100 g Schweineschmalz,
1 gehäufter Teel. Kümmel, 1/2 l helles Bier,
3 gehäufte Eßl. geriebenes Schwarzbrot,
Salz, Pfeffer*

Das Schweinefleisch in Würfel schneiden und mit Paprika bestäuben. Die feingeschnittenen Zwiebeln in Schweineschmalz knusprig bräunen. Das Fleisch zugeben, kurz mitbraten. Den Kümmel und die Hälfte des Bieres zugeben, den Topf schließen und das Fleisch nun auf kleiner

---

Viele Betriebe und Gaststätten sorgen mit ihren Dienstleistungen dafür, daß den Haushalten etwas von ihrer großen Last abgenommen wird. Nutzen wir die gegebenen Möglichkeiten weitgehend aus. Familien finden sich oft nur am Wochenende am gemeinsamen Familientisch zusammen. Im Anschluß an das Mittagessen wird dann auch Zeit für ein Gespräch, für die Erörterung von Problemen sein, die der eine oder andere auf dem Herzen hat. Gemeinsame Erlebnisse - eine Wanderung, ein Museumsbesuch, Sport und Spiel - stärken das Gefühl der Zusammengehörigkeit einer Familie besonders und geben Kraft für die Aufgaben einer neuen Woche.

1973

In manchen Familien heißt es immer noch: „Was auf den Tisch kommt, wird gegessen!" Das klingt so, als sei das Essen eine Pflichtkür, ein notwendiges Übel. Befehle dieser Art sind jedoch völlig überflüssig, wenn die Speisen mit Phantasie und Liebe zubereitet werden, wenn sie würzig duften, lecker aussehen und zum Auslöffeln oder Anbeißen verführen.

1971

Flamme langsam garen. Etwa 15 Minuten vor Ende der Garzeit das geriebene Schwarzbrot sowie das restliche Bier zufügen. Wenn der Saft dick und braun und das Fleisch gar ist, mit Salz und Pfeffer nachwürzen. Dazu gibt es Knödel.

Paprikaschnitzel

*4 Kalbsschnitzel (je 150 g), 2 Eßl. Mehl,
2 Eßl. Edelsüßpaprika, 2 Eßl. Öl,
3 Eßl. Margarine, 1/4 l Brühe, 1/8 l Joghurt,
6 Eßl. Kaffeesahne, Salz, Knoblauch, Kümmel*

Die Schnitzel leicht klopfen, mit Salz und Knoblauch würzen, in Mehl wenden und von beiden Seiten in Öl vor- und in Margarine nachbraten (das Schnitzel soll sehr saftig bleiben). Herausnehmen und warmstellen. In das Bratfett etwas gehackten Kümmel und den Edelsüßpaprika geben, kurz durchrühren, mit Brühe auffüllen, aufkochen lassen und mit in Joghurt verquirltem Mehl binden. Mit Salz und etwas Knoblauch nochmals abschmecken. Die Schnitzel mit dieser Soße überziehen und Spaghetti oder Reis dazu servieren.

Pikantes Filetsteak

*4 Rinderfiletsteaks (ca. 150 g),
2 Gewürz- oder Senfgurken, 2 Zwiebeln,
1/2 Glas Kräuteranchovis, 4 Eßl. Öl,
1 Eßl. Butter, 1 Eßl. Zitronensaft,
1 Eßl. Worcestersoße, Pfeffer, Salz,
Thymian, Petersilie*

Die Rinderfiletsteaks (bei Schweinefiletsteaks ist die gleiche Zubereitung möglich) nicht zu stark klopfen, mit reichlich Pfeffer und einer Spur Thymian würzen, mit Zitronensaft, Worcestersoße und 1 Eßl. Öl übergießen und zugedeckt

im Kühlschrank ca. 12 Stunden (am besten über Nacht) marinieren lassen. Alufolie dünn mit Öl bestreichen, die marinierten Steaks darauf legen, leicht salzen, mit einer Mischung von in Scheiben geschnittenen Zwiebeln, kleinen Würfeln von Gewürz- oder Senfgurken, einigen gehackten, filetierten Kräuteranchovis und gehackter Petersilie bedecken. Die Folie gut verschließen und die Steaks ca. 18 Minuten im Ofen oder Grill garen. Dazu passen Bratkartoffeln und Selleriesalat.

Feurige Leberstreifen

500 g Schweineleber, Salz, Pfeffer,
1 Eßl. Mehl, 1 Eßl. Schmalz, 1 Eßl. Butter,
2 große Zwiebeln, 1 Tasse Brühe,
2 Eßl. feingeschnittene marinierte Paprika,
1 Teel. grüne Pfefferkörner,
3 Eßl. Kaffeesahne, Petersilie

Die Leber kalt abwaschen und gut abtrocknen, die dünne Haut behutsam abziehen. Die Leber erst in bleistiftstarke Scheiben und anschließend in Streifen schneiden. Diese zunächst mit Pfeffer würzen und leicht mit Mehl bestäuben. Bei starker Hitze in heißem Schmalz anbraten. Die Streifen mit einem Holzlöffel umrühren und dann mit einem Schaumlöffel aus der Pfanne heben, beiseite stellen, salzen.
Die Butter zugeben, erhitzen, die feingehackten Zwiebeln darin dünsten, die Paprikastreifen zugeben und das Ganze mit Brühe ablöschen. Den grünen Pfeffer zugeben und alles leicht kochen lassen. Auf kleine Flamme stellen, die Kaffeesahne und die Leberstreifen zugeben. Das Gericht darf nun nicht mehr kochen, da die Leber sonst zäh wird. Mit gehackter Petersilie bestreuen und mit Reis und frischem Salat servieren.

Essen ist - nach Marx - wie wohnen und sich kleiden eines der elementaren Bedürfnisse des Menschen, das er befriedigen muß, um überhaupt leben zu können. „Weil der Mensch ein Mensch ist, drum braucht er was zu essen, bitte sehr..." heißt es in Brechts Lied. Essen muß jeder. Wie er es aber tut, gibt Auskunft über den Zustand einer Gesellschaftsordnung, über ihre Menschlichkeit, über ihre Kultur und die jedes ihrer Mitglieder...

1979

Hausfrauen und -männer mühen sich gleichermaßen um eine gute Küche, um immer neue, appetitlich angerichtete Speisen, und voller Spaß am Kochen wird sogar manch kompliziertes Gericht probiert. Die Kochkunst lebt auch in der kleinsten Küche.

1979

Verkaufen hieß in der DDR in erster Linie Verteilen. Der dabei an den Tag gelegte Erfindungsreichtum erscheint heute preisverdächtig, denn eigentlich war alles vorhanden: die Kaufkraft, das Bedürfnis nach Konsumtion und genaugenommen auch die Waren (zwar nie alle zur richtigen Zeit am richtigen Ort) - nun kam es nur darauf an, diese drei Dinge zu gegenseitigem Nutzen zusammenzubringen. Der Staat verteilte nach Anlässen und regionalen Prioritäten. Es gab Verteilerschlüssel und die Versorgung im Bezirk soundso konnte sich zur Ministersache auswachsen. Vitamin B (Beziehungen) und Tauschgeschäfte hatten Konjunktur und entwickelten eine faszinierende Eigendynamik.

Bei einer Umfrage hat sich gezeigt, daß Hackfleisch, sofern es nicht als Tatar oder Hackepeter vorgesehen ist, fast immer nur für Klopse oder die sogenannten deutschen Beefsteaks gekauft wird. Nichts gegen diese beiden schmackhaften Zubereitungsarten; aber es gibt noch viele andere gute Möglichkeiten, Hackfleisch zu verwenden. 1977

Nierenreis mit Pilzen

1 Zwiebel, 2 Eßl. Margarine, 150 g Reis,
300 g geputzte, gewässerte Schweinenieren,
300 g frische Pilze, Salz, Pfeffer,
1 Teel. Mehl, 3 Eßl. saure Sahne, Würfelbrühe,
1 Eßl. gehackte Petersilie

Die Zwiebel hacken, in 1 Eßl. heißer Margarine glasig andünsten, den Reis zuschütten und ebenfalls glasig rösten. Soviel Brühe angießen, daß alles eben bedeckt ist. Nach dem Aufkochen zugedeckt auf Sparflamme gar ziehen lassen. Die vorbereiteten Nieren und Pilze blättrig schneiden. Die Nieren im restlichen heißen Fett 10 Minuten braten, die Pilze dazugeben, gut würzen und noch etwas dünsten. Das Mehl mit Sahne und Petersilie verquirlen, übergießen, nochmals aufkochen. Auf dem fertigen Reis anrichten.

> Selbst die Klassiker Hackfleisch und Gemüse kamen dank neuer oder bislang unüblicher Geschmacksvariationen und Zubereitungsarten zu neuem Ansehen.

Hackfleisch-Gemüse-Auflauf

250 g Möhren, 250 g grüne Bohnen, Salz,
1 Prise Zucker, 20 g Butter oder Margarine,
500 g Tomaten, 3 Zwiebeln, 1 Eßl. Senf,
1/2 Knoblauchzehe, Pfeffer, Muskatnuß,
500 g Gehacktes halb und halb,
frisches Bohnenkraut,
Für den Guß: 2 Eier, 1/8 l Joghurt,
Salz, Pfeffer, Muskatnuß, 1 Eßl. Mehl

Das Gemüse putzen und waschen, die Möhren in Scheiben, die Bohnen in Stücke schneiden. Das Gemüse in wenig Salzwasser mit einer Prise

Zucker und 1 Teel. Butter wenige Minuten dünsten, abtropfen lassen. Tomaten brühen, häuten und halbieren, dann entkernen und in Streifen schneiden. Zwiebeln und Knoblauch schälen, die Zwiebeln würfeln, den Knoblauch zerdrücken. Das zerpflückte Gehackte in der restlichen Butter (Margarine) anbraten, Zwiebel und Knoblauch zufügen und alles durchschmoren. Mit Senf, Salz, Pfeffer und Muskat abschmecken. Das Gemüse mit dem gehackten Bohnenkraut würzen und unter die Hackfleischmasse mischen. Abwechselnd mit den Tomaten in eine Auflaufform schichten, mit einer Tomatenschicht abschließen. Die Eier mit dem Joghurt, mit Salz, Pfeffer, Muskat und Mehl verquirlen und über den Auflauf gießen. Bei Mittelhitze backen, bis der Auflauf goldbraun ist. (Ca. 10 Minuten vor Ende können Sie auch Reibekäse über den Auflauf geben und zerlaufen lassen).

Gefüllter Hackbraten

500 g gemischtes Hackfleisch, 1 Ei,
100 g eingeweichtes, ausgedrücktes Weißbrot,
Salz, Pfeffer, Majoran, 2 kleine Möhren,
Zwiebeln, Margarine/ Butter zum Braten,
abgezogene Würstchen (oder nicht zu hart gekochte Eier), saure Sahne, heiße Brühe,
1 Teel. Mehl, 1 Glas Rotwein

Hackfleisch, Ei und Brot mischen, mit Salz, Pfeffer und Majoran würzen. Die würfelig geschnittenen Zwiebeln und Möhren in etwas Margarine oder Butter andünsten, unter den Teig mischen. Die Hälfte der Masse in eine gefettete und mit Semmelmehl ausgestreute Kastenkuchenform füllen, mit abgezogenen Würstchen oder den Eiern belegen. Die restliche Hackfleischmasse daraufgeben und mit zerlassener Feinmargarine (oder Butter) beträufeln. In der Herdröhre backen.

Man kann die Hackfleischmasse auch in 4 Portionen teilen und damit je ein Würstchen bzw. Ei umhüllen. Dann in reichlich heißem Fett ringsum anbraten (vorsichtig wenden!). Etwas saure Sahne und heiße Brühe oder Wasser zugießen und (am besten in der Herdröhre) gar schmoren. Den Bratenfond mit dem Rotwein verkochen und leicht mit Mehl binden.

Eingedenk seiner Vermittlerrolle hatte der Handel auch selbst Möglichkeiten, Bedürfnisse zu steuern und, staatlich abgesegnet, Mangelerscheinungen zu verschleiern, die zum Beispiel durch Exporte ins westliche Ausland entstanden. So erzählt man sich z.B. in Leipzig bis heute die wundersame Geschichte der Wanderung von Schweineschinken: Einem fleißigen „Außenhändler" war es gelungen, italienische Hersteller von der Güte LPG-gepflegten Schweinefleisches zu überzeugen und so endeten ungezählte Tiere säuberlich zerlegt in „Exportbestandteile" und „Inlandbedarf".
Die Schweinekeulen bekamen eine Ausreiserlaubnis und fuhren zur Veredlung Richtung Süden. Und dann, eines schönen Tages, kehrten sie, edel verpackt und lecker anzusehen, als „Parma-Schinken" in die Delikat-Läden ihrer alten Heimat zurück und hofften auf all die zahlungskräftigen Käufer, die bislang vergeblich nach Schinken Ausschau gehalten hatten.

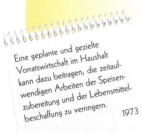

Eine geplante und gezielte Vorratswirtschaft im Haushalt kann dazu beitragen, die zeitaufwendigen Arbeiten der Speisenzubereitung und der Lebensmittelbeschaffung zu verringern. 1973

Grüne Rollen

1 Doppelrahm-Frischkäse,
1 hartgekochtes Ei, 1-2 Hacksteaks,
Salz, Glutal,
je 1 Teel. gehackte Petersilie und Dill,
Salatblätter, rote Rübchen

Die Hacksteaks und das Ei klein schneiden, mit dem Frischkäse, den Kräutern sowie Gewürzen vermengen, pikant abschmecken. Diese Masse auf zarte Salatblätter streichen und aufgerollt mit roten Rübchen oder marinierten Paprikafrüchten garnieren. Dazu Vollkornbrot reichen.

Fritierte Schwarzwurzeln

750 g Schwarzwurzeln, Salz, 15 g Butter,
2 Eßl. Weinessig oder Zitronensaft,
Öl zum Fritieren
Für den Ausbackteig: 125 g Mehl, Salz,
2 Eier, 200 ml Bier,
3 Eßl. Olivenöl oder zerlassene Butter

Die gewaschenen Schwarzwurzeln schälen und sofort in kaltes Wasser legen. Dann in 8-10 cm lange Stücke schneiden und zusammen mit der Butter und dem Essig (oder Zitronensaft) in reichlich kochendes Salzwasser geben. Nach etwa 20 Minuten mit einer Gabel prüfen, ob sie weich sind. Wenn sie gar sind, gründlich abtropfen lassen.
Für den Teig Mehl, Salz, Eigelb und Öl oder Butter in einer Schüssel vermischen. Bier oder Wasser nach und nach zugeben und alles solange schlagen, bis der Ausbackteig glatt ist. Den Teig bei Zimmertemperatur mindestens 1 Stunde stehen lassen, damit er gut an den Gemüsestückchen haftet. Dann das Eiweiß schlagen und

kurz vor dem Ausbacken unter den Teig ziehen. Das Fritieröl erhitzen. Die Schwarzwurzeln in Mehl wälzen, anschließend in den Ausbackteig tauchen, einzeln wieder herausnehmen, fritieren. Wenn sie hellbraun sind, gut abtropfen lassen, mit Salz bestreuen und sofort servieren.

Herbstlicher Eintopf

1 1/2 kg Kartoffeln, 500 g grüne Bohnen,
500 g Tomaten, 125 g Speck, 2 Zwiebeln,
500 g Pilze, Salz, Petersilie

Die kleingeschnittenen Kartoffeln und grünen Bohnen vorkochen, bis sie fast weich sind, dann die gebrühten, abgezogenen, in Stücke geschnittenen Tomaten zufügen.
Inzwischen den Speck in Würfel schneiden, ausbraten, die gehackten Zwiebeln und die klein geschnittenen Pilze zugeben und ca. 10 Minuten dünsten, bis die Pilze gar sind. Die Pilz-Speck-Zwiebelmischung in den Gemüsetopf geben und mit gehackter Petersilie bestreuen.

Feinschmeckerkartoffeln

12 mittelgroße neue Kartoffeln,
Öl, Salz, Pfeffer, Fülle,
3 Scheiben Schnittkäse

Die Kartoffeln ungeschält waschen, gut bürsten. Dann von oben her aushöhlen, mit Öl bepinseln, salzen, pfeffern. In die Vertiefungen eine der nachstehend aufgeführten Füllen geben.
Die Kartoffeln etwa 25 Minuten grillen, dann jede mit 1 Stück Schnittkäse bedecken und weiter grillen, bis der Käse zu zerlaufen beginnt. Die Feinschmeckerkartoffeln können auch einzeln in gefetteter Alufolie gegart werden.

Käsefülle:
100 g Butter, 2 Eßl. Pritamin, Salz,
Zitronensaft, 50 g Schnittkäse

Die sahnig geschlagene Butter mit Paprikamark verrühren, mit Salz und etwas Zitronensaft abschmecken. Dann die Käsewürfelchen zugeben.

Gemüse-Reis-Fülle:
1 Tasse dick ausgequollener Reis,
1 Tasse gare Erbsen, 2 gare Möhren,
1/2 Tasse Sahne, Salz, Pfeffer,
Worcestersoße, 1 Eßl. gehackte Petersilie

Reis, Erbsen und geschnittene Möhren mit der Sahne vermischen. Kräftig mit Salz, Pfeffer sowie einigen Spritzern Worcestersoße abschmecken und zuletzt die Petersilie zufügen.

Hackfleischfülle:
300 g Hackfleisch, 50 g Weißbrot, 1 Ei,
1/2 Zwiebel, Kümmel, Salz

Hackfleisch, eingeweichtes und wieder ausgedrücktes Weißbrot, Ei sowie geriebene Zwiebel miteinander verarbeiten und kräftig würzen.

Fischfülle:
1 Eßl. Mehl, 1 Eßl. Öl, 2 Eßl. Tomatenmark,
200 g Räucherfisch

Das Mehl im heißen Öl anschwitzen, Tomatenmark zufügen und gut glattrühren. Vom Feuer genommen, den entgräteten fein zerpflückten Fisch dazugeben und bei Bedarf nachwürzen.

Köche aller Länder...

In den siebziger Jahren wurde die DDR gesellschaftsfähig - eine wahre internationale Anerkennungswelle brach über das Land herein. Auch die Speisekarten gaben sich weltoffen. So ließ sich die große weite Welt kennenlernen, auch wenn man sie nicht bereisen konnte.

Was an Zutaten nicht zu haben war, wurde irgendwie ersetzt. Sojasauce? Kein Problem, Erwa-Speisewürze schmeckt genauso, man muss nur fest daran glauben. Wer das Privileg genoss, die Welt einmal außerhalb der engen Grenzen kennenzulernen, durfte von exotischen Essgewohnheiten berichten und Rezepte weitergeben. So schien man der Welt nähergerückt. Internationalismus, in der DDR von besonderem Stellenwert, hielt Einzug in die Küche. Die X. Weltfestspiele in Berlin 1973 gaben der „Weltoffenheit" neuen Auftrieb. Selbst vor der Gastronomie machte diese Begeisterung für alles „Exotische" nicht halt. Japanische Restaurants (vor allem der „Waffenschmied" in Suhl) waren der Geheimtipp und kubanisch essen zu gehen, galt bei den jungen Leuten als schick. Auf Parties mühte man sich mit Stäbchen (erhältlich im Delikat, das Paar ab 8 Mark aufwärts) an komplizierten, am Tisch zu bereitenden Speisefolgen, und chinesische bzw. vietnamesische und koreanische Küche war schon damals beliebt. Zwar bescherte erst die Einheit den Ostdeutschen den Wok, doch mit Glasnudeln, Sambal oelek und Sake kannte man sich dank „Delikat" schon recht gut aus.

Mohammedanischer Kohl

1 kg Chinakohl (oder Wirsing),
4 Eßl. Geflügelfett, 1 Tasse Fleischbrühe,
1 Eßl. Sojasauce (oder Erwa),
1/2 Teel. Zucker,
100 g kleingewürfelter, gekochter Schinken,
2 Eßl. Maizena, 1 Tasse Milch

In einer Kasserolle Geflügelfett erhitzen, den in 4 cm breite Streifen geschnittenen Kohl unter ständigem Rühren einige Minuten braten lassen, Brühe, Soja und Zucker hinzufügen, alles aufkochen lassen. Die Flamme mittelgroß stellen und das Gericht 5-10 Minuten zugedeckt kochen, bis der Kohl weich ist. Dann den Schinken zufügen. Das in der Milch angerührte Maizena langsam unter ständigem Rühren zugießen. Flamme sehr klein stellen. Die Soße ist in 1-2 Minuten angedickt. Sie soll nicht mehr aufkochen.

Arabisches Brathuhn

1 Broiler (ca. 750 g), 2 Eßl. Honig,
1 1/2 Eßl. Butter, 1 Teel. Rosenwasser,
1 Eßl. feingehackte Erdnüsse,
1/2 Teel. feingemahlener Ingwer oder
1 Eßl. feingehackter, eingelegter Ingwer,
Bratfett

Die Butter zerlassen, mit Honig verrühren, in die Brust und die Keule des Broilers hineinstechen und die Honigbutter hineinstreichen. Die Buttermischung mit dem Rosenwasser verdünnen, den Broiler damit einreiben und in Butter oder Margarine von allen Seiten braten, bis es gar ist. Dann halbieren. Flach auf eine vorgewärmte Platte legen und mit Nüssen und Ingwer bestreuen.

Von den guten Sachen, die für alle da sind, soll die Rede sein. Von guten Sachen aus den Küchen vieler Völker: Eine Weltreise mit Messer und Gabel. Woanders kocht man anders und auch nicht schlechter. Und es lohnt sich, den Nachbarn im Ausland in die Kochtöpfe zu gucken, die Welt von der kulinarischen Seite her zu erleben. Lernen kann man von den Kochsitten anderer Länder allemal. Da die meisten Leute von heute passionierte Betriebsküchenesser sind, ist das Kochen ohnehin keine alltägliche Angelegenheit. Es macht uns Spaß, uns als Meister wohlschmeckender und dekorativer Gerichte zu beweisen, unsere originellen Einfälle auszuprobieren, zu experimentieren und zu kombinieren.

1971

Es werden auch viele weniger bekannte, aber nachahmenswerte Gerichte beschrieben. Alle können mit den bei uns erhältlichen Zutaten zubereitet werden. Bei festlichen Anlässen kann man damit seine Freunde überraschen und seine Gäste erfreuen.
1972

117

Bata wa marta

(Gebratene Ente mit Zwiebel ist ein pikantes Gericht aus der Arabischen Republik Ägypten)

1 Ente, 500 g Zwiebeln, 50 g Margarine,
Pfeffer, Salz, Öl, 8 Eßl. Tomatenketchup,
1 Eßl. Zitronensaft, 6 Tomaten,
4 Eßl. gemischtes Gemüse,
9 große Kartoffeln, 2 Eßl. Mayonnaise,
100 g Schabefleisch, 250 g Reis

Die Ente vorbereiten, waschen und gut abtrocknen. Die Zwiebeln zerkleinern und mit der zerpflückten Margarine (nicht zerlassen!), Pfeffer und Salz vermengen. Die Ente damit füllen. Hals und Bauch gut zunähen. Die Ente in heißem Öl von allen Seiten gut anbraten und ca. 1 Stunde in Wasser kochen lassen. Dem Wasser 1 Zwiebel und etwas Salz zugeben. Die Ente vorsichtig aus der Brühe heben, mit 4 Eßl. Tomatenketchup und Margarine bestreichen, mit Zitronensaft beträufeln und im vorgeheizten Ofen 15 Minuten auf dem Rost braun braten. Inzwischen die Gemüsebeilage zubereiten. Dazu Tomaten aushöhlen und mit einer Mischung aus kurz gekochtem gemischtem Gemüse, 3 gekochten und in Würfel geschnittenen Kartoffeln, Mayonnaise, Zitronensaft, Salz und Pfeffer füllen. Die restlichen 6 geschälten ganzen Kartoffeln aushöhlen und in heißem Fett goldgelb braten.

Das Schabefleisch mit einer zerkleinerten Zwiebel und 4 Eßl. Tomatenketchup in Öl braten. Ständig umrühren, damit das Fleisch nicht zusammenklebt. Salzen und pfeffern und die Kartoffeln damit füllen.

Nach arabischer Sitte kommt die Ente im ganzen, mit den gefüllten Kartoffeln und Tomaten garniert auf den Tisch. Der Hausherr schneidet zuerst den Bauch auf, jeder Gast nimmt sich 2-3 Eßlöffel Zwiebeln auf seinen mit Reis gefüllten Teller. (Den Reis aus Entenbrühe und Kuko-Reis bereiten.) Erst jetzt tranchiert er die Ente.

Süßsaures Schweinefleisch

500 g Schweineschnitzel im Stück,
2 Eßl. Wermut, 6 Eßl. Erwa Speisewürze,
2 Eßl. Kartoffelmehl, Öl zum Braten,
3 grüne Paprikafrüchte, 1 große Mohrrübe,
1 Zwiebel, 6 Eßl. Zucker, 2 Eßl. Essig,
4 Eßl. Tomatenketchup oder Pritamin

Das Fleisch in 3-4 cm große Würfel schneiden, mit 1 Eßl. Wermut, 2 Eßl. Erwa und 1 Eßl. Kartoffelmehl vermischen und in heißem Fett braten, bis das Fleisch braun und knusprig ist. In einer Schüssel beiseite stellen. Die Paprikafrüchte, die Zwiebel und die Mohrrübe in gleiche Stücke teilen und in 5 Eßl. heißem Öl (3-4 Minuten) gar dünsten.

Den Zucker mit 4 Eßl. Erwa, 1 Eßl. Wein, dem Essig und Ketchup mischen, über das gedünstete Gemüse gießen. Sobald das Gericht aufkocht, das in einer 1/2 Tasse Wasser verrührte Kartoffelmehl zugeben, umrühren, einmal aufkochen lassen. Zum Schluß das gebratene Fleisch unterrühren. Warten, bis es heiß ist, sofort mit Reis servieren.

Tee-Eier

*5-10 Eier, 3 Eßl. schwarzen Tee,
1 Eßl. schwarzer Pfeffer, 2 Eßl. Salz, 5 Nelken,
1 Prise Anis, 2 Eßl. Erwa Speisewürze*

Die Eier kochen, in kaltem Wasser abschrecken und die Schalen mit einem Teelöffel zerklopfen, aber nicht abpellen. Den schwarzen Tee in das Eierkochwasser geben, die Gewürze zufügen. In dieser Soße die Eier nochmals 20-30 Minuten kochen. Nachdem die Eier abgekühlt sind, werden die Schalen entfernt. Entweder ganz oder geviertelt auf den Tisch bringen.

Chinesische Kochkunst beginnt mit den Gewürzen. Die Würze soll den ursprünglichen Geschmack einer Speise nur entwickeln und jeden unerwünschten Geruch fernhalten. Fast jedes Gericht, von Süßspeisen abgesehen, bekommt etwas Sojawürze. Butter lehnt der chinesische Koch ab. Statt dessen nimmt er Schmalz oder Erdnußöl. Auch von Kalbfleisch hält man nichts. Dagegen werden Schweinefleisch, Enten und Hühner sehr bevorzugt. Ebenfalls Eier, die man in Reis- oder Nudelgerichte verquirlt.

1970

Ein leidenschaftlicher Koch läßt sich keine Gelegenheit entgehen, anderen in die Töpfe zu gucken. Wenn er zum Essen eingeladen ist, wird er immer den rechten Augenblick abpassen, um der Gastgeberin oder dem Gastgeber das Rezept für das köstliche Gericht abzulisten.

1971

119

Die „Kunst des Kochens" ist für eine wachsende Anzahl von Bürgern eine beliebte Freizeitbeschäftigung, dient sie doch dazu, Entspannung, Abwechslung und Freude zu bereiten.

Die japanische Küche gehört unbestritten zu den großen Küchen der Welt. Sie ist von einer unerschöpflichen Vielfalt. Die Zubereitung und das Servieren von Speisen nach japanischem Stil sind im wahrsten Sinne des Wortes kunstvoll. Alles - Speisen, Garnierung, Zutaten, Schüsseln und Schalen - wird harmonisch aufeinander abgestimmt.

1979

Ich appelliere an Ihre Eitelkeit: Verzichten Sie nicht freiwillig auf die reine Zitronenhaut und den bräunlichen Möhrenteint. Ich appelliere an Ihren Ehrgeiz: Werden Sie größer mit Vitamin A, gescheiter mit Vitamin B, energischer mit Vitamin C und stärker mit Vitamin D.

Kurt Drummer, 1979

Sukiyaki

Dies ist eines der berühmtesten japanischen Gerichte - eine köstliche Abendunterhaltung. Es basiert auf zartem Rindfleisch und verschiedenem Gemüse und wird am Tisch unter Mitwirkung der Gäste gekocht. Sukiyaki ist ideal für eine Party, weil man alles vorher vorbereiten kann und mit dem Kochen erst dann beginnt, wenn alle Gäste am Tisch Platz genommen haben. Aber eine kleine Warnung sei angebracht, denn es besteht die Tendenz, daß die Gäste sehr lange am Tisch sitzen bleiben und sehr viel essen. Die besondere Mühe, die man aufwenden muß, um die richtige Atmosphäre für ein japanisches Mahl zu erwecken, ist die Sache wert.

Für 6 Personen: *11 Eier, 1 Eßl. Zucker, 1 Tasse Erwa-Speisewürze, 1 Eßl. Wermut, 1 Messerspitze Anchovispaste, 750 g mageres Rindfleisch, 250 g China- oder Weißkohl, 200 g Porree, 200 g Zwiebeln, 200 g Mohrrüben, 150 g Kohlrabi, Öl*

Zuerst werden gedämpfte Eier bereitet. Dazu 5 Eier in ein Schälchen schlagen und gründlich verquirlen, aber nicht schlagen. Im leise siedenden Wasserbad fest werden lassen. Sobald die Eiermasse kalt ist, in dünne Streifen schneiden. Von den anderen 6 Eiern jedem Gast eins in ein Schälchen schlagen, dazu ein Schälchen körnig gekochten Reis stellen. Für die pikante Soße Erwa-Speisewürze mit Zucker, Wein und etwas Anchovispaste mischen. Die übrigen Zutaten müssen kunstvoll und sorgfältig in Streifen bzw. das Fleisch in kleine, dünne Scheiben geschnitten und auf kleinen Platten oder in zierlichen Schälchen angerichtet werden.

In die Mitte des Tisches gehört ein Untersatz, auf den man einen Rechaud oder einen Spirituskocher stellt. Darauf kommt eine schwere, flache Pfanne, wenn möglich eine Bratpfanne ohne Stiel. Die Platten und Schälchen werden ringsherum platziert.

Jetzt kann das Mahl beginnen. Der Gastgeber oder ein anderer erfahrener Gast gießt 1 Eßl. Öl in die Pfanne, gerade genug, um den Boden auszufetten. Danach wird etwas von dem Gemüse gedünstet, das am längsten braucht, um gar zu werden. Beim Wenden des Gemüses darauf achten, daß jedes für sich bleibt. Etwas von dem Fleisch darüberlegen und ein wenig von der Soße darübergießen. Zuletzt etwas von den gedämpften Eierstreifen zufügen und nur solange in der Pfanne lassen, bis sie warm sind. Abschmecken, und falls nötig, mehr Soße darüberlöffeln.

Die erste Runde ist fertig, sobald das Fleisch gar ist. Mit einer Gabel (oder besser mit Stäbchen) nimmt sich nun jeder Gast nach und nach von jedem etwas, dippt es in das rohe Ei und ißt es mit etwas Reis. Während man die erste Runde verspeist, wird alles vorbereitet, um die zweite Runde zu kochen.

Als Getränke kommen Wermut, warm serviert kommt er dem japanischen Saki am nächsten, aber auch Bier und Rotwein auf den Tisch.

Koreanische Eierrollen

*250 g Hackfleisch, 2 Eßl. Wermut,
2 Eßl. Erwa-Speisewürze,
1 Teel. gemahlener Ingwer,
1 Eßl. Kartoffelmehl, 3 Eier,
3 Eßl. fein zerkleinerte Zwiebel, Salz, Öl*

Das Fleisch mit den übrigen Zutaten (außer Eiern und Öl) gut vermischen. Die Masse in 6 Portionen teilen. Die Eier mit 1 Prise Salz tüchtig schlagen und daraus in heißem Öl 6 dünne Eierkuchen backen. Jeden Eierkuchen mit der Fleischfüllung bestreichen und zusammenrollen. Die Enden mit einer Mischung aus Kartoffelmehl und Wasser sorgsam verkleben. Dann im heißen Fettbad goldgelb backen. Nach dem Abtropfen jede Rolle in 5 schräge Stücke schneiden. Heiß servieren.

Koreanischer Feuertopf

Für dieses koreanische Gericht, das am Tisch gekocht wird, besitzt die koreanische Hausfrau einen besonders schön verzierten Topf, der die benötigte brennende Holzkohle aufnehmen kann. Wir ersetzen ihn durch einen Fonduetopf über einem Rechaud oder einen hübchen Kochtopf auf der elektrischen Platte.

Für 6 Personen: *1 Knoblauchzehe,
2 Teel. Zucker, 1 Teel. Ingwerpulver,
3 kleine scharfe Paprikafrüchte, 8 Eier,
2 Eßl. Wermut, 2 Eßl. Erwa-Speisewürze,
3/4 l Brühe, 2 Eßl. gehackte Petersilie,
250 g Rumpsteak, 250 g Schweinefleisch,
250 g Hühnerbrust, 250 g frischer Spinat,
200 g gekochter Schinken, Salz, Pfeffer, Öl,
3 Paprikafrüchte, 1/2 kleiner Chinakohl,
1/2 Kohlrübe, 3 Tomaten*

Zuerst einen Gewürzfond bereiten: Dazu Knoblauch, Ingwer, Paprika, Zucker, Erwa und Wein 20 Minuten in der Brühe kochen. Den Topf vom Feuer nehmen und 6 geschlagene Eier sowie 2 Eßl. grob gehackte Petersilie darunterrühren. Das in feine Streifen geschnittene Fleisch salzen, pfeffern und ebenso wie den in Streifen geschnittenen Schinken in heißem Öl anbraten, bis es die Fleischfarbe verliert - höchstens 3 Minuten. Danach den Feuertopf leicht ausfetten, mit den geputzten Spinatblättern belegen. Abwechselnd das gebratene Fleisch und das in Streifen geschnittene Gemüse daraufschichten. Über jede Schicht etwas von dem Gewürzfond gießen. Die Oberfläche mit Scheiben von gekochten Eiern, Tomatenscheiben und gehackter Petersilie garnieren. In der Pilzzeit kann der Feuertopf mit Pilzen bereichert werden.

Wenn alle Gäste Platz genommen haben, den Topf zudecken und die Holzkohle bzw. den Rechaud anzünden. Während es im Topf zu sieden beginnt und ihm herrliche Düfte entsteigen, sitzt man gemütlich um den Tisch, trinkt ein Schälchen Tee und ißt genüßlich ein paar Eierrollen als Vorspeise.

Der Feuertopf muß ca. 20 Minuten köcheln, bis es losgehen kann. Jeder erhält eine mit Reis gefüllte Schale, natürlich steht die koreanische Soße Jam Jung Djang auf dem Tisch. Ein paar Teelöffel davon genügen, um der Speise ein pikantes Aroma zu verleihen.

Würzsoße Jam Jung Djang

*2 Knoblauchzehen, 2 Eßl. Schnittlauch,
1 Flasche Erwa-Speise-Würze, 2 Eßl. Petersilie*

Die Knoblauchzehen gut zerdrücken und mit den übrigen Zutaten mischen.

Murghi khasa

Dies ist ein spezieller Curry vom Huhn, der auch nur mit Reis, ohne die vielen anderen Gerichte, die zu einem echt indischen Menü gehören, schmeckt.

*2 Broiler (etwa 1,5 kg), 100 g Margarine,
2 Eßl. Currypulver, 2 Stück Ingwer in Sirup
oder 1 Teel. Ingwerpulver, 1 Eßl. Mohnsamen
(falls vorhanden), 1/2 Teel. Salz, 1 l Brühe,
8 Nelken (zu Pulver zerstoßen), 4 Zwiebeln,
1 Teel. scharfer Paprika*

Das Huhn in 12 Stücke schneiden und in wenig Margarine 2 Minuten anbraten, 1 Eßl. Currypulver und die Hälfte der fein zerstoßenen Ge-

Die koreanische Küche hat die Tendenz zu scharfen Gerichten ähnlich wie die in Sezuan. Fleisch, Obst, Gemüse in Hülle und Fülle, Fische gibt es im Überfluß. Fasane, die in den Reisfeldern leben, sind dort durchaus keine Rarität. In Korea kann man die herrlichsten Dinge auf den Tisch zaubern.

1972

Für die meisten Europäer bedeutet indisches Essen Curry, und schon bei dem Wort Curry denken sie automatisch an eine Art Gulasch, in den man einen Löffel voll Currypulver gerührt hat. Das ist weder Curry noch ein indisches Gericht.

1972

würze darüberstreuen und noch 1/2 Minute braten lassen. Unter ständigem Umrühren den Paprika und 5 Eßl. Wasser dazugeben. Die Flüssigkeit einkochen lassen. Salzen und mit der heißen Brühe auffüllen. Einmal aufkochen lassen, die Flamme sofort klein stellen und 30 Minuten langsam vor sich hinköcheln lassen. Das Fleisch herausnehmen. Die Flüssigkeit etwa bis auf die Hälfte reduzieren und das Fleisch wieder zugeben. Den Rest Currypulver sowie die anderen restlichen Gewürze unterrühren. Das Fleisch in einer Kasserolle im Backofen bei mittlerer Hitze zugedeckt gar köcheln. Mit Reis servieren.

Sadah pilau (gedünsteter Reis)

*1 Zwiebel, 60 g Margarine, 250 g Reis,
1/2 Teel. Salz, 125 g grüne Erbsen,
60 g Rosinen, 2 Eßl. Kokosraspeln*

Die Zwiebel in Ringe schneiden, in der heißen Margarine goldgelb braten. Nicht rühren! Die gebratene Zwiebel auf einen Teller schütten und das Fett in der Pfanne zurückhalten. Die Margarine erneut erhitzen und den gewaschenen, gut getrockneten Reis in das Fett schütten und unter ständigem Umrühren bei mittlerer Flamme etwa 4 bis 5 Minuten braten lassen, bis der Reis glasig ist. Mit Wasser auffüllen, so daß der Reis gut bedeckt ist. Umrühren und einmal aufkochen lassen. Salz, Erbsen und Rosinen dazugeben, einmal umrühren und zudecken. Hitze auf kleinste Flamme stellen und den Reis ausquellen lassen. Falls nötig noch ein wenig Wasser nachgießen. Vor dem Servieren mit den gebratenen Zwiebelringen und Kokosraspeln bestreuen.

Khara maahn (indisches Linsengericht)

*250 g Linsen, 60 g Margarine, 1/2 Teel. Salz,
1/2 Teel. schwarzer Pfeffer, 1/2 Teel. Majoran,
2 Prisen Kardamom (falls vorhanden),
2 Eßl. Petersilie, Schnittlauch*

Die Linsen eine Nacht vorher einweichen (entfällt, wenn Tempo-Linsen verwendet werden). Gut abtropfen lassen. Das Fett in einer schweren Pfanne erhitzen, die Linsen hineingeben, Salz und Gewürze gut mit den Linsen vermischen und mit Wasser auffüllen, so daß die Linsen fast bedeckt sind. Abermals umrühren und auf kleinster Flamme leise köcheln lassen. Falls notwendig, gelegentlich etwas Wasser auffüllen. Die Linsen dürfen nicht im Wasser schwimmen. Sie sind gar, wenn sie innen weich, aber ganz wie ein Reiskorn sind. Vor dem Servieren mit dem in Streifen geschnittenen Schnittlauch garnieren. Anstelle von Linsen können auch gelbe Erbsen verwendet werden.

Irgendwann erreichten auch so exotische Speisen wie „Pizza" die ostdeutsche Küche. Da niemand so recht vergleichen konnte, sind die Rezeptvorschläge von einer richtigen Pizza ungefähr so weit entfernt, wie eine Restesuppe von einer echten Soljanka, bei richtiger Würze und mit ausreichend Phantasie beim Belegen aber nicht weniger schmackhaft:

Pizza Nr. 1

500 g Mehl, 30 g Hefe, etwas lauwarme Milch,
1 Teel. Salz, 3 Eßl. Öl, 8 Tomaten, 2 Knacker,
1 kleine Büchse Anchovisfilets in Öl,
1 Eßl. Thymian, Pfeffer, Zucker,
250 g Champignons,
200 g milder Schnittkäse

Die Pizza wird in drei Etappen zubereitet:
1. Mehl auf ein Brett sieben, in die Mitte eine Vertiefung drücken, die in Milch aufgelöste Hefe hineingießen, Salz hinzufügen, alles gut vermischen und kneten (dabei etwa 1/4 l Wasser zugeben), bis der Teig elastisch ist. Dann zu einer Kugel formen, diese auf einen bemehlten Teller legen, mit einem Tuch bedecken und für 2-2 1/2 Stunden in einen warmen Raum stellen.

2. Während der Teig geht, eine Sauce zubereiten. Dazu die abgetropften Anchovis mit 2 Eßl. Öl in einer Pfanne über großer Flamme schwenken, geviertelte Tomaten zufügen, mit Pfeffer und 1/2 Teel. Thymian würzen. Alles leicht kochen lassen, bis eine dickliche Soße entsteht.

3. Den Teig, der nach 2 Stunden doppelt so hoch sein muß wie ursprünglich, zu einer etwa 1 cm dicken Platte ausrollen; in eine geölte flache Ku-

Nun kamen auch europäische Standardgerichte aus Italien oder Frankreich zu neuen Ehren. Es sprach sich herum, dass man Makkaroni nicht nur mit Tomatensoße essen kann, auch dass Nudeln nicht nur für die Suppe da sind, wurde zu Allgemeinwissen. Bereits in jenen Jahren eroberten sich Pizza und Spaghetti carbonara, Zwiebelsuppe, Coq au vin und Sauce Vinaigrette einen festen Platz in ostdeutschen Küchen. Natürlich versuchte der clevere „Ostler" wieder einmal, dem etwas Eigenes entgegen zusetzen. Und so entstand das Pizza-Brot, eine Toastscheibe, die mit Salamistreifen und Tomate belegt, mit Oregano und Ketchup gewürzt und mit Käse überbacken wurde.

Französische Zwiebelsuppe ist nicht nur weltberühmt, sondern zugleich ein Magenwärmer und ein Seelentröster; etwas Handfestes, wenn unerwartet Gäste ins Haus schneien.

1972

chenform legen, die Oberfläche mit Öl bepinseln und etwas Thymian darüberstreuen. Dann mit den in Scheiben geschnittenen Knackern, die vorher 5 Minuten gekocht werden, belegen. Dazwischen Champignonscheiben legen. Alles mit dem in dünne Scheiben geschnittenen Käse bedecken und darüber die Anchovis-Tomaten-Soße geben.

Die Pizza 20-25 Minuten im vorgeheizten, sehr heißen Ofen backen. Während der ersten 10 Minuten auf die untere, dann auf die obere Einschubleiste der Backröhre stellen.

Pizza alla napoletana

500 g Mehl, 30 g Hefe, reichlich 1/8 l Milch, 1 Teel. Salz, Öl, Tomaten oder Tomatenmark, Salami, Paprikafrüchte, Schinken, Zwiebeln Anchovispaste, geriebener Käse, Thymian, Majoran, scharfer Paprika, 90 g Margarine

Aus Mehl, Hefe, Milch, Margarine und Salz vorschriftsmäßig einen Hefeteig bereiten, solange kneten, bis er sich vom Schüsselrand löst. An einem warmen Ort zugedeckt gehen lassen. Nach 1 Stunde wieder zusammenschlagen, ausrollen und erneut gehen lassen.

Entweder mittelgroße runde Fladen formen oder den Teig auf das Backblech drücken. Reichlich mit Öl bepinseln. Tomaten, Salami und Zwiebeln in Scheiben, Schinken und Paprikafrüchte in Streifen schneiden. Den Hefeteig damit bunt belegen. Die Zwischenräume mit Anchovispaste bestreichen. Mit viel Käse und mit Thymian, Majoran und scharfem Pfeffer nach Geschmack bestreuen, nochmals gut mit Öl beträufeln. Die Pizza im vorgeheizten Ofen etwa 20-25 Minuten backen.

Soupe à l'oignon
(französische Zwiebelsuppe)

*650 g Zwiebeln, 2 Eßl. Margarine,
1 Eßl. Öl, 2 Eßl. Mehl,
1 1/2 l Brühe, 1/2 Glas Weißwein,
Salz, Pfeffer, 6 Scheiben Kaviarbrot,
120 g geriebener Käse*

Die Zwiebeln schälen, in Scheiben schneiden und in der zerlassenen Margarine und dem Öl langsam goldbraun braten. Danach das Mehl unterrühren und mit heißer Brühe und Wein auffüllen. Salzen und pfeffern. Je Person eine Scheibe Kaviarbrot rösten, kalt werden lassen und mit geriebenem Käse bedecken. Die Suppe in eine feuerfeste Form gießen und den Toast darin schwimmen lassen. So lange in den heißen Ofen stellen, bis der Käse Blasen schlägt. Wer kleine feuerfeste Portionsformen besitzt, sollte sie für die Zwiebelsuppe nutzen.

Terrine de porc

*750 g Kartoffeln, 1 Zwiebel, 120 g Schinken,
4 Scheiben Kotelett, 1 Eßl. Schmalz,
4 kleine Knoblauchzehen, 1 Glas Weißwein,
4 Wacholderbeeren, Salz, Pfeffer, Petersilie*

Die Kartoffeln schälen und in dünne Scheiben schneiden. Die Hälfte der Kartoffeln und der zerkleinerten Zwiebel in eine feuerfeste Form schütten. In die Nähe des Kotelettknochens je eine Knoblauchzehe und 1 Wacholderbeere stecken. Die Koteletts in dem Schmalz von beiden Seiten braun braten. Auf die Kartoffeln legen und mit der verbliebenen Hälfte der Kartoffeln und Zwiebel bedecken. Mit Salz und Pfeffer würzen. Mit dem in Streifen geschnittenen Schinken bedecken. Den Weißwein darübergießen. Bei mittlerer Hitze im Backofen langsam gar dünsten. Vor dem Servieren das überschüssige Fett abschöpfen und mit gehackter Petersilie bestreuen.

> Und selbstverständlich fanden sich die klassischen Gerichte der osteuropäischen Länder weiterhin auf den persönlichen wie gemeinschaftlichen Speisezetteln. Soljanka, Borschtsch, Kesselgulasch, Schaschlyk oder Kebaptscheta gehören zur DDR-Küche wie Makkaroni mit Jagdwurst oder Broiler. Also muss hier nun endlich von Soljanka die Rede sein. Von richtiger Soljanka und nicht von dem, was so manche Hausfrau und Gaststätte darunter verstand und bis heute darunter versteht: die effektivste Möglichkeit, Reste zu verwerten. Nein, Soljanka ist eine Wissenschaft für sich. Wieviele Rezepte es gibt, weiß wahrscheinlich niemand und jedes ist eine Offenbarung.

Wie viele harmlose Ausländer mag die russische Sakuska - Vater und Mutter aller Horsd'œuvres der Welt - schon in die Falle gelockt haben? Das Fest ist vergnüglich und der Tisch zum Brechen voll: geräucherter, marinierter, gebratener und gelierter Fisch, Piroshkis, Blinis, Pasteten, Käse, Schinken, Zunge, Fleisch- und Fischbällchen, Gemüsesalate, Würstchen, Eier in verlockenden Formen, Tomaten, Gurken, Geflügel, vielleicht sogar Kaviar. Man nimmt die Trinksprüche mit Wodka, der so kalt ist wie der Frost auf der Straße, in sich auf und mit dem Wodka natürlich Sakuska. Zum Schluß ist der arme Besucher voll bis zu den Ohren und nicht mehr fähig, auch nur noch eine einzige Zwiebel anzusehen. Die Tragödie nimmt ihren Lauf. Denn jetzt fängt das eigentliche Essen erst an, und zwar mit einem Teller dampfenden Borschtsch.

1972

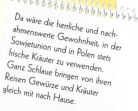

Da wäre die herrliche und nachahmenswerte Gewohnheit, in der Sowjetunion und in Polen stets frische Kräuter zu verwenden. Ganz Schlaue bringen von ihren Reisen Gewürze und Kräuter gleich mit nach Hause.

1979

127

Fleischsoljanka

*375 g Kochfleisch, 2 Zwiebeln, 40 g Margarine,
2-3 Eßl. Tomatenmark, 1/2 Lorbeerblatt,
2 mittelgroße saure Gurken, 1 Eßl. Kapern,
350 g verschiedene Fleisch- und Wurstwaren,
Salz, 1/2 Zitrone, saure Sahne*

Aus dem Kochfleisch in der üblichen Weise eine Brühe bereiten. Die feingeschnittenen Zwiebeln in der Margarine goldgelb rösten. Tomatenmark und etwas Fleischbrühe zugießen. Die geschälten Gurken in dünne Scheiben schneiden, die Fleischwaren ebenfalls zerkleinern und zu den Zwiebeln geben. Gurken, Lorbeerblatt, Salz und Kapern zusetzen und mit heißer Brühe auffüllen. Etwa 10 Minuten leise kochen lassen und die Soljanka mit geschälten, entkernten Zitronenstückchen oder -scheiben und saurer Sahne, nach Belieben auch gehackter Petersilie oder Dill anrichten.

Gebackene Fleischsoljanka

*1 kg Weiß- oder Sauerkraut,
2 Zwiebeln, 5 bis 6 Eßl. Margarine,
3 Eßl. Tomatenmark, Essig, Zucker,
Salz, 1 kleines Lorbeerblatt, Pfeffer,
1 Eßl. Mehl, 2 saure Gurken,
400 bis 500 g verschiedene Fleischwaren
(z.B. Kochfleisch, Konserven,
Würstchen, Schinken), 1 Eßl. Kapern,
geriebene Semmel, Petersilie*

Das feingeschnittene Weißkraut zu 1 Eßl. zerlassener Margarine geben, 1/4 Liter heißes Wasser oder Brühe auffüllen und 45 Minuten dünsten, dabei öfter umrühren. Die leicht gebräunten Würfelchen von einer Zwiebel, Tomatenmark, Essig, Zucker, Salz (bei Verwendung von Sauerkraut kein Salz), Lorbeerblatt und Pfeffer zugeben und weitere 10 Minuten dünsten.
Aus 1 Eßl. Margarine, dem Mehl und etwas Wasser eine Schwitze bereiten und damit das Kraut binden. Das kleingeschnittene Fleisch mit den restlichen Zwiebelwürfelchen in 2 Eßl. Margarine anbraten. Die geschälten, kleinwürfelig geschnittenen Gurken, die gehackten Kapern und 3 bis 4 Eßl. heißes Wasser oder Brühe zufügen und kurz dünsten.
Die Hälfte des Krautes in eine gefettete Pfanne oder feuerfeste Form schichten, das Fleisch darauf verteilen und mit Kraut abdecken. Die Oberfläche mit geriebener Semmel bestreuen und mit der restlichen Margarine oder etwas Butter betupfen.
Für etwa 15 Minuten in die heiße Herdröhre stellen und mit Petersilie garniert auftragen.

Gemüsesoljanka

*1 kleiner Weißkohl- oder Wirsingkopf,
2 Möhren, 1/2 Kohlrabi oder Sellerie,
1-2 Zwiebeln, 65 g Feinmargarine,
1 saure Gurke, 2 Eßl. Tomatenmark,
knapp 1 Eßl. Mehl, 1/2 Lorbeerblatt,
1-2 Eßl. Kapern, Salz, Zucker, Pfeffer,
1 Eßl. Reibekäse, 1 Eßl. marinierte Beeren,
2 hartgekochte Eier*

Das vorbereitete Kraut ohne Strunk fein hobeln und in wenig siedendem Wasser dünsten. Gemüse und Zwiebeln klein schneiden, in der Hälfte der Margarine dünsten. Die geschälte, grob geraspelte Gurke und das Tomatenmark zugeben, mit Mehl bestäuben und unter das Kraut mischen. Nach Zugabe von Lorbeerblatt und gehackten Kapern knapp 10 Minuten auf kleiner Flamme garen, recht pikant abschmecken und in eine gefettete feuerfeste Form füllen. Den Reibekäse darüber streuen und mit der restlichen Margarine betupfen. In der heißen Herdröhre überbacken.

Borschtsch

*2 große Zwiebeln, 300 g rote Rüben,
100 g Möhren, 50 g Petersilienwurzel oder Sellerie, 2 Paprikafrüchte, 500 g Tomaten,
100 g Feinmargarine, Salz,
200 g Weiß- oder Wirsingkraut,
3 große Kartoffeln, 1 Lorbeerblatt,
1-2 Knoblauchzehen, frische Kräuter,
1/8 l saure Sahne*

Zwiebeln, rote Rüben, Möhren, Petersilienwurzeln, 1 Paprikafrucht und die Tomaten fein zerkleinern und in der erhitzten Margarine auf kleiner Flamme unter häufigem Rühren knapp gar dünsten. 2 bis 2 1/2 Liter siedendes Wasser zugießen, salzen, ca. 20 Minuten leise kochen lassen. Das zerschnittene Kraut, die geschälten ganzen Kartoffeln und das Lorbeerblatt zugeben. Sobald die Kartoffeln zerkochen, das Gericht vom Feuer nehmen, die feingehackte zweite Paprikafrucht, zerdrückte Knoblauchzehe und reichlich gehackte Kräuter unterrühren. Den Borschtsch mit saurer Sahne auftragen.

Baba

*1/4 l Milch, 25 g Hefe, 500 g Mehl, 4-6 Eigelb,
100 g Zucker, Salz, 150 g Margarine,
1 Eßl. abgeriebene Zitronenschale,
65 g Sultaninen, 65 g Korinthen, 2 Eiweiß*

In der lauwarmen Milch die zerbröckelte Hefe auflösen und von der Mitte her in das gesiebte Mehl rühren. Die Eigelb, Zucker, Salz, Zitronenschale und die zerlassene, aber nicht mehr zu heiße Margarine unterarbeiten. Die vorbereiteten Rosinen und zuletzt den steifen Eischnee zugeben. Den Teig an warmer Stelle etwa

60 Minuten gehen lassen und nochmals kurz durcharbeiten. In eine gut gefettete, ausgestreute Form füllen und nach kurzem Gehen bei Mittelhitze goldbraun backen. Die Baba mit der Form in ein Tuch schlagen, damit sie mild wird und sich gut stürzen läßt. Mit Staubzucker besiebt auftragen. Eine vorschriftsmäßige Baba wird in einer hohen runden Form gebacken und nach dem Stürzen von oben her in Scheiben geschnitten.

Kebaptscheta

500 g Fleisch (ein Teil Rind-, zwei Teile Hammel- oder Schweinefleisch), Salz, 1 Messerspitze bis 1/2 Teel. Pfeffer

Das Fleisch durch den Wolf drehen und mit reichlich Pfeffer und wenig Salz würzen. Mehrmals kräftig durcharbeiten. Aus der Masse 2 1/2 cm dicke und 5 cm lange Würstchen formen und grillen.
Dazu gibt es Pommes frites, rohe Paprikaschoten, reichlich gehackte Zwiebeln, Tomatenviertel und frisches Brot.

Suchen Sie nicht tagelang den Bockwurststand an der Schwarzmeerküste und klagen Sie nicht über den gebrühten Kaffee in Polen. Machen Sie im Urlaub die Nasenlöcher weit auf, und bereiten Sie die Zunge auf neue lukullische Eindrücke vor. Urlaub mit Nase und Gaumen bringt große Erlebnisse. Lernen Sie die Küche anderer Länder kennen und was Ihnen besonders schmeckt, probieren Sie dann zu Hause. Ein Abend mit Dias und Souvenirrezepten bringt die Urlaubsatmosphäre gleich zurück.

1979

Kebaptscheta sind für den Bulgaren das, was für den Berliner die Bockwurst ist. Sie werden an Straßenecken und in Gartenrestaurants auf dem rauchenden Rost gebraten und mit Weißbrot und viel kleingehackten Zwiebeln an Ort und Stelle verzehrt.

1971

131

Bulgarisches Gjuvetsch

*200 g Reis, 1 Zwiebel, etwas Öl,
600 g Schweinslendchen, 200 g Zwiebeln,
100 g Schweineschmalz, Margarine,
400 g Tomaten, 300 g grüne Paprikafrüchte,
Salz, 1/2 l saurer Sahne, 1 Bund Petersilie*

Aus Reis, Zwiebeln und Öl Risotto bereiten. Das Fleisch in Würfel, die Zwiebel in Scheiben schneiden und beides in heißem Schmalz anbraten. Eine feuerfeste Form mit Margarine ausfetten und schichtweise Risotto, Zwiebeln, ge-

viertelte Tomaten, kleingeschnittene Paprika und Fleischwürfel hineingeben. Jede Schicht etwas salzen und mit saurer Sahne begießen. Als oberste Schicht Tomatenviertel legen. Das Gericht in der Röhre etwa 20-25 Minuten backen. Vor dem Auftragen mit gehackter Petersilie bestreuen und mit Weißbrot servieren.

Bigos (polnisches Nationalgericht)

*250 g durchwachsener Speck, 100 g Pilze,
250 g Zwiebeln, 300 g Weißkraut,
300 g mageres Schweinefleisch,
1 kleine geräucherte Wurst, Salz, Kümmel,
Majoran, 1 Eßl. Edelsüßpaprika,
2 Eßl. Tomatenmark, 300 g Sauerkraut*

Den Speck in kleine Würfel schneiden und die gehackten Zwiebeln darin kurz rösten. Das Fleisch in kleine Würfel, die Wurst in dicke Scheiben schneiden, das Kraut fein, die Pilze blättrig schneiden und alles mit Gewürzen und Sauerkraut in einen Topf geben. So viel heißes Wasser aufgießen, daß alles knapp bedeckt ist. Den gut verschlossenen Topf im vorgeheizten Ofen oder auf kleiner Flamme 1 Stunde sieden lassen. Mit gekochten Kartoffeln anrichten. Schmeckt aufgewärmt noch besser!

Kesselgulasch

*Für 4-6 Personen: 750 g Rindfleisch,
1 kg Kartoffeln, 100 g Fett, 1 große Zwiebel,
250 g Tomaten, 250 g Paprikaschoten,
1 Eßl. Mehl, 20 g Edelsüßpaprika,
1/2 Teel. Majoran, 1/2 Teel. Pfeffer,
1/2 Teel. Salz, 1 Glas Weißwein*

Die feingeschnittene Zwiebel in dem Fett goldgelb braten, vom Feuer nehmen, Paprika einstreuen, umrühren, das in nicht zu kleine Würfel geschnittene Fleisch sowie die übrigen Gewürze zugeben. Mit wenig Wasser unter öfterem Umrühren dünsten. Sobald die Flüssigkeit verdampft ist, erneut etwas Wasser oder Wein zugießen. Wenn das Fleisch weich wird, die gewürfelten Kartoffeln, die in Streifen geschnittenen Paprikaschoten und zuletzt die Tomaten zugeben. Mit Wasser auffüllen, bis alles bedeckt ist und gar kochen. Nach Belieben winzige gezupfte Nudelteigstückchen in die Suppe geben oder in heißem Fett schwenken und extra reichen.

Letscho

750 g Tomaten, 1 kg grüne Paprikafrüchte, 40 g Speck, 80 g Schweineschmalz, 150 g Zwiebeln, Salz, Paprika

Die Tomaten überbrühen, die Haut abziehen und vierteln. Aus den Paprikafrüchten den Samenstand entfernen und die Früchte in 5-6 längliche Stücke schneiden. Speck in kleine Würfel schneiden, im eigenen Fett ein wenig bräunen. Schweineschmalz und feingeschnittene Zwiebel zugeben. Wenn es die richtige Bräune hat salzen, mit Paprika bestreuen. Paprikafrüchte und Tomaten zugeben, langsam weich dünsten.

Die hohe Schule ungarischer Kochkunst: Die erste und wichtigste Zutat für ein ungarisches Gericht ist ausgelassenes Schweineschmalz. In heißem Schmalz werden Zwiebeln und Paprika geröstet. die feingeschnittenen Zwiebeln schmoren auf kleiner Flamme 8-10 Minuten goldgelb. Die Zwiebeln sollen zugedeckt schmoren, weil so die Fasern der Zwiebeln zerkochen. Sind die Zwiebeln hellgelb, nehmen wir den Topf vom Feuer und rühren 10 g edelsüßen Paprika ein und gießen sofort einen Zehnteliter Wasser hinzu. Danach stellen wir den Topf wieder auf die Flamme. Die mit Wasser verdünnten Paprikazwiebeln werden durch den Paprika sämig. Daher ist es nicht notwendig, den Saft ungarischer Gerichte mit Mehl zu verdicken.

Interview mit 4 Köchen, 1970

Der wohl bekannteste ungarische Wein ist der Tokajer. Erst Ende Oktober, wenn die Sonne ihre ganze Süße in die Trauben hineingereift hat, beginnt die Lese, die sich mitunter bis in den Dezember erstreckt.
1975

133

Fröhlich Feste feiern

Eine durchaus sympathische Besonderheit der DDR war das Miteinander ihrer Bewohner. Freundlichkeit, Hilfsbereitschaft, Aufgeschlossenheit gehörten zum Alltag und nicht alles daran war staatlich verordnet, wenn natürlich auch gern gesehen, erwünscht und sogar zielstrebig gefördert.

Hausgemeinschaften hatten wie Kollektive ihre guten Seiten. Hier ließ sich noch manches Problemchen aus der Welt schaffen. Dabei vergaß sich in der Alltäglichkeit schnell die politische Aufgabenstellung. Wer Hilfe brauchte, ging zum Nachbarn oder Kollegen. Und es wurde gefeiert. Kellerräume wurden zu Treffpunkten für jung und alt, Bodenkammern erwiesen sich als stilvoller Hintergrund für hausinterne Faschingsfeiern und Wäschetrockenplätze eigneten sich für Gartenparties.

Der Anteil der Freizeit war in den siebziger Jahren spürbar größer geworden. Kürzere Arbeitszeiten, mehr Urlaub und langes Wochenende wollten genutzt werden. Auch wenn offiziell gern die kulturellen Bedürfnisse in den Vordergrund gerückt wurden - Essen und Trinken spielten dabei alles andere als eine untergeordnete Rolle. Meist brachte jeder etwas mit, dann wurde gegrillt oder ein Fondue bereitet. Auch Salate und Party-Häppchen waren beliebt. Amiga lieferte dazu die Musik, andere Töne kamen vom Tonband, aufgenommen im „Westradio". Lunikoff, Goldbrand und Stierblut standen bereit, Vita Cola hatte noch keinen Kultstatus und schmeckte am besten mit Wodka.

Partybrot „Peppe" (8 bis 10 Personen)

1 Weißbrot, 100 g Butter, 2 Eier, 2 Zwiebeln,
800 g gemischtes Hackfleisch, 4 Tomaten,
2 eingeweichte Brötchen, 200 g Schnittkäse,
Salz, Pfeffer, Kümmel, 8 Käsescheiben

Das Weißbrot der Länge nach durchschneiden und mit Butter bestreichen. Aus Hackfleisch, Eiern, Brötchen, Zwiebelwürfeln, Gewürzen und Käsewürfeln eine Hackmasse bereiten und damit die Weißbrothälften bestreichen.
Im gut vorgeheizten Ofen 10-15 Minuten bräunen lassen, danach mit Tomaten- und Käsescheiben belegen und noch einmal kurz in den Ofen geben. Nach 2-3 Minuten, wenn der Käse geschmolzen ist, herausnehmen, in Portionen teilen und heiß servieren. Dazu passen bunte Gemüsesalate.

Würstchenspieße im Schlafrock

3 Bockwürste, 100 g Schnittkäse,
2 rote Paprikafrüchte, 1 großer Apfel,
Salz, Pfeffer, Backteig,
2 Eßl. Tomatenketchup,
2 Eßl. Apfelmus

Bockwürste in ca 1 1/2 cm dicke Stücke, Käse und Paprika in große Würfel schneiden, die Äpfel achteln, vom Kerngehäuse befreien und die Spalten halbieren.
Alle Zutaten abwechselnd auf Spieße stecken, mit wenig Salz und Pfeffer bestreuen und durch einen Backteig aus Mehl, Ei und Milch ziehen und gut umhüllen.
Die Spieße in heißem Öl 8-10 Minuten backen lassen. Herausnehmen und mit einer Mischung aus Tomatenketchup und Apfelmus bestreichen.

Die 70er Jahre sind die Jahre der Neubauwohnungen mit all ihren Grenzen und Vorteilen. Zur normierten Wohnfläche kamen die standardisierten Möbel. Schrankwände wie „carat" oder das begehrte Montagemöbelprogramm „MDW 80" aus Hellerau bestimmten bald die Einrichtung. Ich erinnere mich an eine Fernsehkomödie aus jenen Jahren, in der ein Mann (oder war es eine Frau) durch ein Versehen in die falsche Wohnung gerät und erst nach Stunden bemerkt, dass er (sie) gar nicht in den eigenen 4 Wänden ist. Immerhin konnten wir damals darüber lachen. Auf der anderen Seite ist es auch jene Zeit, in der vor allem die Intellektuellen und junge Leute mit Enthusiasmus, Phantasie und einer ungeheuren Portion Eigeninitiative Altbauwohnungen aus- und umbauen, sich vor allem in den Großstädten ihre individuellen Nischen schaffen.

Die Zeiten, in denen die Frau Tage vor einem kleinen Fest in der Küche verbringen mußte, müssen endlich der Vergangenheit angehören. Wir wollen unsere Freizeit nicht mit der Zubereitung komplizierter Menüs verbringen.

1974

Seit Ende der sechziger Jahre waren die Röcke kürzer und die Haare länger geworden. Es hatte sich herumgesprochen, dass mit Parolen wie „Nieten in Niethosen unerwünscht" und dem Verbot von Beat und Rock keine Jugendarbeit zu machen war. Also versuchte man es nun mit „Jugendmode" und Ostrock.
Die Puhdys, Karat, Renft und Günter Fischer bestimmten die Musikszene. DT 64 avancierte zum Jugendradio. Die jungen Intellektuellen trafen sich zu „Jazz, Lyrik und Prosa" und feierten Manfred Krug als Sänger. Im Kino lief „Solo Sunny" und sorgte auch für internationale Lorbeeren. Plenzdorfs „Neuen Leiden des jungen W." eroberten die Theater und „Die Legende von Paul und Paula" erlangte Kultstatus.

Robertoschnitten

4 Scheiben Weißbrot, 40 g Butter,
etwa 200 g Wildreste, 4 Eßl. Wildsoße,
200 g Schnittkäse, Paprika,
2 Teel. Tomatenmark, 1 Teel. Senf,
Worcestersoße, 2 Tomaten, Petersilie

Die Weißbrotscheiben mit Butter bestreichen, mit den kleingehackten Wildresten belegen und mit Wildsoße beträufeln. Den Käse mit Paprika, Tomatenmark, Senf und einigen Tropfen Worcestersoße gut verrühren. Die Masse auf das Fleisch streichen. Im vorgeheizten Grill überbacken. Sofort mit Tomatenscheiben und Petersilie garniert servieren.

Gastgeber bieten ihren Gästen etwas besonderes, wenn in abendlicher Stimmung, bei abgeblendetem Licht, brennende Smørrebrøds serviert werden. Die vorbereiteten Brote werden auf Abendbrottellern aus Porzellan oder Holz angerichtet. Dazu paßt ein Gläschen Aquavit, Wodka oder Korn. Wer einmal seine Gäste auf diese Art bewirtet hat, weiß, daß es Spaß macht.
1972

Smörrebrød „Fünen"

*8 Brotscheiben, 160 g Delikateßmargarine,
1/2 Dose Tomatenpaprika,
24 Hartwurstscheiben,
Pfirsich- oder Kirschgeist (bitte beachten: Spirituosen unter 50% Alkoholgehalt brennen schwer, deshalb ist es ratsam, sie mit Prima-Sprit, 96 %, zu verstärken, Verhältnis 1 : 0,5)*

Brotscheiben rösten, mit Margarine bestreichen und Stücke von Tomatenpaprika auflegen. Die Wurstscheiben am Rand einschneiden, damit sie sich beim Rösten nicht biegen, kurz in Margarine rösten, auf die Brote verteilen, mit Obstgeist übergießen und anzünden.

Smörrebrød „Falster"

*8 Brotscheiben, 160 g Delikateßmargarine,
4 Eier, 400 g geräucherter Karpfen,
Rumverschnitt (mindestens 50%)*

Brotscheiben rösten, mit Margarine bestreichen. Aus den Eiern Rührei bereiten, erkalten lassen und auf die Schnitten geben. Räucherkarpfen in Stücke schneiden, enthäuten und entgräten, in der Margarine kurz rösten, auf die Brote verteilen, mit Rum übergießen, anzünden und servieren.

Smörrebrød „Läsö"

*8 Brotscheiben, 160 g Delikateßmargarine,
2 Salatgurken, 8 Scheiben magerer Speck,
Whisky*

Brotscheiben rösten, mit Margarine bestreichen. Auf jede Schnitte 5 Scheiben Gurke legen, die Speckscheiben darauf anordnen, mit Whisky (vorher anwärmen) übergießen, anzünden und servieren.

Gefüllte Melone

Kleine Melonen (am besten eignen sich kleine Zucker- oder Wassermelonen)
Variante 1:
*2 Eßl. milder Meerrettich, 2 Eßl. Essiggemüse,
1 Eßl. Tafelsenf, 2 Eßl. eingemachter Ingwer,
2 Eßl. geschlagener Quark*
Variante 2:
*Melonenfleisch, 100 g Weißfleisch,
2 Eßl. Orangensaft, 1 Schuß Weinbrand,
1 Prise Salz, 1 Prise Pfeffer,
1 Teel. gehackter Dill, 2 Eßl. süße Sahne,
2 Eßl. Mayonnaise, 1 Teel. Tafelöl*

Die Früchte halbieren, die Kerne entfernen und an der Unterseite etwas abflachen, damit sie stehen. Sie werden, wenn sie gefüllt sind, auf eine runde Platte gestellt und ringsherum mit Petersiliensträußchen, Tomaten- und Zitronenecken garniert.

Variante 1:
Den Meerrettich mit geschnittenem Essiggemüse, Tafelsenf und geschnittenem Ingwer vermischen und in die Melone füllen, mit Quarktupfen garnieren.

Variante 2:
Das zum Teil entnommene Melonenfleisch mit den genannten Zutaten mischen und 1-2 Stunden in den Kühlschrank stellen. Die Melonenhälften damit füllen und die mit Sahne vermischte Mayonnaise darübergießen.

Variante 2:
3 grüne Paprikafrüchte, 3 rote Tomaten,
3 Eßl. körnig gekochter Reis,
fein gehackte Zwiebel, Worcestersoße,
Curry, Salz, 1 Teel. Tomatenmark,
2 Eßl. geschlagene Sahne

Variante 3:
2 Eßl. Mayonnaise, 2 Eßl. geschlagene Sahne,
1 Eßl. Sherry oder Portwein,
100 g gegartes Weißfleisch,
100 g Schwarzwurzelstücke, Paprika,
Worcestersoße, 1 rote Paprikafrucht,
1 Zitrone, Salatblätter

Gefüllte Kokosnuß

1 vorbereitete Kokosnuß und dazu für
Variante 1:
2 Eßl. Mayonnaise, 2 Eßl. Curryketchup,
2 Eßl. geschlagene Sahne,
1 Teel. feingehackte Petersilie,
175 g Schnittkäse,
100 g gedünstete Champignons,
Salz, Zitronensaft

Die Kokosnuß mit einer feinzahnigen Säge in der Mitte durchsägen. Die Milch der Nuß mit einer Schale auffangen und durch ein Sieb gießen, um die Späne abzusondern. Die Milch wird mit zur Füllung verwendet. Das weiße Fruchtfleisch entfernen. Jede Nußhälfte vor dem Füllen mit Salatblättern auslegen.

Variante 1:
Mayonnaise, Ketchup, Sahne, Petersilie, in kurze Streifen geschnittenen Käse und geschnittene Champignons mischen und mit Salz und Zitrone abschmecken. Die Nuß damit füllen.

Variante 2:
Die Paprikafrüchte und die Tomaten in Streifen schneiden, mit dem Reis vermengen, wenig Zwiebel und die Gewürze hinzufügen. Die Nuß damit füllen und obenauf die mit Tomatenmark vermischte Sahne spritzen.

Variante 3:
Die Mayonnaise mit Sahne, Wein, gegartem Weißfleisch und den Schwarzwurzelstücken vorsichtig mischen und mit den Gewürzen abschmecken. In die Nuß füllen, mit roten Paprikastreifen und Zitronenscheiben garnieren.

Geflügelsalat

*300 g gebratenes oder gekochtes Geflügel,
100 g Sellerie (Konserve),
100 g Schwarzwurzelstücke, Salz, Pfeffer,
einige Spritzer Worcestersoße,
150 g Mayonnaise, 1 Apfelscheibe, Zucker,
Petersilie, 1 Glas Gin*

Geflügelfleisch und Sellerie kleinschneiden, gegarte Schwarzwurzeln zufügen, würzen und mit Mayonnaise vermengen. In die Mitte roter Schalen füllen, rings um den Salat Petersilie legen, auf den Salat die gezuckerte Apfelscheibe legen, Gin darübergießen, anzünden und servieren.

Bunter Kartoffelsalat

*500 g Kartoffeln, 1 grüne Gurke, Salz,
3 hartgekochte Eier, 500 g Tomaten,
1 Bund Frühlingszwiebeln, 2 Bund Dill,
1 Bund Radieschen, 2 Bund Petersilie,
300 ml Joghurt oder saure Sahne, 2 Eigelb,
Pfeffer, 2 Teel. Senf*

Die Kartoffeln mit der Schale 20-25 Minuten kochen, abgießen, abdampfen lassen und noch warm pellen, in kleine Würfel schneiden. Die geschälte Salatgurke der Länge nach halbieren, die Kerne mit einem Löffel herauskratzen. Die Gurkenhälften ebenfalls in Würfel schneiden, salzen und beiseite stellen. Hartgekochte Eier, Tomaten, Zwiebeln sowie Radieschen salatgemäß zerkleinern.
Aus den kleingehackten Kräutern, Joghurt, Eigelb, Salz, Pfeffer und Senf eine Soße rühren. Die Gurken sowie alle anderen Zutaten hineingeben. Vorsichtig mischen und mindestens 1 Stunde ziehen lassen.

Achim Mentzel, schon damals beliebter Fernsehstar, heute viel gefragter Entertainer in Sachen Volksmusik, erinnert sich, befragt nach seinen Lieblingsrezepten aus DDR-Zeiten, an Eisbein mit Sauerkraut, das noch immer sein Favorit ist, an leckere Hühnerbrühe mit Nudeln und nicht zuletzt an Grüne Bohneneintopf mit Hammel.
Dass es Spreewaldgurken und Spreewaldmeerettich, Bautzner Senf und Vita Cola noch immer bzw. wieder gibt, freut ihn besonders und seine Abneigung gegen Hülsenfrüchte hat sich über die Wende hinaus gehalten. Und er benutzt „selbstverständlich nach wie vor die bewährten Küchengeräte Multiboy, Allesschneider und den Küchenmixer Komet mit diversen Zusatzteilen"...und die Tiefkühltruhe ist von Foron. Seinen Spaß am Kochen stellt er zur Freude der Zuschauer in der Telethek des mdr unter Beweis.

Käsesalat

500 g Schnittkäse, 300 g Erbsen (Konserve), 300 g roter Paprika, Öl, Essig, Salz, Pfeffer, 1 großer Apfel, 4 Eßl. Zucker, Weinbrand

Den Schnittkäse in kleine Würfel schneiden, mit Erbsen und in Streifen geschnittenem Paprika vermengen. Aus Öl, Essig und Gewürzen eine Marinade bereiten und darübergießen. Den Salat in 4 Portionsschalen füllen, je 1 dicke Apfelscheibe darauflegen, ein Häufchen Zucker daraufsetzen, mit Weinbrand übergießen, anzünden und servieren.

Waldorfsalat á la DDR

3 Äpfel, 200 g Sellerie (Konserve), 125 g Walnüsse, 4 Eßl. Mayonnaise, Cumberlandsoße, Salz, Pfeffer, Petersilie, 1 Apfelscheibe, Zucker, 1 Glas Weinbrand

Die Äpfel schälen, in Streifen schneiden, desgleichen den Sellerie. Mit den gehackten Nüssen, Mayonnaise und Gewürzen vermengen. In die Mitte gelber Schalen füllen, rings um den Salat Petersilie legen. Auf den Salat eine gezuckerte Apfelscheibe geben, den Weinbrand darübergießen, anzünden und servieren.
Anstelle von Nüssen können auch gehackte süße Mandeln verwendet werden.

Südfrüchtesalat

200 g Ananas, 2 Apfelsinen, 2 Bananen, 1 Eßl. gehackte Nüsse, 2 Eßl. Mayonnaise, Milch

Die Ananas in Stückchen schneiden, die Apfelsinenspalten entkernen und halbieren und die Bananen in Scheiben schneiden. Die Mayonnaise mit etwas Mich verdünnen und alles mit den gehackten Nüssen vermischen.

Pfirsichcocktail

Salatblättchen, 400 g Pfirsiche, 400 g Mayonnaise, 2 Eßl. Kondensmilch, 4 Glas Curaçao

Vier Cocktailgläser mit Salatblättchen auslegen, die Pfirsichstücke einlegen, die Mayonnaise mit der Kondensmilch verdünnen und übergießen. Je ein Glas Curaçao darübergießen.

Und dann war da noch Fondue! Eines schönen Tages tauchten die kupferfarbenen Kesselchen mit den langen Alugabeln im volkseigenen Handel auf. Sofort, da teuer und „Mangelware", waren sie heiß begehrt und wer etwas auf sich hielt, lud Freunde und Kollegen zu einem Fondue-Abend ein.

Schweizer Käse-Fondue

*1 Scheibe Speck, 1/2 Knoblauchzehe,
250 g vollfetter Schnittkäse,
2 Gläser herber Weißwein,
1 1/2 Likörgläser Himbeergeist,
1 Prise Muskat, 1/2 Eßl. Kartoffelmehl*

Ein feuerfestes Gefäß zuerst mit Speck und dann mit Knoblauch kräftig ausreiben. Den geraspelten Käse, den Wein und etwas abgeriebenen Muskat hineingeben. Bei mäßiger Hitze rühren, bis der Käse cremeartig geschmolzen ist. Zuletzt das in Himbeergeist angerührte Kartoffelmehl hinzufügen. Anstelle von Himbeergeist kann auch Weinbrand verwendet werden. Weißbrotwürfel, auf Fondue Gabeln gespießt, in die Fondue tauchen. Es können aber auch Reisbällchen in dieser Käse-Fondue gewendet werden.

Reisbällchen

*2 Tassen gekochter Reis, 1 Tasse Paniermehl,
2 Teel. Kartoffelmehl, 3 Teel. Butter,
2 Teel. gehackte Zwiebel, 2 Eier,
100 g roher Schinken*

Alle Zutaten miteinander verkneten und den fein geschnittenen Schinken hinzufügen. 1/2 Stunde kühl stellen, kleine Bällchen daraus formen und auf gefettetem Blech bei Hitze backen.

Für die Fondue braucht man einige Geräte. Entweder den bei uns handelsüblichen „party-flam", der mit allem Zubehör geliefert wird, oder man benutzt einen Spirituskocher, auf den ein feuerfestes Tongefäß gesetzt wird, andere Fondues verlangen wegen der hohen Öltemperaturen ein Metallgefäß. Alte Kupferkessel kommen wieder zu Ehren. Ferner werden lange, zweizinkige Gabeln benötigt, deren Griffe nicht heiß werden. Außerdem besagt die Erfahrung: Lieber zwei Stoffservietten statt einer. Falls es unerwartet spritzt.

1971

Aber was sind 24 Stunden im Alltag! Arbeit, Weiterbildung, gesellschaftliche Verpflichtungen, Kindererziehung, Hausarbeit, Sport, Spiel, ein gutes Gespräch zu zweit, ein Konzertbesuch, Essen, Schlafen - kurz all das, was für unser Leben notwendig ist und es bereichert, ist in diese 24 Stunden „hineinzupacken".

1975

Rote Fondue

*2 Scheiben Speck, 1 Eßl. Butter, 1 Zwiebel,
2 große Tomaten, 250 g Chesterkäse,
1 Eßl. Kartoffelmehl, 4 Eßl. Tomatenmark,
Pfeffer, Majoran*

Den feingewürfelten Speck in einem feuerfesten Gefäß auf kleiner Flamme goldgelb ausbraten, die Butter und die feingewürfelte Zwiebel hineingeben und alles kurze Zeit dünsten lassen. Die Tomaten brühen, die Haut abziehen, das Fruchtfleisch klein schneiden und in den Fondue-Topf geben. Den geraspelten Käse zufügen und unter ständigem Rühren schmelzen lassen. Zuletzt das in Tomatenmark verrührte Kartoffelmehl und die Gewürze zufügen. Sollte die Fondue zu dick sein, kann mit Tomatensaft verdünnt werden.

Fleischfondue, französisch

1 kg gut abgehangenes Rindsfilet, Weinbrand, etwa 1 l Öl, Salz, Pfeffer, Paprika, verschiedene pikante Soßen und Beilagen

Das Fleisch in mundgerechte Würfel schneiden und in einer Schüssel mit Weinbrand beträufeln. Etwa 1 Stunde ziehen lassen, ab und zu umwenden. Dann die Fleischwürfel herausnehmen, gut abtropfen lassen und auf 4 Portionsschälchen verteilen. Inzwischen das Öl in einem Metallgefäß auf dem Herd erhitzen und bei Tisch auf dem Rechaud weiter am Siedepunkt halten. Je 1 Fleischwürfel auf die Fonduegabel spießen und in das heiße Fett tauchen.
Nach ca. 2 Minuten sind die Würfel völlig durchgebraten. Nach Geschmack kräftig würzen, in die Soße tauchen und mit den bereitstehenden Beilagen verzehren.

Fondue à la Ostseefischer

*1 kg Fischfilet, 1 Zwiebel, Salz, Pfeffer,
je 1/2 Tasse Zitronensaft und Weißwein,
etwa 1 l Öl,
verschiedene pikante Soßen und Beilagen*

Den gut gekühlten Fisch in nicht zu große Würfel schneiden, aus Zitronensaft, Weißwein, der gehackten Zwiebel, Salz und Pfeffer eine herzhafte Marinade bereiten und so viel über die Fischstücke gießen, daß sie gerade davon bedeckt sind. Zugedeckt etwa 1/2 Stunde ziehen lassen, dann die Fischwürfelchen vorsichtig aus der Marinade nehmen, gut abtropfen lassen und auf 4 Portionsschälchen verteilen. In einem Metallgefäß das Öl auf dem Herd erhitzen und bei Tisch auf dem Rechaud weiter am Siedepunkt halten. Jeder Gast spießt 1 Fischwürfelchen auf seine Fonduegabel und taucht sie in das heiße Öl. Während beim Fleischfondue das Fleisch innen noch rosa sein darf, muß der Fisch gut durchgebraten sein.

> Fondue-Essen war ohne selbstgemachte Beilagen und Soßen einfach unvollkommen. Sie erst machten das käseumwickelte Weißbrot, die Fisch-, Käse- oder Fleischhäppchen zum Leckerbissen und kühlten, ganz nebenbei, verbrannte Lippen.

Dillcreme (zu Fleisch, Fisch)

*1 Eßl. Butter, 2 Eßl. Mehl, 1/4 l Milch,
Zitronensaft, Salz, Pfeffer,
2 Eßl. gewiegter Dill,
1 Tasse steifgeschlagene Sahne*

Aus Butter, Mehl und Milch eine helle Soße bereiten. Mit Zitronensaft, Salz und Pfeffer würzen, den Dill zufügen und zuletzt die Sahne unterziehen. Warm auftragen. Anstelle von Dill kann auch Petersilie, Schnittlauch, Sauerampfer oder eine Kräutermischung verwendet werden.

Cumberlandsoße (zu Fleisch, Fondue)

*1 Eßl. Senf, Saft von 1 Orange, 1 Glas Rotwein,
60 g Johannisbeergelee oder -marmelade,*

Den Senf mit Orangensaft, Johannisbeergelee und Rotwein gut verrühren. Eventuell noch einige Tropfen Zitronensaft zufügen.

Stachelbeersoße
(zu Fleisch, Fisch, Fondue)

*375 g grüne Stachelbeeren, 50 g Butter,
3 Eßl. Mehl, Salz, Muskat, Zucker*

Die vorbereiteten Stachelbeeren in 1/8 l Wasser gar dünsten und passieren. In einem Teil der Butter das Mehl anschwitzen, mit 1/4 l Wasser auffüllen, durchkochen. Den Fruchtbrei zufügen, mit den Gewürzen abschmecken, zuletzt mit der restlichen Butter verfeinern.

Soße „Sofia" (zu Fleisch, Fisch, Fondue)

*1 Flasche Joghurt, 3-4 Eßl. Pritamin,
1 Eßl. Öl, 1 Eßl. gehackter Dill, Salz,
Worcestersoße*

Alle Zutaten gut verrühren oder elektrisch mixen, die Soße kräftig abschmecken. Gut gekühlt servieren.

Kubanische Soße
(zu Steak, Geflügel, Fleisch, Fondue)

*3 Eigelb, 1 Teel. Senf, 1 Prise Salz,
2 Eßl. Öl, Zitronensaft, 4 Anchovis,
1/2 Teel. scharfer Paprika,
1 Tasse geschlagene Sahne*

Die Eigelb zusammen mit Senf, Salz, ein wenig Zitronensaft und Öl zu einer Mayonnaise rühren. Die feingewiegten Anchovis zufügen, vorsichtig mit Paprika würzen und zuletzt die steifgeschlagene Sahne unterziehen.

Grüne Soße (zu Fleisch, Fisch, Fondue)

*100 g Mayonnaise, 1 Teel. Senf, 1 Zwiebel,
1 Knoblauchzehe, 2 hartgekochte Eier,
1 Flasche Joghurt, 4 Eßl. gehackte Kräuter*

Die Mayonnaise mit Senf, feingehackter Zwiebel, Knoblauchzehe, feingewiegten Eiern, Joghurt und frischen Kräutern verrühren, sehr kühl servieren.

Pikante Apfelsoße
(zu Fleisch, Fisch, Fondue)

*1 1/2 Tassen Apfelmus, 1 Eßl. Weißwein,
4 Eßl. Mayonnaise, je 1 Prise Zucker und Salz,
1 Teel. geriebener Meerrettich*

Alle Zutaten gut miteinander verrühren.

Teufelssoße
(zu Wild, Geflügel, Fleisch, Fondue)

*Je 4 Eßl. Johannisbeergelee und Senf,
1 Teel. Zitronensaft, Paprika, 1 kleine Zwiebel*

Alle Zutaten (außer der Zwiebel) miteinander verrühren. Kurz vor dem Auftragen der gut gekühlten Soße die geriebene Zwiebel beifügen.

Senffrüchte

*2 1/2 kg Kürbis, Blumenkohl, grüne Bohnen, Möhren, Gurken, Pflaumen (allein oder gemischt), 100 g Salz, 1/2 l Essig, 80 g Zucker, 2 Zwiebeln, Estragon,
10 Gewürz-, 10 Pfeffer-, 2 Eßl. Senfkörner*

Die Zutaten putzen, waschen, in Stücke schneiden und mit dem Salz in eine Schüssel geben. Nach 24 Stunden in ein Sieb schütten, abtropfen lassen, in 1 1/2 Liter kochendes Essigwasser geben und kurz kochen lassen. Dann alles wieder auf ein Sieb schütten, das Essigwasser mit Zucker, Gewürz- und Pfefferkörnern kurz durchkochen und die Körner entfernen. Das Einmachgut mit den Zwiebelringen, Senfkörnern, Estragon in einen Steintopf schichten und das Essigwasser kalt darübergießen. Nach 3 Tagen das Essigwasser noch einmal aufkochen, eventuell noch etwas Essig zugeben, erkalten lassen und wieder auffüllen. Den Topf gut verschließen, kalt stellen und den Inhalt mindestens 1 Woche ziehen lassen.

Essigpilze

1 1/2 kg Champignons oder Pfifferlinge, 1/8 l 10%iger Essig, 2 Zwiebeln, 1 Lorbeerblatt, Estragon, 1 Eßl. Salz, 1 Teel. Zucker, 100 g Möhren

Die Pilze putzen, säubern, 5 Minuten in leicht gesalzenem Wasser kochen und abtropfen lassen. Den Essig, Zwiebelwürfel, Lorbeerblatt, Estragon, Salz, Zucker und Möhrenscheiben in knapp 1/2 Liter Wasser kochen lassen, die Pilze zugeben und 5 Minuten darin kochen. Die Pilze herausnehmen, in Schraubgläser füllen, den Sud noch 10 Minuten weiterkochen, danach erkalten lassen und auf die Pilze füllen.
Die Gläser zuschrauben oder zubinden.

Zimtbirnen

Eingemachte Birnen, 1 Likörgläschen Rum oder Weinbrand, 1/2 Teel. Zimt, 1 Eßl. Puderzucker

Die Früchte abtropfen lassen, in Würfel schneiden und in Kompottschalen verteilen. Mit Rum beträufeln und mit Zimtzucker bestäuben.

Uns geht's do D

1980
Die Kombinatsbildung ist abgeschlossen. Im Waschmittelkombinat Genthin wird fleißig Spee produziert.

1981
Das Zentrale Jugendobjekt „Erdgastrasse" lockt mit gutem Verdienst und Abenteuer viele junge Facharbeiter in die SU.

1982
In der Nikolaikirche in Leipzig beginnen die Friedensgebete.

1984
„Westfirmen" entdecken die DDR als neuen Produktionsstandort. Die Produkte aus „Gestattungsproduktion" bereichern auch das Angebot von Delikat und Exquisit.

1985
Mit Perestroika und Glasnost unter Michail Gorbatschow verbinden sich auch in der DDR viele Hoffnungen - leider erfolglos.

August 1989
Der Sommer vor der „Wende" ist der Sommer der Botschaftsbesetzungen und Ausreisewilligen.

9. November 1989
Die Grenzen werden geöffnet.

3. Oktober 1990
Die Wiedervereinigung beider deutscher Staaten besiegelt das Ende der DDR.

gut
80er Jahre

Die 80er Jahre sind für die DDR vielleicht die widersprüchlichsten. Nach außen gab man sich weltoffen und zukunftsgewiss, im Inneren nahmen Stagnation und Unzufriedenheit, Widerstand und neues Denken zu. Doch für nicht wenige war es auch eine Zeit des Sich-Zufrieden-Gebens. Man hatte sich eingerichtet und arrangiert, sich seine Nischen geschaffen und lebte sein Leben. Soziale Sicherheit und ein (im Vergleich zu den anderen „sozialistischen Bruderländern") relativ hoher Lebensstandard waren zu Selbstverständlichkeiten geworden. Westfernsehen und Rundfunk verbreiteten Trends selbst ins kleinste Dörfchen. Zwar ging man nicht joggen, aber die „Lauf-Dich-gesund-Bewegung" wurde sogar staatlich gefördert. Aerobic hieß hierzulande Popgymnastik und ließ genauso wie ihr Vorbild auf die Traumfigur hoffen.

Gesunde Ernährung und leichte Küche wurden großgeschrieben. Und spätestens mit der Vorbereitung der 750-Jahr-Feier Berlins, die als Vorzeigeveranstaltung das Land nicht erst 1988 beschäftigte, begann die Rückbesinnung auf Traditionelles. Friedrich der Große kehrte Unter die Linden zurück und mit ihm wurden die bis dahin verpönten alten Länderzuordnungen wieder hoffähig. Sachsen, Thüringer, Mecklenburger und Berliner gingen sofort daran, sich um die Wiederbelebung der regionalen Küche verdient zu machen. Nicht, dass es diese all die Jahre zuvor nicht gegeben hätte. Niemand hätte je den Berlinern ihr Eisbein und den Thüringern ihre Rostbratwurst verbieten können! Aber nun durfte die große sozialistische Menschengemeinschaft sich auch offiziell dazu bekennen.

Gemüse putzt sich raus

Außer Weißkraut, Rotkraut, Paprika und Blumenkohl waren in der Kaufhalle plötzlich auch andere Gemüse zu entdecken: Zucchini, Auberginen, Brokkoli. Nicht immer war man sich sicher, was damit anzufangen sei. Wildkräuter und -gemüse kamen in Mode und das beliebte Pilzesammeln wuchs sich fast zum Volkssport aus.

Dabei wurde auch manches wiederentdeckt, was über Jahrzehnte völlig aus den Küchen verschwunden war oder in schlechtem Ruf stand: Löwenzahn und Brennnesseln als Salat beispielsweise und die Tatsache, dass es mehr Gewürzkräuter gibt als Dill und Petersilie. Sich „bewusst zu ernähren" und dabei auch „naturnah" zu denken, war vor allem bei den Studenten und der jungen Intelligenz in Mode. Auch hier wollte man anders sein. Natürlich auch probieren. Manches davon hat es sogar bis auf die alltäglichen Speisezettel geschafft. Beispielsweise die Tatsache, dass sich Kartoffeln nicht nur zu Salzkartoffeln, Suppe oder Salat verarbeiten lassen und dass Blumenkohl nicht immer in einer mehligen Soße serviert werden muss. Gemüse verließ sein Beilagendasein und bekam eine Hauptrolle. Vielleicht auch, weil es mal wieder mit der Fleischversorgung nicht so recht klappen wollte?

Auberginenauflauf

750 g Auberginen, 200 ml Öl, 1 Zwiebel,
1 Knoblauchzehe, 500 g Tomaten, Zucker,
Salz, Cayennepfeffer, 125 g Sahnequark,
1 Ei, 40 g Reibekäse, 150 ml Sahne,
3 Eßl. zerpflückte Basilikumblätter

Die Auberginen schälen, längs in Scheiben schneiden und im erhitzten Öl goldbraun braten, bis sie sich leicht mit der Messerspitze einstechen lassen. Die gebratenen Scheiben vorsichtig aus der Pfanne nehmen und abtropfen lassen. In einer kleinen Pfanne einen Eßl. Öl erhitzen, die Zwiebel- und Knoblauchwürfel darin braten, bis sie goldgelb sind, Tomaten zufügen, mit Zucker, Salz und Cayennepfeffer würzen. Bei starker Hitze kurz rütteln, dann die Hitze reduzieren und etwa 5-10 Minuten ohne Deckel leise schmoren lassen, bis der Saft der Tomaten fast vollständig verdampft ist.

Währenddessen den Sahnequark und das Ei in eine Schüssel geben und mit einer Gabel glattrühren. Soviel Käse dazugeben, daß eine feste Paste entsteht, nach und nach die Sahne zufügen, bis die Mischung dickflüssig ist. Nochmals abschmecken, nach Bedarf mit Salz etwas nachwürzen.

Den Boden einer Auflaufform mit der Hälfte der Auberginen belegen und mit Salz und Gewürzen bestreuen. Die Tomatenmischung über die Auberginen geben und mit Basilikum bestreuen, mit Pfeffer würzen. Die restlichen Auberginenscheiben darauf schichten, ebenfalls mit Salz und Pfeffer würzen und die Käsemischung darübergießen. Den restlichen Reibekäse darüberstreuen, in der vorgeheizten Backröhre 10 Minuten bei starker und dann noch ca. 10-15 Minuten bei Mittelhitze backen.

Gesund ernähren hieß ein Schlagwort der Achtziger. Nur leider liess die „Versorgungslage" das nicht immer zu. Das Angebot an Obst und Gemüse blieb gleich einheitlich und eingeschränkt, auch wenn unverhofft einmal so „exotische" Dinge wie Auberginen und Brokkoli auftauchten. In den Publikationen jener Jahre fand ich ein Rezept für „Birchler Müsli", das man aus „Haferflocken, 1 frischem Apfel und Obst nach Angebot" zubereiten sollte. Während man anderenortes schon zwischen diversen Öl- und Essigsorten zu wählen begann, improvisierte der DDR-Bürger in bewährter Weise: Wenn es eben keinen Kräuteressig gab, machte man ihn sich selbst und wenn Ketchup gerade nicht im Angebot war, kannte bestimmt jemand ein Rezept - und so exquisite Dinge wie Chutneys stellte man ohnehin selbst her.

Sie sind Mitglied einer Gymnastikgruppe oder treiben anderweitig Sport? Dann gehören Sie bestimmt zu jenen, die versuchen, gesundheitsbewußt zu leben. Eine besondere Rolle spielen dabei auch die „Ballaststoffe". Manche Gemüse werden mitunter etwas stiefmütterlich behandelt. Bei anderen, z. B. Chinakohl oder Brokkoli, fehlten bisher nicht selten Informationen.

1988

Da ja nur Kleinstmengen benötigt werden, kann man sich mit geringem Aufwand ein „Kräutergärtlein" im Blumentopf selbst anlegen. Um die Kräuter rechtzeitig zu beschaffen, ist es empfehlenswert, sich bei Bekannten mit Garten für Senker, Jungpflanzen und Kompost vormerken zu lassen. Einiges gedeiht auch gleich aus der Samentüte.

1985

Übrigens, für den Eigenanbau von Brokkoli wird sich wahrscheinlich mancher Gartenfreund interessieren; denn dieses Gemüse muß sehr schnell nach der Ernte verbraucht werden und wird deshalb nicht überall im Handel angeboten werden können. 1988

Überbackener Blumenkohl

1 Blumenkohl,
zerlassene Butter,
80 bis 100 g geriebener Käse

Den ganzen oder zerteilten Blumenkohl in siedendem Salzwasser garen, gut abtropfen lassen und in eine feuerfeste, gefettete Form legen. Reichlich mit zerlassener Butter beträufeln, mit dem Reibekäse bestreuen und im heißen Herd ca. 10 Minuten überbacken. Nochmals mit gebräunter Butter beträufeln, nach Geschmack etwas Muskat darüberreiben und mit Kartoffeln oder Reis auftragen.

Das Gericht schmeckt auch ohne Beilage als Abendessen. Wie Blumenkohl können auch Schwarzwurzel oder Porree überbacken werden.

Blumenkohl in Weinteig

1 Blumenkohl, Salz, 3 Eier,
1/8 l Weißwein, 150 g Mehl,
Ausbackfett (Öl)

Den vorbereiteten Blumenkohl in kochendem Salzwasser im ganzen garen, abtropfen lassen und dann in Röschen teilen. Die Eigelb, den Wein, 1/8 l Wasser, das Mehl sowie etwas Salz mit dem elektrischen Rührgerät verarbeiten. Zuletzt die steifgeschlagenen Eiweiß unterziehen. Die Blumenkohlröschen einzeln in den Weinteig tauchen und im heißen Öl schwimmend ausbacken. Zu Béchamelkartoffeln oder Kartoffelbrei auftragen.

Die Blumenkohlröschen können auch durch einen ungesüßten, kräftig gewürzten Eierkuchenteig gezogen werden.

Brokkoli mit Camembert

*1 kg Brokkoli, Salz, 1 Zwiebel,
1 reichlicher Eßl. Margarine, 2 Eßl. Mehl,
1/8 l Weißwein, Muskat, 250 g Camembert,
Petersilie*

Den vorbereiteten Brokkoli (die untersten Stengel schälen, sonst wie Blumenkohl behandeln) in Salzwasser garen. Die Zwiebel in Würfel schneiden und in Margarine andünsten, das Mehl zufügen und die Schwitze mit 1/8 l Gemüsewasser auffüllen. Dann den Weißwein zufügen und mit Salz und Muskat abschmecken. Nach Belieben noch mit 1 Eigelb abziehen. Den Camembert in 1 cm dicke Scheiben schneiden, in gehackter Petersilie wenden und auf eine feuerfeste Platte ringsum legen. In der Backröhre bei 150 Grad kurz erhitzen. In die Mitte der Platte dann den abgetropften Brokkoli legen und mit der Soße übergießen.

Brokkoli mit Tomaten

*750 g Brokkoli, Salz, 1 Prise Zucker,
1 Eßl. Zitronensaft, 80 g Butter, 2 Zwiebeln,
1 Knoblauchzehe, 1/8 l Sahne,
250 g magerer gekochter Schinken,
300 g Tomaten, Muskat, Pfeffer*

Den vorbereiteten Brokkoli waschen und gut abtropfen lassen. 1/4 l Wasser mit Salz, Zucker und Zitronensaft aufkochen und den Brokkoli darin garen. Inzwischen 40 g Butter erhitzen und die abgeschälten, gehackten Zwiebeln darin glasig werden lassen. Den zerdrückten Knoblauch und den gewürfelten Schinken dazugeben, kurz mitbraten lassen. Zuletzt die Sahne zufügen und alles aufkochen. Mit Muskat und Pfeffer abschmecken. Die Tomaten abziehen, vierteln und entkernen. Dann in der restlichen Butter weichdünsten. Den garen Brokkoli abtropfen lassen, in eine Schüssel geben, obenauf die Tomaten verteilen und mit der Soße übergießen.

Bunter Rosenkohleintopf

*300 g Kassler, 1 kg Rosenkohl, 250 g Möhren,
150 g Porree, 400 g Kartoffeln,
1 1/2 l Fleischbrühe (Instant), Salz,
Basilikum, Pfeffer, Petersilie*

Das Fleisch fein schneiden und im eigenen Fett leicht anbraten. Den vorbereiteten Rosenkohl, die geputzten und feingeschnittenen Möhren, den in feine Ringe geschnittenen Porree, die geschälten und gewürfelten Kartoffeln sowie das Fleisch in die kochende Brühe geben. Salz, Basilikum sowie Pfeffer zufügen, den Eintopf garen. Zuletzt nochmals abschmecken und mit gehackter Petersilie bestreuen.

Gefüllter Chicorée

4 große Chicoréestauden längs halbieren
und von dem Inneren etwas herauslösen
(für Salat beiseite stellen),
250-300 g Gehacktes (halb und halb),
1 eingeweichtes Brötchen, 1 Ei,
feingehackte Zwiebel, Salz, Kümmel,
Öl zum Bepinseln, Butter oder
Margarineflöckchen

Die Zutaten gut vermischen und damit die Chicoréehälften füllen, zusammenlegen und in die mit Öl bepinselte Alufolie einschlagen. Zuvor können noch Butterflöckchen darauf verteilt werden. Im vorgeheizten Ofen oder Grill garen.

Kohlrabi in Kartoffelnestchen mit Zwiebelsoße

4 Kohlrabi, Salz,
Kartoffelpüree aus 1 kg Kartoffeln,
4 Scheiben magerer gekochter Schinken
oder Schinkenwurst,
1 Zwiebel, 1 Eßl. gehackte Petersilie,
1 Eßl. Öl, 3/8 l Milch oder Joghurt,
1 Eigelb, Curry, Zitronensaft, Zucker

Die vorbereiteten Kohlrabi - die zarten Kohlrabiblätter zurückbehalten - dämpfen oder geviertelt in wenig Salzwasser dünsten. Das Kartoffelpüree in eine Spritztüte mit großer Tülle füllen und auf ein gefettetes Backblech Nester spritzen. Je Portion 2-4 Stück rechnen. Den feinwürfelig geschnittenen Kohlrabi hineinfüllen, jeweils mit einer zurechtgeschnittenen Scheibe Schinken oder Wurst bedecken und in der Röhre bei Mittelhitze goldgelb backen. Für die Soße Zwiebel und Kohlrabiblätter fein hacken und zusammen mit der Petersilie in dem erhitzten Öl andünsten. Mit Milch oder Joghurt ablöschen und aufkochen lassen. Die Soße pikant mit Curry, Zitronensaft, Salz und 1 Prise Zucker abschmecken. Die Kartoffelnestchen beim Anrichten mit der Soße umgießen.

Kartoffelrand mit Gemüse

etwa 500 g gekochte Kartoffeln,
2 Eßl. Mehl, 1 Ei, Salz, Paprika,
4 Scheiben gekochter Schinken,
gedünstetes Gemüse oder Pilze, Butter

Geriebene Kartoffeln, Mehl, Ei und Gewürze verarbeiten und eine gefettete Springform damit auslegen, dabei einen hohen, möglichst etwas eingekerbten Rand andrücken. In der heißen Röhre backen, bis sich der Teig leicht bräunt. Mit den Schinkenscheiben belegen, Gemüse daraufüllen und mit zerlassener Butter beträufeln. Mit gehackten, frischen Kräutern bestreuen. Anstelle von Schinken läßt sich für dieses Gericht auch sehr gut ein Bratenrest verwenden.

Selleriepfanne

2 Sellerie, 300 g Schweinefleisch im eigenen
Saft (Konserve), 1 gehackte Zwiebel,
1 Eßl. Senf, Tomatenketchup, 4 Eier, Dill,
Toastbrot

Den Sellerie garen und schälen, in Scheiben schneiden und eine gefettete Auflaufform oder größere Pfanne damit auslegen. Die Schweinefleischkonserve leicht erwärmen, damit sich das Fett auflöst. Zwiebel, Senf und etwas Ketchup zum Fleisch geben, falls nötig noch mit Paprika und Salz abschmecken. Diese Masse über den

Sellerie füllen, obenauf die Eier schlagen und alles solange in der vorgeheizten Röhre lassen, bis die Eier gestockt sind. Mit Dill bestreuen. Dazu Toastbrot servieren.

Paprikafrüchte auf ungarische Art

8 gelbe, spitze Paprikafrüchte, 100 g Reis, 500 g Gehacktes (halb und halb), 2 Zwiebeln, 100 g Schweineschmalz, Petersilie, 1 1/2 Eier, Salz, Pfeffer, Majoran
Für die Tomatensoße: *1 kg Tomaten, einige zarte Sellerieblätter, 1 Zwiebel, 50 g Mehl, 30 g Schweineschmalz, 300 ml Brühe, Salz, Zucker*

Von den gewaschenen Paprikafrüchten Kerngehäuse und Adern entfernen. Den Reis halbweich kochen und erkalten lassen. Gehacktes, Reis, feingehackte Zwiebeln, feingewiegte Petersilie und Ei verkneten, mit Salz, Pfeffer, Majoran abschmecken und diese Masse in die Paprikafrüchte füllen. Für die Tomatensoße die gewaschenen Tomaten in Stücke schneiden, mit dem Selleriegrün, Zwiebeln und ganz wenig Wasser zum Kochen ansetzen.

Man ist gut beraten, beim Einkauf die sogenannte Schwemme auszunützen, beispielsweise ein großes und preiswertes Angebot an bestimmten Gemüsen und Obstsorten. Die meisten Gemüse lassen sich ja sehr verschieden als Salate, Eintöpfe oder Rohkost verwenden. Immer mehr Leuten bereitet es Vergnügen, selbst Gelee, Marmelade, Pflaumenmus oder Chutney herzustellen. Dieser Vorrat beruhigt, denn er macht unabhängig und bereichert den Speisezettel.

1985

Wer also einen Lebensmittelvorrat anlegt, sollte die Erkenntnis beherzigen, daß kein Lebensmittel nach haushaltsmäßiger Bearbeitung unbeschränkt haltbar ist oder dessen Nähr- und Genußwert unverändert erhalten bleibt, und daß nur Produkte von guter Qualität haltbare Vorräte ergeben.
1986

Öfter umrühren und so lange kochen, bis ein Brei entsteht. Selleriegrün und Zwiebel entfernen, den Brei durch ein Sieb streichen. Aus Mehl und Fett eine Schwitze bereiten, mit der Tomatenmasse verrühren und mit Brühe auffüllen. Mit Salz und Zucker abschmecken. In dieser Tomatensoße die Paprikafrüchte garen.

Porree mit Granatäpfeln

*500 g Porree, 65 g ausgekernte Walnüsse,
2 Knoblauchzehen, Paprika, Salz,
Granatapfelsaft, 65 g Granatapfelkerne*

Den vorbereiteten Porree in kochendem Wasser garen, abtropfen lassen und jede Stange einzeln mit der Hand ausdrücken. Dann das Gemüse auf ein Brett legen und kleinschneiden. Walnüsse, Knoblauch, Paprika und Salz gut miteinander zerdrücken und nach Geschmack mit Granatapfelsaft anrühren. Den Porree zugeben, auf Tellern anrichten und mit den Granatapfelkernen bestreuen.

Umhüllte Bratwürste

*8 äußere Chinakohlblätter, 4 Bratwürste,
40 g Margarine, 3-4 Tomaten, Salz, Paprika,
1/4 l Fleischbrühe, 1 Eßl. Stärkemehl*

Die gewaschenen Chinakohlblätter kurz in kochendes Wasser geben, herausnehmen und abtropfen lassen. Jeweils 2 Blätter aufeinander legen. Die Bratwürste damit umhüllen und zusammenstecken. In der erhitzten Margarine von allen Seiten anbraten. Die in Würfel geschnittenen Tomaten und siedende Fleischbrühe zugeben und zugedeckt garen. Die Soße mit dem kalt angerührten Stärkemehl binden und kräftig abschmecken. Dazu passen Petersilienkartoffeln.

Überbackener Weißkohl mit Steinpilzen

*1 kg Weißkohl, 1 Salzgurke,
2 Eßl. Tomatenmark, 2 Teel. Zucker,
Salz, Essig, Lorbeerblatt, gemahlener Pfeffer,
500 g Steinpilze, 1 Zwiebel, 90 g Butter,
Semmelbrösel*

Den geraspelten Weißkohl in Butter mit etwas Essig dünsten. Nach 15-20 Minuten das Tomatenmark, die geschnittene Gurke, Zucker, Salz, Pfeffer und das Lorbeerblatt zugeben.
Die geputzten Pilze in Scheiben schneiden und in Butter rösten. Die Zwiebel gesondert rösten und danach unter die Pilze mengen. Salzen und pfeffern. Die Hälfte des gedünsteten Weißkohls in einen Bräter schichten, mit den Pilzen belegen und obenauf den restlichen Weißkohl geben, mit Semmelbröseln bestreuen und mit zerlassener Butter beträufeln. In der Röhre überbacken. Mit Zitrone oder Oliven servieren.

Gefüllte Zucchini

1 kg Zucchini, 2 gekochte Kartoffeln,
400 g Hackfleisch (halb Rind, halb Schwein),
50 ml saure Sahne, 1 Ei, Pfeffer, Salz, Kapern,
50 g Margarine, 1/2 l helle oder Tomatensoße,
Dill oder Petersilie

Die vorbereiteten Zucchini längs halbieren und
aushöhlen. Das Hackfleisch mit geriebenen Kartoffeln, Sahne, Ei, Pfeffer, Salz und Kapern gut
durchkneten. Die Zucchini damit füllen, die zwei
Hälften einer Frucht wieder zusammensetzen
und mit gebrühtem Faden zusammenbinden.
Das Gemüse in der heißen Margarine und wenig
Wasser zugedeckt dünsten. Nach etwa 30 Minuten die Soße auffüllen und alles noch kurze Zeit
auf kleiner Flamme lassen. Beim Anrichten gehackten Dill oder Petersilie darüberstreuen.

Zucchinikuchen

Für den Teig: 250 g Mehl, 125 g Margarine,
1 Ei, 1/4 Teel. Salz,
etwas Margarine für die Form
Für die Füllung: 750 g Zucchini,
6 Eßl. Öl, Salz, Pfeffer
Für den Guß: 1/8 l süße Sahne, 3 Eier,
50 g Reibekäse, 2 Teel. feingehackte
Pfefferminzblättchen, Salz, Muskat
2 Eßl. feingehackte Petersilie, Pfeffer

Aus Mehl, zerkleinerter Margarine, Ei, Salz und
2-3 Eßl. Wasser einen glatten Teig kneten. In
Alufolie gewickelt etwa 1/2 Stunde in den Kühlschrank stellen. Dann den Teig ausrollen. Eine
gefettete Springform (26 cm Durchmesser) damit auslegen, dabei einen 4 cm hohen Rand
andrücken. Die vorbereiteten Zucchini in 1 cm

Manches, das sich durch einfache und
sichere Kultur auszeichnet, wartet noch
auf die allgemeine Entdeckung durch
die Gartenfreunde - wie der Knollen-
fenchel, die Gemüsezwiebel und die
Jochelbeere. Man darf auch eine
Frucht dazurechnen, die zunehmend
von sich reden macht, botanisch-
morphologisch eine riesige Beeren-
frucht: Zucchini. Die Gemüsefrüchte
(Zucchini, Patisson) gründlich waschen
und beide Enden abschneiden. Junge
Früchte werden mit Schale verwendet,
nur ältere sollten geschält werden.

1987

Es scheint fraglich, ob sich der
Name „Gurkenkürbis" für diese
zu den Kürbisgewächsen ge-
hörende Art einbürgern wird,
alle Welt nennt sie „Zucchini".
Wer den Anbau einmal ver-
suchte, wird Zucchini sicher
wieder haben wollen, vor allem,
wenn er ihn auch in der Küche
mit Verstand zu nutzen wüßte.

1987

dicke Scheiben schneiden und portionsweise von beiden Seiten in heißem Öl anbraten. Auf saugfähigem Papier gut abtropfen lassen. Dann mit Salz und Pfeffer bestreuen und dachziegelartig in die Springform schichten. Sahne, Eier, Reibekäse und Kräuter miteinander verschlagen und mit Salz, Muskat sowie Pfeffer kräftig abschmecken. Diesen Guß gleichmäßig über die Zucchinischeiben in der Form verteilen. Den Kuchen in der vorgeheizten Backröhre bei Mittelhitze backen. Falls die Oberfläche zu schnell bräunt, ein gefettetes Butterbrotpapier auflegen. Der Zucchinikuchen schmeckt ganz frisch und noch warm am besten.

Was wäre die ostdeutsche Küche ohne ihre Rohkostsalate! Und dass es dafür mehr Möglichkeiten gab als Rot- oder Weißkraut, fein gehobelt und mit einer süßsauer scharfen Salatmarinade übergossen, sprach sich nicht erst in den Neunzigern herum.

Auberginen-Tomaten-Salat

2 Auberginen, 1/2 Tasse Öl, Salz,
1 Knoblauchzehe, 4 Tomaten,
1 grüne Paprikafrucht, 2 Zwiebeln,
Saft von 1 Zitrone, 1 Eßl. Tomatenmark,
je 2 Stengel Kerbel, Estragon, Petersilie und
Kresse, Pfeffer, Kresse zum Garnieren

Die gewaschenen Auberginen trocknen und vom Stengelansatz befreit längs halbieren. Etwas Wasser im Topf erhitzen, Öl, die mit Salz zerriebene Knoblauchzehe zufügen und darin die Auberginen dünsten (sie sollen bißfest bleiben). Abkühlen lassen und in Scheiben schneiden. Vorbereitete Paprikafrucht und Tomaten in Streifen schneiden, mit den Auberginen vermischen. Auberginenkochwasser, 1 feingehackte Zwiebel, Zitronensaft, Tomatenmark, gehackte Kräuter, Pfeffer und Salz zufügen. Den Salat ca. 1 Stunde durchziehen lassen. Vor dem Servieren mit Zwiebelringen und Kresse garnieren.

Bohnensalat mit Schafskäse

750 g grüne Bohnen, Salz, 5 Eßl. Öl,
4 Eßl. Essig, 1 Zwiebel, Pfeffer,
100 g Schafskäse, 1 Bund Basilikum

Gewaschene Bohnen putzen, in mundgerechte Stücke brechen und in leicht gesalzenem Wasser bißfest garen, abgießen und 2 Eßl. Kochwasser aufheben. Inzwischen aus Öl, Essig, der kleingeschnittenen Zwiebel, dem Kochwasser, Salz und Pfeffer eine Salatsoße bereiten. Den Schafskäse zerbröckeln, Basilikumblätter grob zerpflücken und beides unter den Salat mischen.

Feldsalat mit warmer Geflügelleber

500 g Feldsalat, 200 g Geflügelleber,
10 g Butter oder Margarine,
50 g durchwachsener, geräucherter Speck,
1 Zwiebel, 2 hart gekochte Eier, 2 Eßl. Essig,
Salz, Pfeffer, 1 Prise Zucker, 4 Eßl. Öl

Feldsalat verlesen, waschen und das Wasser ausschütteln. Geflügelleber kurz waschen und trockentupfen. Speck würfeln und im Fett knusprig braten. Zwiebel schälen, klein hacken und kurz mitdünsten. Leber zum Speck und den Zwiebeln geben und einige Minuten von allen Seiten rösten. Eier schälen, ein Ei in Achtel, die anderen in Scheiben schneiden. Eine Schüssel mit dem Feldsalat auslegen und die vorbereiteten Salatzutaten hineingeben. Essig, Salz, Pfeffer, Zucker und das Öl sämig rühren, abschmecken und über den Salat gießen.

Frühlings-Pilzsalat

300 g Pilze (vorzugsweise Morcheln),
2 Körner Piment, 5 Pfefferkörner,
jeweils 1 Prise Koriander und Thymian,
1 Lorbeerblatt, Salz, 1 Zwiebel, 3 Eier,
1 Bund Radieschen, 1 Kopfsalat, Pfeffer,
1 Teel. Zucker, 2 Eßl. Essig, 1 Eßl. Öl

Die Pilze in Stücke schneiden und mit Salz und den Gewürzen 15 Minuten in Wasser kochen. Abtropfen lassen. Die Gewürze entfernen, die geschnittene Zwiebel, die gekochten Eier, die Radieschen und den Kopfsalat zugeben. Das ganze mit einer Soße aus Essig, Salz, Zucker und Wasser übergießen, mit Öl beträufeln, pfeffern und im Kühlen ziehen lassen.

Morchelsuppe

20 große und etwa 10 kleine Morcheln,
1 mittelgroße Zwiebel, 2 Eßl. Butter,
1 Eßl. Mehl, 1 l Fleischbrühe, Salz, Pfeffer,
1/4 l trockener Weißwein, etwas Sahne,
1 Handvoll grüne Kräuter oder Petersilie,
1 Eigelb, 1 Prise Muskat,
ein paar Tropfen Zitronensaft

Die Morcheln säubern, putzen, und wenn versandet, kurz waschen. Die 20 großen Morcheln kleinhacken und zusammen mit einer mittelgroßen, ebenfalls gehackten Zwiebel in Butter andünsten bis der Saft fast verdunstet ist. Dann gibt man etwas Butter hinzu, stäubt Mehl an und läßt nochmals etwas braten. Ca. 1 l helle Fleischbrühe und 1/4 l trockenen Wein unter Rühren zugießen. Nach Geschmack salzen und pfeffern und 1 Eßl. kleingehackte grüne Kräuter oder Petersilie aufstreuen. Nun die Suppe 30-35 Minuten langsam kochen. Danach erst durch ein feines Drahtsieb und dann durch ein Tuch passieren. Mit Sahne und Eigelb legieren.

Während des Kochens werden die 10 kleinen Morcheln mit Salz, Pfeffer, einer Prise Muskat und einigen Tropfen Zitronensaft gedünstet. Vor dem Anrichten als Einlage in die Suppe geben.

Ein gelungenes Wochenende beim Pilzesammeln gibt vielen Bewohnern unseres Planeten mehr als ein einwöchiger Aufenthalt am Meer oder als andere Freizeitfreuden. Naturliebhaber brechen in versteckte Winkel des Waldes auf, um für ein paar Stunden das städtische Treiben zu vergessen und eins zu werden mit der Natur.

1987

Pilzesammeln als Volkssport - Im vergangenen Jahr wurden ca. 123 000 Beratungen durchgeführt und 3 000 Wanderungen, 2 000 Vorträge und 1 000 Ausstellungen organisiert. Die Pilzberater sortierten 22 000 Giftpilze aus, darunter waren 800 grüne Knollenblätterpilze.

1983

Pilze neunmalklug

60 g Trockenpilze, 160 g Semmelbrösel,
3 größere Zwiebeln, 40 g Schmalz, Salz,
Zitronenschale, 3 Eier, 1/2 l Milch,
neunerlei Gewürz: Knoblauch, Majoran,
Pfeffer, Kümmel, Ingwer, Muskat, Basilikum,
Gewürznelke, Salbei

Die getrockneten Pilze unter fließendem Wasser abspülen und in dreifacher Menge lauwarmem Wasser 2 Stunden einweichen. Danach in kleinerer Menge Salzwasser kochen, durchseihen und nach dem Abtropfen in kleine Stücke hacken. Inzwischen kleingeschnittene Zwiebeln in etwas Schmalz anschwitzen. Pilze und Zwiebeln in einer Schüssel mischen, Eier, Semmelbrösel, sämtliche Gewürze, Salz und die Schale einer unbehandelten Zitrone zugeben. Je nach Bedarf Milch zugeben, so daß der Teig weder zu dünn noch zu dick ist. Runde Auflaufform einfetten, ausbröseln und den Teig einfüllen. In der vorgeheizten Röhre bei Mittelhitze goldgelb backen. Warm oder kalt servieren.

Zuckerböhnchen

1 kg sehr kleine grüne Bohnen, 4 Eßl. Wasser,
1/2 l 10%iger Weinessig, 400 g Zucker,
1 Stück Zimtrinde, 1/2 Teel. Ingwer, 3 Nelken

Die vorbereiteten kleinen Bohnen in siedendem Wasser dünsten. Den Essig zusammen mit dem Wasser und allen Gewürzen aufkochen, abschäumen, heiß über die abgetropften Bohnen gießen. Zugedeckt bis zum anderen Tag stehen lassen. Den Sud nochmals aufkochen und wieder über die Bohnen gießen. Am dritten Tag die abgetropften Bohnen in vorbereitete Gläser

füllen, den Essiguß nochmals aufkochen, abkühlen lassen und über die Bohnen gießen, so daß sie ganz davon bedeckt sind.
Nach etwa 10 Wochen sind die Zuckerböhnchen ein Genuß.

Süßsaure Würzkirschen

*2 kg Sauerkirschen oder Schattenmorellen,
1 Stück Zimtrinde, 1 Lorbeerblatt, 8 Nelken,
1/2 l 5%iger Weinessig, 1 kg Zucker*

Die Kirschen (keine überreifen!) waschen, abtropfen lassen. Die Stiele auf 2 cm Länge zurückschneiden. Kirschen und Gewürze in ein großes Glas geben. Den Essig mit dem Zucker aufkochen und heiß über die Früchte gießen. 8 Tage kühl stellen. Dann die Flüssigkeit abgießen, erneut aufkochen, sirupartig eindicken und lauwarm wieder über die Kirschen geben.

Senfbirnen

*2 kg Birnen, 1/4 l Wasser, 450 g Zucker,
1/2 l 10%iger Weinessig, 1 Stück Zimtrinde,
80 g Senfkörner, 40 g Meerrettichwürfel*

Die Birnen schälen, halbieren und vom Kerngehäuse befreien. Wasser mit Essig, Zucker und Zimt aufkochen. Darin die Birnenstückchen nicht zu weich dünsten. Auf einem Sieb abtropfen lassen und in einen Steintopf schichten. Die Senfkörner und Meerrettichwürfel dazwischenstreuen. Den Sud nach dem Erkalten darübergießen und das Gefäß zubinden.

Apfel-Tomaten-Chutney

*2 Tassen feingeschnittene, entkernte Äpfel,
1 Tasse zerkleinerte Zwiebeln, 1/4 Tasse Salz,
6 enthäutete, geviertelte Tomaten,
2 Tassen Rosinen, 3 1/2 Tassen Zucker,
570 ml Weinessig, 120 g Senfkörner,
2 Eßl. Ingwerpulver,
3 entkernte, grüne Paprikafrüchte*

Alle Zutaten in einen Topf geben, ca. 2 Stunden lang auf kleiner Flamme kochen lassen. Öfter umrühren. Nach dem Erkalten in saubere Gläser füllen, mit Einmachfolie verschließen und an einem kühlen, dunklen Ort aufbewahren.

Stachelbeer-Chutney

*1 Teel. Kümmel, 1 kg feste Stachelbeeren,
500 g Zucker, 1/4 l 5%iger Weinessig,
1 Teel. Salz, 1-2 Knoblauchzehen,
1/2 Teel. Ingwerpulver, Zimt und Pfeffer
je 1 Messerspitze gemahlene Nelken,*

Den Kümmel mit 1 Tasse kochendem Wasser übergießen und einige Minuten ziehen lassen. Den Essig erhitzen, darin den Zucker auflösen, dazu die vorbereiteten Stachelbeeren, das abgeseihte Kümmelwasser, die mit Salz zerdrückten Knoblauchzehen und die übrigen Gewürze geben. Alles unter Rühren ca. 20 Minuten kochen lassen.

Sammelleidenschaft zeichnete die DDR-Bürger nicht nur beim täglichen Einkauf aus. Wildpflanzen und -kräuter kamen in Mode. Was fünfzig Jahre zuvor Notbehelf gewesen war, erlebte eine Renaissance als naturnahe Küche.

Frühlingssuppe mit Wildkräutern

2-4 Eßl. feingehackte Wildkräuter
(Löwenzahn, Brennessel, Sauerampfer,
Schafgarbe, Kerbel, Kresse u. a.),
40 g Butter (oder 2 Eßl. Öl),
40 g Weizenmehl (auch Reis ist verwendbar),
1 l Brühe, 1 Prise Salz, 1 Eigelb,
2 Eßl. saure Sahne

Die feingehackten Kräuter im heißen Fett bei starker Hitze dünsten. Dann das Mehl oder den Reis zugeben, leicht anrösten und die Brühe auffüllen. Aufkochen und vom Herd nehmen.
10-15 Minuten ziehen lassen, salzen. Bei Verwendung von Reis die Suppe 20-25 Minuten ziehen lassen. Anschließend mit einem Eigelb und saurer Sahne abziehen.

Brennesselauflauf

Brennesselblätter, Brötchen, Margarine,
Milch, Zwiebel, Liebstöckel, Dill, Ei, Salz,
evtl. Wurst- und Bratenreste

Brennesselblätter in Salzwasser weichkochen, durch ein Sieb gießen und feinhacken. Pro Person 2 Brötchen kleinschneiden, in eine Schüssel geben und mit Margarineflöcken belegen. Kochende Milch oder Wasser aufgießen und zugedeckt die Brötchen weichziehen lassen. Die Zwiebel sehr fein hacken, Liebstöckel, Dill und

Salz nach Geschmack zugeben. Die Brennesselmasse auffüllen, mit Ei legieren. Die Masse in einer flachen, gut gefetteten Auflaufform 1/2 Stunde in der heißen Backröhre backen.
Man kann das Gemüse vor dem Backen auch noch mit Wurst- und Bratenresten mischen.

Gänseblümchen-Löwenzahn-Salat

Gänseblümchenblätter und junge, zarte Löwenzahnblätter mit einer Salatsoße aus Öl, Zitronensaft, wenig Salz und Pfeffer mischen. Vor dem Servieren ausgelassene Speckwürfelchen über den Salat geben.

Tip: Von Gänseblümchen können auch junge, noch fast geschlossene Blüten verwendet werden. Diese kurz in kochendem Salzwasser blanchieren.

Veilchen-Essig

3 Handvoll Veilchenblüten,
1 l Weinessig

Von den Veilchenblüten die Stiele entfernen, vorsichtig, aber gründlich waschen, abtropfen lassen. Anschließend in eine Flasche geben und den Weinessig darübergießen. Die Flasche gut verschließen und einige Tage an ein sonniges Fensterbrett stellen. Danach den Essig durchseihen und in einer verschlossenen Flasche kühl aufbewahren. Veilchen-Essig gibt Soßen und Ragouts eine ganz besondere Würznote.

Rosenbowle „Du und dein Garten"

6 frisch geschnittene, voll aufgeblühte Rosen, 2 Eßl. Zucker, 6 cl Weinbrand (mit möglichst geringem Eigenaroma), 2 Flaschen leichter Weißwein (oder 1 Flasche leichter Weiß- und 1 Flasche leichter Rotwein), 1 Flasche Sekt oder Schaumwein

Die gut gewaschenen Blütenblätter, Zucker, der Weinbrand und 1 Flasche Wein werden in ein Bowlengefäß gegeben. Gut verschlossen muß der Bowlenansatz darin 2-3 Stunden ziehen. Danach die Blütenblätter herausnehmen, in ein Sieb geben und für den Bowlenansatz gut ausdrücken. Die Blüten haben ihre Pflicht damit erfüllt. Der Bowlenansatz wird jetzt mit der zweiten Flasche Wein aufgefüllt. Den gut gekühlten Sekt geben Sie erst kurz vor dem Servieren dazu. Übrigens: Die Farbe der Rose ist nicht von Belang, die am stärksten duftenden Sorten sind nicht unbedingt die geeignetsten. Entscheidend ist ihr hoher Gehalt an ätherischen Ölen. Probieren Sie aus, mit welcher Sorte ihnen die Bowle am besten schmeckt. Die Blüten am besten am frühen Morgen schneiden und gleich ansetzen. Treibhausrosen und Rosen aus dem Blumengeschäft sind fast immer ungeeignet, denn sie sind vorbehandelt.

Mindestens so berühmt wie der Fernseh- und der Fischkoch war und ist Erika Krause. Von 1968 an moderierte sie die Sendung „Du und dein Garten" - unverzichtbares Pflichtprogramm für alle „Laubenpieper" zwischen Kap Arkona und Inselsberg. Hier gab es die entscheidenden Tipps für ertragreiche Ernten und erholsame Gartentage. Die Beliebtheit von Moderatorin und Sendung ist bis heute ungebrochen. 1993 nahm der ORB das Sendekonzept wieder auf, mit Erfolg. Und so ist Frau Krause heute Europas dienstälteste Fernsehmoderatorin mit 30-jähriger Erfahrung in Sachen Fernsehratgeber.

Einfach delikat

Nouvelle cuisine war ein Fremdwort - doch anspruchsvolle Küche kannte und genoss man auch östlich der Elbe. Neben manch eingeschmuggeltem Rezept aus dem „Westen" lernte man regionale Spezialitäten wieder schätzen. Erlebnisgastronomie war beliebt und entsprechend schwer wurde es, Plätze in den Restaurants zu finden.

Noch sang man hierzulande „Deutschland einig Vaterland" nur in Gedanken mit, dafür tönte es überall „Sing, mei Sachse sing". Der „Kessel Buntes" aus dem neuen alten Friedrichstadtpalast setzte mit Helga Hahnemann auf Berliner Herz und Schnauze. In der Hafenbar „Glock acht achtern Strom" spann man Seemannsgarn, dass sogar der Klabautermann rote Ohren bekam, und der „Oberhofer Bauernmarkt" dürfte selbst den Musikantenstadl an Beliebtheit übertroffen haben. Zugleich entdeckte man landauf, landab die Feinheiten regionaler Küche wieder.

Wer es sich leisten konnte, genoss in den Spezialitätenrestaurants der Interhotels eine Küche, von der die HO-Gaststätte an der Ecke nicht einmal träumte. Oder man erlag im Delikat-Laden den Versuchungen der weiten Welt. Obwohl gerade in den 80er Jahren „Delikat" und „Exquisit" zunehmend eigene Produkte oder Waren aus Gestattungsproduktion zu immensen Preisen anboten, fanden sich dort auch Zutaten für mexikanische oder japanische Küche. Die Rezepte konnte man in hauseigenen Publikationen gleich miterwerben.

Bornaer Zwiebelsuppe

250 g Zwiebeln, 1 Eßl. Kümmel, Salz,
1 l Brühe, 50 g Margarine, 60 g Mehl,
2 Eigelb, Kondensmilch, Schnittlauch,
geröstete Brotwürfel

Die Zwiebeln schälen, in Stücke schneiden und zusammen mit Kümmel und Salz in der Brühe weichkochen. Alles durch ein Sieb streichen. Aus Margarine und Mehl eine helle Schwitze bereiten, die Zwiebelbrühe auffüllen, gut durchkochen lassen und die Suppe mit Kondensmilch und Eigelb legieren.
Kurz vor dem Servieren gehackten Schnittlauch überstreuen und geröstete Brotwürfel in die Suppe geben.

Mecklenburger saure Suppe

500 g durchwachsener geräucherter Speck,
800 g Erbsen, 250 g Möhren,
1 Petersilienwurzel, 1 kleiner Blumenkohl,
Majoran, Bohnenkraut, Thymian, Estragon,
125 getrocknete Apfelringe,
125 g getrocknete Birnenschnitze,
Saft von 1 Zitrone, Salz, Zucker,
nach Belieben 1 Eßl. Stärkemehl

Den gewürfelten Speck in Wasser zum Kochen bringen, auf kleiner Flamme weiterkochen lassen. Das zerkleinerte Gemüse zufügen und etwa 30 Minuten garen. Das am Vortag eingeweichte Trockenobst mit dem Einweichwasser sowie die Kräuter zufügen und nochmals 15 Minuten leise kochen lassen. Mit Zitronensaft, Zucker und Salz abschmecken, nach Belieben mit Stärkemehl binden. Die Suppe läßt sich mit frischen Äpfeln und Birnen zubereiten.

Die Deutsche Demokratische Republik liegt mitten im Herzen Europas. Jedes Jahr kommen Millionen ausländische Gäste hierher und das nicht nur wegen der günstigen geographischen Lage. Zahlreiche kulturhistorische Sehenswürdigkeiten, Schätze der Weltkultur in den Museen, reizvolle, abwechslungsreiche Landschaften und vieles andere mehr ziehen Touristen an. Zudem gehört die DDR zu den führenden Industrieländern der Welt. Als Drehscheibe des europäischen Transitverkehrs auf Straße, Schiene, Wasser und in der Luft erfüllt die DDR eine weitere wichtige Funktion. Bei all diesen Gelegenheiten sind die Interhotels gastliche Stätten, in denen der müde Reisende sein Haupt zur Ruhe betten kann und wo für sein leibliches Wohl auf vielfältige Weise gesorgt wird.

1984

Hobbyköche sind immer dabei, wenn beim Zubereiten, Zusammenstellen und Würzen von Speisen etwas Neues ausprobiert werden kann. Der geschätzte Leser kann versuchen, mit Hilfe der Meisterköche der Interhotels auch einige regionale Spezialitäten aus den verschiedenen Gegenden der DDR kennenzulernen.

1987

Altberliner Kartoffelsuppe

*600 ml Brühe, 400 g Kartoffeln,
150 g Bockwurst, 120 g magerer Speck,
50 g Sellerie, 200 g Frühlingszwiebeln,
50 g süße Sahne, 50 g Möhren,
1/2 Bund Schnittlauch, 1/2 Bund Petersilie,
2 Scheiben Weißbrot,
Salz, Pfeffer, Majoran, Knoblauchsalz*

Kartoffelwürfel blanchieren und in der mit Salz, Pfeffer und Majoran gewürzten Brühe garziehen. Die Kartoffeln anschließend durch ein Sieb passieren. Speck, Zwiebeln, Möhren und Sellerie in kleine Würfel schneiden und zusammen anschwitzen, um sie dann in die passierte Kartoffelsuppe zu geben. Suppe kurz aufkochen und, nachdem sie vom Herd genommen wurde, mit der süßen Sahne leicht binden. Weißbrotwürfel in Butter anrösten und mit etwas Knoblauchsalz würzen. Bockwurst in Scheiben schneiden und in der restlichen Butter anbraten. Die fertige Suppe mit den Bockwurstscheiben, Weißbrotwürfeln und den gehackten Kräutern garnieren. Die Kartoffelsuppe kann auch in entsprechender Menge als Eintopf gereicht werden.

Havelzander mit Hühnerfarce gefüllt

*400 g ausgelöstes Hühnerfleisch,
120 g saure Sahne, 1 Eiweiß,
Champignonessenz, Salz, weißer Pfeffer,
1 Zander (etwa 1/2 kg), 80 g Zitrone,
80 g Butter*

Das ausgelöste Hühnerfleisch von Haut und allen Sehnen befreien, durch den Wolf drehen (feine Scheibe verwenden), und mit dem Eiweiß durch ein Haarsieb streichen, salzen, pfeffern und mit Champignonessenz abschmecken.

Auf Eis stellen und mit flüssiger Sahne zu einer zarten Farce aufrühren. Den Geschmack überprüfen, indem ein Klößchen in leichtem Salzwasser pochiert wird.

Den Zander von Kiemen, Augen und Flossen befreien. Vom Rücken die Karkasse (hinter Kopf bis zur letzten Steuerflosse) und Innereien herauslösen, säubern, marinieren, anschließend mit der Farce füllen, schließen und in der Röhre backen. Von Zeit zu Zeit mit klarer Butter bestreichen, bis er mit Nadelprobe gar ist.

Delikate Teufelssprotten

500 g Sprotten, 60 g Mehl, 250 g Öl, Salz, Pfeffer

Die Sprotten waschen und sorgfältig trocken tupfen. Das Mehl mit den Gewürzen mischen. Die Fische in dem gewürzten Mehl wälzen. Öl auf ca. 190 Grad erhitzen und die Sprotten darin knusprig backen. Abtropfen lassen und mit frisch gemahlenem Pfeffer bestreuen.
Diese alte Leipziger Marktspezialität im neuen Gewand mit Ketchup, Senfsoße und Toast servieren.

Peitzer Karpfenfilet in saurer Sahne

*1 Karpfen (ca. 1,2 kg), 100 g Möhren,
100 ml herber Weißwein, 100 g Porree,
500 g Zwiebeln, 80 g Tomatenketchup,
200 g saure Sahne, 150 g Butter,
weißer Pfeffer, 20 g Rosenpaprika,
1 Bund Petersilie, Salz,*

Den gesäuberten Karpfen filetieren. Die Filets werden dann von der Seite, die sich an der Gräte befand, lamellenförmig eingeschnitten. Somit

Essen gehen war zu DDR-Zeiten nicht ganz einfach. An beliebten Restaurants mit guter, anspruchsvoller Küche traf man zumeist auf die unvermeidlichen Schlangen. So wurde man am Tor der Genüsse nicht einfach nur begrüßt und zu seinem Platz geleitet, sondern harrte erst einmal viertel Stunde um viertel Stunde, bis die Reihe an einem war. Vielleicht kamen sich die „Platzanweiser" tatsächlich ein wenig vor wie Petrus oder sie waren wie der hungrige Gast nur frustiert, dass es auch hier mehr Nachfrage als Angebot gab.
Hatte man schließlich seinen Stuhl und vielleicht sogar eine Speisekarte, ging es noch lange nichts ans Bestellen, denn obligatorisch war zu hören:
„Kollege kommt gleich..."

INTERHOTEL war das führende Hotelunternehmen der DDR mit Häusern in allen großen Städten und touristischen Zentren. Das „Palasthotel" in Berlin gehörte ebenso dazu wie „Astoria" und „Merkur" in Leipzig, das „Elephant" in Weimar oder das „Bellevue" in Dresden.

165

Wie überall gab es auch in der Gastronomie „Schwerpunktmaßnahmen". Neben den üblichen Feiertagen waren dies vor allem die im Frühjahr stattfindenden Jugendweihen. Lang geplant und aufwendig vorbereitet gerieten die Feiern mehr und mehr zu Vorzeigeveranstaltungen privaten Wohlstandes. Die Gastronomie richtete sich darauf ein und „bunkerte" Vorräte vom Weihnachtsgeschäft ebenso wie von der Leipziger Frühjahrsmesse, war es doch üblich, dass die ausgestellten Lebensmittel (wie vieles andere auch) nicht wieder mit zurückgenommen wurden, sondern im Land blieben. So konnte dann „Onkel und Tante aus dem Westen" bei einem anspruchsvollen Vier-Gänge-Menü oder einem gut bestückten Buffet vorgeführt werden, wie gut es uns doch ging.

Jugendweihe - der Schritt in den Kreis der Erwachsenen. Sorgen Sie dafür, daß das erste große Fest Ihres Kindes zu einem Erlebnis wird. A und O ist deshalb die Vorbereitung: Wieviel Gäste kommen? Rechtzeitig einladen, Tischwäsche und Geschirr bereitstellen, Getränke beschaffen, Speisen bei einer Dienstleistungseinrichtung bestellen. Einkaufslisten aufstellen. 1981

wird auch die unangenehme Y-Gräte zerschnitten. Die Filets werden nun mit der Hautseite in ein gebuttertes flaches Geschirr gelegt, mit Weißwein mariniert, gesalzen und gepfeffert.
Von den Gräten wird ein wenig Fischfond gekocht, der zum Angießen verwendet wird. Auf die Filets werden viel angeschwitzte Zwiebelringe gegeben. Sie sollen noch schön hell sein. Darüber Tomatenketchup, darauf saure Sahne. Den Abschluß bilden Butterflocken und über alles wird Rosenpaprika gestreut. Dann wird der so vorbereitete Karpfen in den Ofen geschoben und bei 175 Grad etwa 20 Minuten gegart.
Vor dem Servieren mit gehackter Petersilie bestreuen. Salzkartoffeln und frischen Salat dazu reichen.

Filetschnitten in Biersoße

2 Zwiebeln, 2 Knoblauchzehen,
2 kleine Schweinslendchen, 100 g Margarine,
1 Teel. Paprika, 1/2 Tasse helles Bier,
1 Tasse Fleischbrühe, 1/2 Tasse Sahne,
1 Tasse kleingeschnittenes Gemüse
(Weißkohl, Möhren, grüne Bohnen),
Salz, Pfeffer, Cayennepfeffer

Feingeschnittene Zwiebeln, zerriebene Knoblauchzehen und das in Scheiben geschnittene Fleisch in der heißen Margarine anbraten. Dann die Fleischscheiben mit Paprika bestäuben und schnell von beiden Seiten bräunen. Nach 3-4 Minuten mit Bier ablöschen. Fleischbrühe sowie das Gemüse zugeben. Das Gericht in eine Kasserolle schütten, zugedeckt 30 Minuten in der Röhre schmoren lassen.
Die Soße mit Sahne verfeinern, mit Salz, Pfeffer und Cayennepfeffer würzen. Mit Bandnudeln oder Spaghetti servieren.

Sächsische Bauernspieße mit Apfelmeerrettich

600 g Schweinebauch, 100 g Wurzelwerk,
Pfefferkörner, Lorbeerblatt, Majoran,
100 g Knackwurst, 2 große Zwiebeln,
2 mittlere Gewürzgurken, Salz, Pfeffer,
1 Teel. Edelsüß-Paprika, 40 g Schmalz,
1 Apfel, 1 Gläschen Meerrettich,
1 Eßl. Kaffeesahne, Zitronensaft, Zucker

Den Schweinebauch mit dem Wurzelwerk, den gestoßenen Pfefferkörnern, Lorbeerblatt und Majoran nicht zu weich kochen. Nach dem Erkalten den Schweinebauch in Würfel, die Knackwurst, Zwiebeln und Gewürzgurken in Scheiben schneiden. Das Fleisch im Wechsel mit Knackwurst, Zwiebeln und Gewürzgurkenscheiben auf Schaschlykspieße aufstecken und mit Salz, Pfeffer und Paprika bestreuen. In heißem Schmalz von allen Seiten schön braun braten. Aus kleinen Apfelwürfeln, Meerrettich, Kaffeesahne, Zitronensaft und etwas Zucker eine Creme bereiten und zu den Bauernspießen servieren.
Dazu kräftiges Landbrot und saures Gemüse (Mixed Pickles) reichen.

Lendensteaks mit Füllung

500 g Rindslende, scharfer Paprika,
Salz, Pfeffer, 20 g gekochter Schinken,
20 g magerer Speck, 20 g Schnittkäse,
1 Knoblauchzehe, 20 g gekochte Pilze,
Butter oder Margarine

Die Lende sorgfältig enthäuten und Steaks schneiden. Diese sehr flach ausklopfen und mit Paprika, Salz und Pfeffer würzen. Schinken, Speck und Käse in Streifen schneiden.
Die gehackte Knoblauchzehe und die feingeschnittenen Pilze gut vermengen und auf die Steaks geben. Diese um die Füllung einschlagen und in Schmalz scharf anbraten, mit Butter oder Margarine nachbraten. Dazu Pommes frites und frischen Salat servieren.

Die Meisterköche der Interhotels empfehlen Ihnen neben Spezialitäten aus der internationalen Küche vor allem solche, die regionaltypisch für die Küchen unseres Landes sind. Diese vielfach originellen Rezepturen aus „Omas Kochbuch" sind zeitgemäß weiterentwickelt und bieten Gelegenheit, Traditionelles und Landestypisches kennenzulernen. Als Gäste der Interhotels haben Sie die Möglichkeit, sich in gepflegten Spezialitätenrestaurants bei guter Betreuung und Bedienung von den Leistungen unserer Meisterköche zu überzeugen.

1984

„Meisterkoch" war eine angesehene Auszeichnung für verdiente Küchenchefs von Hotels und Restaurants. Kurt Drummer beispielsweise wurde 1986 als „Meisterkoch der internationalen Klasse" ausgezeichnet. Aber auch auf internationalen Wettbewerben wie dem „Internationalen Gastronomischen Festival" in Torquay oder den Hotelolympiaden in London schnitten DDR-Köche bestens ab.

Schweinshaxe in Biersoße

4 Schweinshaxen (je 400 g), 3 Zwiebeln, 1/2 l brauner Grundfond, 1 Flasche Vollbier, 20 g Stärkemehl, Salz, Pfeffer, Knoblauch

Haxen mit Salz, Pfeffer und zerdrücktem Knoblauch gut einreiben und mit Wasser in einer Röhre ansetzen. Regelmäßig mit dem Bratensaft übergießen, grobe Zwiebelwürfel zugeben und nach dem Einkochen mit Bier ablöschen, danach mit dem braunen Grundfond auffüllen. Bis zum Garwerden glasieren, Haxen ausstechen, die Soße binden und passieren. Vor dem Servieren auslösen und gegebenenfalls in Scheiben schneiden, auf Apfel-Wein-Kraut anrichten.

Wernesgrüner Bauerntopf

200 g Schweinekammsteak, Senf, Pfefferkörner, 5 Zwiebeln, 1/2 Glas Wernersgrüner Pilsner, 100 g Schweine- oder Kalbsleber, 100 g Schweineschulter, 50 g Weißbrot ohne Rinde, 6 Eier, 120 g Schmalz, 10 g Schnittlauch, 10 g Petersilie, Salz, Pfeffer, Majoran, 4 große Weißkrautblätter, 250 g Hackepeter, 20 g gekochter Reis, 2 Knoblauchzehen, 40 g Marina, 80 g geräucherter Bauchspeck, 100 g Sahnemeerrettich, 4 Ölheringsfilets

Das Bier zusammen mit 1 Knoblauchzehe, gestoßenen Pfefferkörnern, einer gewürfelten Zwiebel und Senf in eine Schüssel geben, gut verrühren. Den Schweinekamm in 4 Steaks schneiden, darin einlegen und 24 Stunden marinieren. Eine Zwiebel fein würfeln und anschwitzen. Weißbrot in Würfel schneiden, ein Ei zugeben. Leber und Fleisch in Stücke schneiden, mit Majoran, Salz und Pfeffer würzen. Alles gut vermengen und durch die feine Scheibe des Fleischwolfes drehen. Gehackte Petersilie und Schnittlauch unterarbeiten. Die fertige Masse zu ovalen Klößchen formen und in siedener Brühe garziehen lassen.

Die Weißkrautblätter in leicht gesalzenem Wasser 10 Minuten garen, herausnehmen und gut abtropfen lassen. Eine gewürfelte Zwiebel und zerdrückte Knoblauchzehe in heißem Schmalz dünsten. Nach dem Erkalten zusammen mit Reis, Salz, Pfeffer, Majoran und 1 Ei mit dem Hackepeter gut mischen. Die Weißkrautblätter mit Salz, Pfeffer und Kümmel bestreuen und die Hackmasse darauf verteilen und vom Stielansatz dabei die Seiten nach innen schlagend, wickeln. Einen Schmortopf mit Schmalz ausstreichen, die Rouladen in einer Richtung aneinander legen und in der Bratröhre garen.

Das marinierte Kammsteak saftig braten und zusammen mit den Leberknödeln sowie der Krautroulade in einem Stein- oder Tontopf anrichten.

Auf die Leberknödel gedünstete Zwiebelscheiben geben, Majoran darüber streuen. Je 1 gebratenes Ei auf die Kammsteaks und je 1 Scheibe gebratenen mageren Speck auf die Krautrouladen geben.

Als Garnierung jeweils 1 Heringsröllchen sowie Sahnemeerrettich anlegen. Dazu schmeckt Kräuterkartoffelpüree.

Erzgebirgische Buttermilchgetzen

1, 5 kg rohe Kartoffeln,
400 g gekochte Kartoffeln,
1/2 l Buttermilch, 125 g Speck,
600 g Räucherrippchen, 60 g Öl,
40 g Mehl, Salz, Kümmel

Die geschälten, rohen Kartoffeln fein reiben, das austretende Wasser etwas abgießen (nicht wie bei der Kloßzubereitung vollständig ausdrücken), die Stärke auffangen, an den Kloßrieb zurückgeben. Die gekochten Kartoffeln ebenfalls fein reiben und mit den rohen Kartoffeln mischen. Die Buttermilch dazurühren, leicht salzen, einen Teel. gehackten Kümmel zugeben. Es soll eine dickliche, aber noch flüssige Kartoffelmasse entstehen. In einer rechteckigen Getzenform oder im Tiegel mit etwa 20 cm Durchmesser grobgewürfelten Speck auslassen, Die Kartoffelmasse ca. einen halben Zentimeter dick einfüllen und in der heißen Röhre ohne Wenden backen, bis der Getzen schön knusprig ist. Er kommt in der Pfanne ganz heiß auf den Tisch. Jede Portion mit saftig gebratenen Räucherrippchen, die nicht gewürzt, sondern nur kurz in Mehl gewendet wurden, belegen. Statt Rippchen können auch Kaßlerkoteletts verwendet werden.

Kartoffelplätzchen

350 g gekochte Kartoffeln,
80 g Räucherspeck, 1 Ei, 1 Bund Petersilie,
40 g Kartoffelmehl, 50 g Butter,
Salz, weißer Pfeffer, Muskat

Gekochte Kartoffeln pellen, durchpressen, mit Salz, Pfeffer und Muskat würzen, dazu den in kleine Würfel geschnittenen, gerösteten Speck, die gehackte Petersilie und etwas Stärkemehl geben. Alles fest durchkneten.
Aus dem Teig eine etwa 6 cm dicke Rolle formen. Daraus 1 1/2 cm dicke Scheiben schneiden und diese in Butter goldgelb backen.

Thüringer Rostbrätl

800 g Schweinekamm mit Knochen,
40 g Öl, 30 g Schmalz, 1/2 l Bier,
400 g Zwiebeln, 400 g saure Gurken,
Salz, Pfeffer, Majoran, Kümmel, Senf

Schweinekamm in Scheiben schneiden und leicht klopfen. Aus Bier, Senf und den Gewürzen eine Marinade herstellen, darin das Fleisch wenigstens 5 Stunden einlegen. Gut abtropfen lassen. In der Pfanne mit Schmalz oder auf dem Holzkohlegrill knusprig braten, dabei mehrmals mit der Marinade übergießen. Die in Schmalz angerösteten Zwiebelscheiben auf den Rostbrätln anrichten und saure Gurke (natürlich hausgemacht) dazu reichen. Dazu schmeckt warmer Kartoffelsalat mit ausgelassenem Speck oder frisches Bauernbrot.

An dieser Stelle soll mit einer hartnäckig sich haltenden Fehlinformation ausgeräumt werden. Leipziger Allerlei ist keine Suppe aus zerkochten Möhren mit Erbsen, Kohlrabi und Schwarzwurzelstückchen, es kommt gut ohne Mehlschwitze aus, und Kartoffeln haben in ihm wahrlich nichts zu suchen. Richtig zubereiten kann man es eigentlich nur im Frühjahr mit dem ersten jungen Gemüse vom Markt - dann ist diese feine Gemüseschüssel eine wahre Delikatesse:

Leipziger Allerlei

*250 g Spargel, 250 g Möhren,
250 g junge Erbsen, 250 g Kohlrabi,
250 g Blumenkohl, 250 g Morcheln,
einige Krebsschwänze, 2 Eigelb, Butter,
etwas Fleischbrühe, Salz*

Nur junges, erntefrisches Gemüse verwenden, putzen. Kohlrabi in Streifen, Möhren in Scheiben schneiden, Blumenkohl in Röschen teilen. Die verschiedenen Gemüsearten getrennt voneinander garen: Spargel, Kohlrabi und Blumenkohl in leicht gesalzenem Wasser, Möhren in Fleischbrühe, Erbsen in wenig Wasser mit Butter. Die Morcheln gründlich putzen, waschen, in kaltem Wasser ansetzen und heiß werden lassen. Anschließend nochmals in kaltem Wasser waschen und dann garkochen. Alle Gemüse aus dem Sud nehmen und in einer Schüssel anrichten. Die Krebsschwänze in Salzwasser mit etwas Essig garkochen und in der Gemüseschüssel verteilen. Die Butter zergehen lassen, mit etwas Gemüsebrühe auffüllen, mit dem vorher verquirlten Eigelb binden und über das Gemüse gießen. Das Gemüse mit den Morcheln garnieren und mit Semmelklößchen servieren.

Natürlich waren viele weitere Gerichte fester Bestandteil ostdeutscher Speiseplanung: süßsaure Nierchen, Herzragout, sogar gebackenes Hirn wurden gern gegessen. Hackbraten (Buletten), Makkaroni mit Jagdwurst und Tomatensoße, Grüne-Bohnen-Eintopf, Schnitzel und Schweinebraten sind wie Eisbein mit Sauerkraut oder Kaßler mit Meerrettichsoße, Sülze mit Bratkartoffeln und Remoulade oder die ehemals allgegenwärtige Bockwurst mit Brötchen aus dem Speiseangebot nicht wegzudenken.

Wer heute mit offenen Augen im Osten Deutschlands übers Land fährt, wird in vielen Gaststätten, die mit „Hausmannskost" werben, genau diese Speisen wiederfinden und fast immer schmecken die Standardgerichte deutscher Küche noch genauso wie damals.

Leipziger Allerlei schmeckt auch dann noch, wenn man die Krebsschwänze wegläßt, auf die Semmelklößchen aus Kaloriengründen verzichtet und die Morcheln durch Champignons ersetzt. Nur richtiges Leipziger Allerlei ist es dann nicht mehr.

171

Ente auf „Sächsische Art"

1 Ente (etwa 1,4 kg), 250 g Backpflaumen, 200 g Apfelringe, 5 Eßl. Semmelmehl, 1 Ei, Zimt, Zucker, Zitronenschale, Salz

Die vorbereite Ente innen und außen mit Salz und Pfeffer würzen. Für die Füllung eingeweichte und entsteinte Backpflaumen, Äpfel, Semmelmehl und Ei mischen. Füllung mit Zimt, Zucker und abgeriebener Zitronenschale abschmecken. Ente damit füllen, zunähen und mit der Brustseite nach unten in die Pfanne legen.
Etwas Flüssigkeit dazugeben und bei 200 Grad etwa 90 Minuten in der Röhre garen. Während der letzten 10 Minuten der Bratzeit die Ente öfter mit kaltem Salzwasser bestreichen, damit die Haut knusprig wird.
Vor dem Servieren in Portionsstücke teilen. Mit gesäuertem Rotkraut und Klößen servieren.

Gesottenes Entenkeulchen „Auerbachs Keller"

4 Entenkeulen (je ca. 150 g), Salz, weißer Pfeffer, Öl, 1 Sellerie, 1 Zwiebel, 1 Kohlrabi, 1 Knoblauchzehe, 1 Lorbeerblatt, 3-4 Pimentkörner, 3 Wacholderbeeren, 1 Bund Zitronenmelisse, Weißwein, 1/2 l Geflügelbrühe,

Die Entenkeulen kurz abwaschen, auf Kiele achten, abtupfen und mit Salz und Pfeffer würzen. Öl im Schmor- oder Schnellkochtopf erhitzen, die vorbereiteten Entenkeulen hell anbraten. Aus dem Fett nehmen. Danach die kleingeschnittene Zwiebel, den ebenfalls kleingeschnittenen Kohlrabi und Sellerie anschwitzen. Mit Weißwein ablöschen und mit Geflügelbrühe auffüllen. Entenkeulen, Gewürze und Zitronenmelisse dazu geben. Den Topf verschließen und garen lassen, bis die Keulen weich sind.
Keulen warmstellen. Den Fond durch ein Sieb streichen, mit der Butter verfeinern und abschmecken. Dazu können Backkartoffeln serviert werden.

Gegrillte Masthuhnbrüstchen

400 g Broilerbrüste, 80 g Butter, 600 g Äpfel, 1/2 Tasse Weißwein, 125 g Blauschimmelkäse (Bluemaster), Zitronensaft, Salz, weißer Pfeffer

Die Äpfel werden geschält, das Kerngehäuse ausgestochen, in Ringe geschnitten und in Weißwein und Zitrone gedünstet. Die Broilerbrustfilets salzen, pfeffern, grillen. Auf einer Scheibe Toast werden die Apfelringe angerichtet, darauf die gegrillten Brustfilets gelegt, mit Scheiben von

Blauschimmelkäse und Butterflöckchen bedeckt. Dann im Grill oder im Backofen solange überbacken, bis der Käse geschmolzen ist.

Gefüllte Wildente

*1 Wildente, Salz, Pfeffer, 2 Zwiebeln,
50 g Fett, 300 g Steinpilze oder Maronen
(ersatzweise Champignons)
Für die Fülle: 50 g Schweineschmer,
Petersilie, 100 g Champignons,
Mehl zum Binden, 5 Eßl. saure Sahne*

Die Wildente ausnehmen, waschen, salzen und pfeffern. Eine Fülle aus gewürfelten Zwiebeln, feingeschnittenen Champignons, Schmer und Petersilie herstellen. Alles in einer Pfanne gut durchbraten und mit Salz und Pfeffer abschmecken. Die Masse in die Ente füllen und die Öffnung zunähen. Die Ente in einen Bräter legen und mit dem restlichen zerlassenen, heißen Fett begießen und ca. 1 1/2 Stunden im Backofen braten. Dabei öfters begießen. 15 Minuten vor Ende der Garzeit die Waldpilze zugeben und mitschmoren lassen. Dann die Ente herausnehmen und warmstellen. Das Mehl mit der Sahne verquirlen und den Braten-Pilz-Fond binden.

1981 feierte die Rotkäppchen-Sektkellerei in Freyburg an der Saale ihr 125-jähriges Jubiläum. Noch war „Rotkäppchen" nicht einfach so zu kaufen und viel teurer war die Flasche des Getränkes auch, doch das tat der Liebe der Ostdeutschen zu diesem edlen Getränk keinen Abbruch. Wenn nicht Krimsekt, dann aber „wenigstens" Rotkäppchen stand auf so mancher Einkaufsliste. Ob allerdings von den 100.000 Flaschen limitierten Jubiläums-Sekts jemals welche in Delikat, HO oder Konsum gelandet sind, entzieht sich unserer Kenntnis. Dafür bekam Rotkäppchen 1985 erstmals eine Druckfüllmaschine aus DDR-Produktion. Die findigen Magdeburger Getränkemaschinenbauer hatten eigens hierfür den „Bierfüller BF 60.1" umgebaut. 1988 schließlich bekam die Sektkellerei zum 25. Mal in ununterbrochener Reihenfolge den Titel „Betrieb der ausgezeichneten Qualitätsarbeit".

Wörlitzer Frischlingskeule

*800 g Frischlingskeule, 80 g Öl, 2 Zwiebeln,
120 g Möhren, 80 g Mehl, 200 g saure Sahne,
120 g Zitrone, 4 cl Gin, 10 g Stärkemehl,
120 g schwarze Johannisbeeren,
1,2 kg Kartoffeln, 2 Eigelb, 80 g Mehl,
160 g Semmelmehl, 3 Eier, 400 g Rosenkohl,
120 g Butter, Lorbeerblatt, Wacholderbeeren,
Salz, Pfeffer, Muskat*

Die von Knochen befreite Frischlingskeule wird gut gewaschen und in einer Marinade aus saurer Sahne, zerdrückten Wacholderbeeren, Lorbeerblatt, Zwiebel- und Möhrenscheiben 48 Stunden eingelegt.
Nach dem Herausnehmen gut abtropfen lassen, mit Salz und Pfeffer würzen und in einer Pfanne mit heißem Öl braten lassen, bis sich brauner Bratensaft bildet. Das in gleichgroße Stücke geschnittene Wurzelwerk dazugeben. Die Frischlingskeule ca. 90 Minuten weich dämpfen. Danach das Fleisch herausnehmen, mit Folie abdecken und heiß stellen.

Dem Bratenfond die Marinade zufügen und mit Mehl leicht binden. Kurz aufwallen lassen, mit etwas Zitronensaft und den in Gin marinierten Johannisbeeren abschmecken. Die Soße sollte cremig sein.

Kartoffeln kochen, durchdrücken und mit Eigelb und Mehl den Brei zu einem Teig verrühren. Daraus Plätzchen von ca. 5 cm Durchmesser formen. Mit Ei und Semmelmehl panieren. Vor dem Backen in der Friteuse mit einem kleinen runden Glas (oder Ausstecher) Deckel markieren. Das von nur einer Seite, damit sich der Deckel beim Backen abhebt. In die entstehenden Kartoffelringe können beim Servieren die restlichen Johannisbeeren gefüllt werden.
Den geputzten Rosenkohl in leichtem Salzwasser garen, in Butter anschwenken und mit Muskat, Salz und Pfeffer abschmecken.

Augustusburger Wildschweinschnitzel

*600 g Wildschweinkeule, 75 g Butter,
40 g Johannisbeer- oder
Sauerkirschkonfitüre,
120 g Senf- oder Gewürzgurken,
20 g Mehl, 1/4 l saure Sahne,
4 cl Gin oder Weinbrand, Salz,
Pfefferkörner, 10 Wacholderbeeren*

Vom ausgelösten Keulenfleisch Schnitzel schneiden, nicht zu stark klopfen, von beiden Seiten mit grob gestoßenem Pfeffer einreiben, leicht salzen und in, mit zerstoßenen Wacholderbeeren gewürzter, leicht schäumender Butter von beiden Seiten sehr saftig anbraten. Häufig wenden und begießen, warm stellen. Im Bratfett feine Würfel von Senf- oder Gewürzgurke anschwitzen, nochmals pfeffern, die Konfitüre zugeben und mit wenig Mehl überstäuben. Mit Gin oder Weinbrand ablöschen, die saure Sahne zugießen, kurz aufkochen lassen und diese Würzmischung über die Wildschweinschnitzel geben. Das Gericht kann entweder mit Kartoffelbällchen oder Kartoffelbrei serviert werden. Vortrefflich schmeckt dazu ein frischer Salat der Saison.

Weimarer Zwiebelkuchen

150 g Hefeteig, 30 g Grieß, 1/8 l Milch, 200 g geschälte Zwiebeln, 10 g Öl, 1/2 l Ei, 40 g süße Sahne, Salz

Ungezuckerten Hefeteig auf einem gefetteten Blech ausrollen. Aus Milch, Gries und einer Spur Salz einen Griesbrei herstellen und auf den Teig streichen. Zwiebelscheiben in Öl, ohne Farbe annehmen zu lassen, glasig anschwitzen und auf dem Kuchen verteilen. Für den Guß Ei und Sahne gut verquirlen und über die Zwiebelscheiben geben. Bei 240 Grad etwa 20-25 Minuten backen. Warm servieren.

Ute Freudenberg, die bekannte und beliebte Sängerin, bezeichnet „Thüringer Klöße" als ihr absolutes Lieblingsessen und so finden sich in ihrem Haushalt auch noch eine Kloßpresse einschließlich zugehörender Säcke (zum Auspressen des Kloßteiges) aus Vorwendezeiten. Dazu ein altes Nudelholz und Jenaer Glasschlüsseln, von denen eine Trennung schwerfällt. Dass auch bei ihr „Spreewaldgurken" die Liste der erfreulichen „Wiederentdeckungen" anführen, verwundert ebenso wenig, wie die Tatsache, daß fertige tiefgefrorene Thüringer Klöße, Halloren Kugeln und Halberstädter Würstchen dazugehören. Letscho hingegen mag Ute Freudenberg damals wie heute nicht.

175

Das süße Ende

Natürlich wurden Süßspeisen und Kuchen nicht erst in den Achtzigern modern. Sie gehörten immer dazu, als traditioneller Nachtisch, als feines Dessert, als Rühr- oder Blechkuchen, als Torte oder schnelle Variante aus Keks und Schokokrem, mal mit viel Aufwand bereitet und dann wieder mit fertigem Tortenboden aus der HO, Rotplombe Pudding und ein paar Früchten auch für Ungeübte machbar.

Allen Regeln gesunder Ernährung zum Trotz - Süßes war in vielen Varianten beliebt und darf deshalb in diesem Buch nicht fehlen. Eines allerdings zeichnet die achtziger Jahre auch in diesem Fall aus: Einerseits wurden die Backwaren und Süßspeisen „moderner", da reichte man nicht mehr nur die vertrauten Rezepte weiter, sondern auch die der „Tante von drüben" oder probierte etwas nachzuempfinden, was man im Fernsehen gesehen hatte. Und andererseits blieb auch diese Domäne von Genuss und Schlemmerei nicht von Versuchen verschont, kalorienreduziert und ernährungsbewusst zu kochen und zu backen.

Fahrländer Apfelgrütze

*600 g Äpfel, 2 cl Weißwein, 1 Zitrone,
95 g Zucker, 30 g Sultaninen,
12 g Weizenstärke, 3/4 l Milch,
1/8 l süße Sahne, 1 Eigelb,
4 cl Eierlikör, Salz, Zimt,
Schlagsahne, Schokoladenmasse*

Äpfel waschen, schälen, Kerngehäuse entfernen und grobwürfelig schneiden. Aus Weißwein, Zitronensaft, 80 g Zucker, Sultaninen und etwas Wasser einen Fond bereiten, die Äpfel darin schmoren und kurz vor dem Zerfallen der Früchte leicht mit Weizenstärke abbinden. Nach dem Abkühlen in Gläser füllen. Milch, restlichen Zucker, Zimt und Salz zum Kochen bringen, mit dem aufgeschlagenen Eigelb und der Sahne legieren. Nach dem Abkühlen der heißen Masse mit Eierlikör verfeinern. Soße über die angerichtete Apfelmasse geben. Mit Sahnedekor und gespritzter Schokolade anrichten.

Kirschpfanne

*4 altbackene Brötchen oder 200 g Weißbrot,
1/2 l heiße Milch, 40 g Margarine, 2 Eier,
1 Teel. Zückli-sol oder Zucker, abgeriebene
Schale 1/2 Zitrone, Backpulver, Zimt, Salz,
500 g entsteinte Sauerkirschen*

Brötchen bzw. Weißbrot in heißer Milch einweichen. Die Margarine mit den Eigelb, Zückli oder Zucker, Zitronenschale, Zimt und 1 Prise Salz gut verrühren. Die abgekühlte Weißbrotmasse und 1 Messerspitze Backpulver zufügen. Das steifgeschlagene Eiweiß unterziehen. In eine gefettete und mit Semmelbröseln ausgestreute Auflaufform schichtweise die Weißbrotmasse und

Ähnlich wie das „Leipziger Allerlei" sind auch die „Leipziger Lerchen" überregional bekannt und beliebt. Was allerdings die wenigsten wissen, ist, dass die kleinen Mürbeteigtörtchen mit süßer Marzipanfüllung nur ein kleiner Trost für einen bitteren Verlust der Leipziger sind. Schließlich wurde ihnen per Gesetz 1876 die Jagd und der Verzehr der echten Lerchen verboten - wahrscheinlich noch gerade rechtzeitig, um ein Aussterben der Singvögel zu verhindern, die über Jahrhunderte zu Tausenden ihr Leben in Kochtöpfen beendeten. Welcher geschäftstüchtige Konditor jedoch auf den genialen Einfall kam, den Verlust durch sein Gebäck auszugleichen, ist heute leider nicht mehr zu ermitteln.

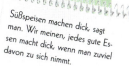

Süßspeisen machen dick, sagt man. Wir meinen, jedes gute Essen macht dick, wenn man zuviel davon zu sich nimmt.

1984

die Sauerkirschen füllen. Mit einer Weißbrotschicht abschließen. Etwas Zucker darüberstreuen und einige Butter- oder Margarineflöckchen verteilen. Den Auflauf in der Backröhre bei Mittelhitze etwa 40 Minuten backen. Dazu paßt Vanillesoße.

Fritierte Kirschen

*150 g Mehl, 75 g Zucker, 1 Teel. Zimt,
1 Prise Salz, je 3 Eßl. Milch und Weißwein,
3 Eier, 750 g Süßkirschen mit Stielen,
Puderzucker, Öl zum Fritieren*

Für den Teig Mehl, Zucker, Zimt und Salz vermischen, Milch und Wein und abschließend die verquirlten Eier unterrühren. Den Teig zugedeckt 30 Minuten quellen lassen. Inzwischen die Kirschen waschen und trockentupfen. Das Öl in einem großen Topf (oder der Friteuse) auf 180 Grad erhitzen. Jeweils 5 Kirschen an den Stielen zusammenbinden, in den Teig tauchen, ca. 2 Minuten im heißen Öl fritieren. Auf ein Kuchengitter legen, dick mit Puderzucker bestäuben und heiß oder kalt servieren.

Schokoladensuppe mit Wildfrüchten
(4-6 Personen)

*200 g Blockschokolade, 1 3/4 l Milch,
2 Eier, 75 g vollreife Himbeeren,
75 g vollreife Walderdbeeren,
1-2 Eßl. Zucker*

Die Schokolade wird in große Stücke gebrochen und mit 1/4 l Milch, die kochend heiß sein muß, solange verrührt, bis sich die ganze Schokolade aufgelöst hat. Dann die übrige Mich zugeben und gut durchrühren. Diese Suppe etwa 8 Minuten kochen, nach ca. 5 Minuten die Himbeeren und Walderdbeeren zugeben. Unter die fertige Suppe können zur Verfeinerung 2 Eigelb gequirlt werden. Das Eiweiß wird mit Zucker zu Eischnee verarbeitet und als kleine Häubchen auf die Suppe gesetzt. In die Häubchen können nun noch je eine Himbeere oder Walderdbeere als Farbtupfer gegeben werden.

Guck-in-die-Luft

*5 mittelgroße Äpfel, 1/2 l Wasser,
100 g Zucker, 2 Eßl. Himbeermarmelade,
1 Päckchen Götterspeise (Himbeergeschmack), 200 g frische, saubere Heidelbeeren, 1-2 Tropfen Rumaroma*

Die geschälten, vom Kerngehäuse befreiten Äpfel in dem Wasser mit der Hälfte des Zuckers garkochen. Anschließend die Äpfel vorsichtig herausheben und in Gläser setzen. Mit der Marmelade füllen, statt Himbeermarmelade kann auch Brombeermarmelade oder selbstgemachte Hagebuttenmarmelade verwendet werden. Götterspeise nach Packungsanleitung zubereiten, hierfür das Apfelwasser, gegebenenfalls mit Wasser oder herbem Apfelwein aufgefüllt, verwenden, mit Rum-Aroma abschmecken und über die Äpfel gießen. Die Äpfel müssen noch aus der Götterspeise „herausgucken". Bevor die Götterspeise ganz fest wird, die Heidelbeeren (auch Brombeeren oder Himbeeren eignen sich) versenken. Einige Früchte als Garnitur zurückbehalten. Gut gekühlt servieren.

Mohr im Hemd mit Schokoladensoße

40 g Butter, 20 g Puderzucker,
140 g Schokolade oder Kuvertüre,
50 g Eigelb, 45 g geriebene Mandeln,
75 g Eiweiß, 70 g Zucker,
50 g Sahne, 1 Päckchen Vanillezucker,
130 g süße Sahne, Wasser, Salz

Die Butter mit dem Puderzucker und 40 g aufgelöster aber nicht warmer Schokolade/ Kuvertüre schaumig rühren. Mit Vanillezucker und 1 Spur Salz würzen, die Eigelb nach und nach zugeben und die Mandeln einrühren.
Das Eiweiß mit 20 g Zucker steif schlagen und unterziehen. Portionsförmchen buttern und mit Puderzucker ausstäuben. Die Schokoladenmasse bis 1 Finger breit unter den Rand ein-

Irgendwann zwischen den 70er und 80er Jahren verschwanden die kleinen Bäckereien aus dem Straßenbild. Dafür boten die Kaufhallen Brot, Brötchen und Kuchen aus dem „Backkombinat" an - keinesfalls sehr beliebt, da niemals wirklich frisch. So standen denn auch bald vor den wenigen verbliebenen Bäckereien vor allem sonnabends lange Schlangen und wer vergessen hatte, am Freitag „seine Brötchenbestellung" abzugeben, der hatte mehr als einmal das Nachsehen. Pech gehabt. Die Zeiten unvergesslichen Services, da Brötchen vom Bäcker sogar noch ins Haus gebracht wurden, nur noch eine wehmütige Erinnerung. Möglich, dass es deshalb schon in den Achtzigern in Mode kam, Brot und Brötchen selbst zu backen.

Vollsoja ist als hochwertiges Nahrungsmittel in der Lage, Eier zu ersetzen. Anstelle von 1 Ei ist 1 EßI. Vollsoja, mit wenig warmen Wasser angerührt, zu verwenden. Der Gehalt an Kohlenhydraten ist bei Vollsoja sehr gering, was für alle zur Fülle Neigenden beachtenswert ist.

198?

füllen, ins Wasserbad stellen. Das Wasser soll bis zur halben Höhe der Form reichen. Zugedeckt ca. 30 Minuten langsam kochen lassen. Die Schokoladenmasse soll nicht höher als 1 cm über den Rand aufgehen, damit sie nach dem Stürzen nicht so stark zusammenfallen kann.

Für die braune Schokoladensoße das Wasser mit dem restlichen Zucker aufkochen und 100 g Schokolade/Kuvertüre darin auflösen. Die Sahne unterrühren. Die Schokoladenmasse auf flache Glasteller stürzen, die Soße vorsichtig darum gießen, mit Sahnehäubchen und je 1 Maraschinokirsche garnieren.

Zucker, Honig, 1/8 l Wasser und Zitronensaft zu einem dicklichen Sirup verkochen. Die Äpfel schälen, vierteln und in den heißen Sirup legen. Nicht mehr erhitzen. Etwa 1 Stunde darin stehen lassen, hin und wieder umwenden. Das Mehl mit dem Salz durchsieben, Zucker, Eigelb und das restliche Wasser zufügen, alles gut verrühren. Zuletzt die steifgeschlagenen Eiweiß unterziehen. Die Apfelstücke aus dem Sirup nehmen, kurz abtropfen lassen und in dem Teig wälzen. In heißem Öl goldbraun und knusprig backen. Auf saugfähigem Papier abtropfen lassen und mit Puderzucker bestäuben.

Toffee-Äpfel

60 g Zucker, 2 Eßl. Honig,
Saft von 1 Zitrone, knapp 1/4 l Wasser,
4 große Äpfel, 120 g Mehl,
1 Prise Salz, 2 Teel. Zucker,
2 Eier, Öl, Puderzucker

Mohrenäpfelchen

1 Paket Blätterteig, 4 Äpfel, Sultaninen,
4 Zwieback, etwas Honig, Rum, Zimt
Für die Glasur: 150 g Puderzucker,
2 Eßl. Kakao, 2-3 Eßl. heißes Wasser,
2 Eßl. zerlassenes Kokosfett

Den aufgetauten Blätterteig etwa 1/2 cm dick ausrollen, in Quadrate von 10 cm schneiden. Die Äpfel schälen, das Kerngehäuse ausstechen und je 1 Apfel auf die Mitte jeweils eines Blätterteigquadrates setzen. Den Zwieback zerbröseln und fein reiben, mit gehackten Sultaninen, Honig und Rum verrühren, mit Zimt abschmecken. Mit dieser Mischung die Äpfel füllen. Die Blätterteigecken über die Äpfel schlagen. Obenauf ein ausgestochenes Teigstückchen legen. Im vorgeheizten Ofen backen. Noch warm dick mit Schokoladenfettglasur überziehen.

Prasselkuchen

1 Paket Blätterteig, 250 g Mehl, 125 g Butter, 125 Zucker, 1 Prise Salz
Für die Glasur: *150 g Puderzucker, 2 Eßl. Zitronensaft, Kokosfett*

Den Blätterteig auftauen und ca. 5 mm dick ausrollen, dann in etwa 5 x 10 cm große Rechtecke schneiden. Auf ein wasserbenetztes Blech setzen, mit Wasser bestreichen. Aus Mehl, Butter, Zucker und 1 Prise Salz Streusel kneten, auf die Blätterteigstücke verteilen. Im vorgeheizten Ofen bei guter Mittelhitze etwa 25 Minuten backen.
Für die Glasur den Puderzucker sieben und mit Zitronensaft und 1 Eßl. zerlassenem Kokosfett verrühren. Den Blätterteig nach dem Backen sofort damit überziehen. Prasselkuchen schmeckt noch warm am Besten.

Heute kann man seinen Kuchen zu Hause im Elektro- oder Gasbackofen oder auch im „Küchenwunder" backen. Als letzteres möchte ich es bezeichnen, daß trotz dieser Erleichterungen das Backen bei jungen Leuten aus der Mode gekommen ist. Warum eigentlich? „Wenn ich ein Glas Milch trinken will, brauche ich keine Kuh zu halten, und wenn ich ein Stück Kuchen essen will, gehe ich zum Bäcker" - diese Einstellung junger Frauen hinkt auf allen vier Hufen. Es ist unmöglich, eine Kuh in einer Kleinstwohnung aufzuziehen, aber ein Kuchen braucht nicht gepflegt, sondern nur gebacken und verzehrt zu werden. Und, Hand aufs Herz bzw. Magen, ein Stück Hefekuchen, warm vom Blech, finden Sie selten beim Bäcker.

1980

Es steht fest, daß ein Backpulverkuchen besonders unkompliziert herzustellen ist, zumal man dazu auch die handelsüblichen sehr guten Mehlmischungen verwenden kann.

1984

Selterwasserkuchen

*4 Eier, 2 Tassen Zucker, 1 Tasse Öl,
3 Tassen Mehl, 1 Päckchen Backpulver,
abgeriebene Zitronenschale,
1 Tasse Selterwasser, Salz
Für die Glasur: 150 g Puderzucker,
2 Eßl. Zitronensaft,
1 Eßl. zerlassenes Kokosfett*

Eier, Zucker und Öl schaumig schlagen. Das gesiebte Mehl, Backpulver, Salz und Zitronenschale zugeben und gut durcharbeiten. Zum Schluß das Selterwasser unterrühren. Den Teig in eine gefettete Form füllen und bei Mittelhitze backen. Nach dem Erkalten mit Glasur überziehen oder mit Puderzucker bestäuben.

Kaffeekuchen

*125 g Margarine, 4 Eier, 250 g Zucker,
1/4 l starker Kaffee, 500 g Mehl,
1 1/2 Päckchen Backpulver, 125 Sultaninen,
75 g Zitronat, Salz*

Die Margarine mit Eigelb, Zucker und 1 Prise Salz schaumig rühren. Abwechselnd kalten Kaffee und das mit Backpulver gesiebte Mehl zufügen (den Kaffee aus 50 g Kaffee und 3/8 l Wasser bereiten). Unter den glatten Teig die ausgequollenen Sultaninen, das zerkleinerte Zitronat und zuletzt die steifgeschlagenen Eiweiß unterziehen. Den Teig in eine gutgefettete mit Mehl ausgestäubte Kastenform geben und bei Mittelhitze 50 bis 60 Minuten backen.

Teufelskuchen

*125 g feine Margarine, 375 g Zucker,
3 Eier, 250 g Mehl, 1/2 Päckchen Backpulver,
100 g Kakao, 1/4 l Joghurt, 5 Eßl. Milch*

Margarine mit Zucker und Eigelb schaumig rühren, das mit dem Backpulver gesiebte Mehl, Kakao, Joghurt und Milch unterrühren und zuletzt das steifgeschlagene Eiweiß unterheben. Die Teigmasse in eine gefettete Kastenform füllen und bei guter Mittelhitze etwa 50 Minuten backen. Mit Zuckerglasur überziehen.

Kokosriegel

*Für den Rührteig:
250 g feine Margarine, 200 g Zucker,
abgeriebene Schale von 1 Zitrone, 4 Eier,
400 g Mehl, 1 Päckchen Backpulver,
100 g Maizena, 6-8 Eßl. Milch, Salz
Für die Füllung:
100 g Kokosraspel, 4 Eßl. Dessertwein,
75 g Korinthen, 5 geriebene bittere Mandeln
Für die Glasur: 150 g Puderzucker,
3 Eßl. Rum, 1 Eßl. zerlassenes Kokosfett*

Margarine, Zucker, Salz und Zitronenschale verrühren, nach und nach die Eier zugeben, bis ein glatter Teig entsteht. Dann Mehl, Backpulver und Maizena darübersieben und während des Weiterschlagens die Milch zugießen. Den Teig solange rühren, bis er schwerreißend vom Löffel fällt. Nun den Teig in 2 Hälften teilen. Eine Hälfte mit den Zutaten für die Füllung vermischen und in eine gefettete, mit Mehl ausgestäubte Kastenform füllen. Die andere Teighälfte darüber verteilen. Bei Mittelhitze 60 bis 70 Minuten backen. Den Kuchen mit Rumglasur überziehen.

Apfelkuchen „Wiener Art"

Für den Teig:
150 g Butter oder Margarine, 1 Ei,
90 g Puderzucker, Schale von 1/2 Zitrone,
190 g Mehl, 100 g Maisan,
1/2 Teel. Backpulver
Für die Füllung:
5 kleine Äpfel, 60 g Johannisbeergelee,
40 g Mandeln, 3 Eßl. Zucker, 30 g Rosinen,
1 Eiweiß, Mandelstifte

Fett schaumig rühren, nach und nach Zucker, Ei und abgeriebene Zitronenschale dazugeben. Die Hälfte des Mehls dazugeben und verrühren. Restliches Mehl mit Maisan und Backpulver mischen und unter den Teig kneten. 30 bis 40 Minuten ruhen lassen. Etwas mehr als die Hälfte des Teiges ausrollen, eine gefettete Springform damit auslegen und einen hohen Rand formen. Den Boden mehrmals mit der Gabel einstechen. Die Äpfel schälen, halbieren, die Kerngehäuse herausschneiden. Die so entstandene Vertiefung mit einer Mischung aus geriebenen Mandeln und Johannisbeergelee füllen. Mit der Füllung nach unten auf den Teigboden legen. Mit Zucker und überbrühten Rosinen bestreuen. Aus dem restlichen Teig eine Platte in Springformgröße ausrollen, über die Äpfel legen, so andrücken, daß die Form der Äpfel nicht zu sehen ist. Die Deckplatte mehrmals mit der Gabel einstechen. Mit Mandelstiften bestreuen und backen.

Schokoladenschnitten „Othello"

Für den Teig:
130 g Margarine, 200 g Zucker,
je 1 Prise Salz und Zimt,
abgeriebene Zitronenschale,
6 Eier, 130 g Blockschokolade,
130 g Mehl
Für die Füllung:
200 g Halbbitterschokolade,
2 Eier, 400 g Puderzucker,
120 g Kokosfett,
8 cl Weinbrand oder Rum

Die Margarine mit 100 g Zucker, Salz, Zimt und wenig Zitronenschale schaumig rühren. Nach und nach die Eigelb unterrühren. Die Blockschokolade im heißen Wasserbad auflösen, etwas abkühlen lassen und unter die Schaummasse rühren. Die Eiweiß steifschlagen, dabei den restlichen Zucker einrieseln lassen und unter die Schaummasse heben. Abschließend das gesiebte Mehl unterziehen. Ein Backblech mit gefettetem Pergamentpapier auslegen, den Teig darauf streichen und im vorgeheizten Ofen bei 180 Grad etwa 20 Minuten backen. Sofort auf ein mit Zucker bestreutes Geschirrtuch stürzen. Das Pergamentpapier schnell mit kaltem Wasser bestreichen und abziehen. Den Boden längs halbieren und auskühlen lassen.
Die Schokolade in eine Schüssel reiben, Eier und Puderzucker unterrühren. Das erhitzte Kokosfett abkühlen lassen und portionsweise unter die Schokoladenmasse rühren. Mit Weinbrand verfeinern. Eine Häfte des Bodens mit der Masse bestreichen, die andere daraufsetzen, ebenfalls bestreichen. Mit einem Löffel verzieren und Rechtecke schneiden. 1-2 Stunden in den Kühlschrank stellen.

Mooskuchen

Für den Teig:
250 g Margarine, 300 g Zucker,
1/4 l saure Sahne,
1 Ei, 4 Eigelb,
300 g Mehl, 50 g Kakao,
1 Päckchen Vanillinzucker,
500 g entsteinte Sauerkirschen
Für den Guß:
4 Eigelb, 1 Prise Salz,
4 Eßl. Zucker,
125 g Kokosfett,
feingemahlener Kaffee

Die Zutaten für den Teig zu einem Rührteig verarbeiten, zuletzt die Sauerkirschen untermischen. In eine Springform geben, bei 200 Grad ca. 30 Minuten backen. Für den Guß Eigelb, Salz und Zucker verrühren, das Kokosfett erhitzen und zugeben. Den Kuchen glasieren. Den feingemahlenen Kaffee darüberstreuen, nach kurzer Zeit färbt sich der Kuchen grün.

Quicktorte

1 fertiger Tortenboden,
3/4 l Wasser,
2 Päckchen Vanillinzucker,
 etwas Zucker,
1 Päckchen Quick-Getränkepulver (Orange),
1-2 Eigelb, 1-2 Eßl. Butter
1 kleine Dose Ananasstückchen

Wasser, Zucker und Puddingpulver kochen, danach Getränkepulver, Eigelb und Butter zugeben. Nach dem Abkühlen gut abgetropfte Ananasstückchen ohne Saft untermischen und diese Masse auf den Tortenboden streichen.

Tempotorte

1 Teel. Stärkemehl, 1 Teel. Weizenmehl,
knapp 1/2 l Milch, 300 g Feinmargarine,
300 g Zucker, 1 Ei, 1 Päckchen Vanillezucker,
250 g gehackte Nüsse oder Kokosraspeln,
300 g Kekse, kandierte Früchte

Die beiden Mehlarten in 1/8 l kalter Milch verrühren und in der restlichen Milch gut durchkochen. Margarine, Zucker, Ei und Vanillezucker schaumig schlagen. Die abgekühlte Mehlmasse, 200 g Nüsse und, sobald der Zucker in der Creme zergangen ist, die zerkrümelten Kekse zugeben. Eine Torten- oder Kastenform mit butterbestrichenem Papier auslegen, die Crememasse darauf verteilen, glattstreichen und mehrere Stunden recht kalt stellen. Die Torte aus der Form nehmen, dabei das Papier abziehen. Mit den restlichen Nüssen, die mit Gebäckbröseln vermegt sein können, bestreuen und mit kandierten Früchten garnieren. Anstelle von kandierten Früchten lassen sich auch Maraschinokirschen oder gut abgetropfte Früchte aus dem Glas verwenden.

Kirsch-Schokoladen-Torte

10 Eier, knapp 1 kg Zucker, 100 g Kakao,
6 Eßl. Milch, 325 g Mehl,
4-5 Tassen Sauerkirschen,
1 Tasse Weinbrand,
500-600 g Butter,
2 Päckchen Vanillinzucker,
100 g Schokolade

Die Kirschen entsteinen, mit dem Weinbrand übergießen, leicht zuckern, möglichst 2 Tage stehen lassen. Für den Teig die Eier und knapp die Hälfte des Zuckers im Wasserbad dicklich schlagen, aus dem Wasserbad nehmen und bis zum Erkalten weiterschlagen. Vorsichtig das mit der Hälfte des Kakaos gesiebte Mehl unterziehen. Die Masse in eine gefettete, ausgestäubte Springform füllen und bei Mittelhitze backen.
Für die Creme den restlichen Kakao mit 100 g Zucker vermischen, 4 Eßl. Milch zugeben und auf kleiner Flamme unter ständigem Rühren aufkochen lassen, kalt stellen.
Die Butter mit dem restlichen Zucker schaumig schlagen, die Kakaomasse und den Vanillinzucker zugeben. Der Zucker soll in der Creme völlig zergangen sein. Den Tortenboden quer halbieren und die Hälften so aushöhlen, das noch ein Rand stehen bleibt. Die Tortenkrume mit einem Drittel der Crememenge vermengen, die Häfte der vorbereiteten Sauerkirschen zufügen und in die mit Creme ausgestrichenen halbierten Tortenböden füllen. Auf die untere Hälfte einen Teil der übrigen Creme streichen, die übrigen Kirschen und die restliche Creme daraufgeben. Die andere Tortenhälfte vorsichtig auflegen. Die restliche Milch mit der erwärmten Schokolade verrühren und damit die gesamte Torte überziehen.

Über all die Jahre waren nicht nur Westpäckchen beliebt, auch Rezepte wurden gesammelt und weitergegeben. Das betraf vor allem, aber nicht nur, Kuchenrezepte, besonders jene, die heute mit dem schönen Begriff „Modetorten" bezeichnet werden. Eine ganz besondere Rolle spielten auch Getränkepulver - was dem Westdeutschen sein Nesquik, war dem Ostdeutschen sein „Quick" und „Trink fix" - die dann auch gleich zu Kuchen verarbeitet wurden.

Mit Lust und Phantasie kochen und backen war jedoch nicht nur Hobby der Erwachsenen. Auch für Kinder gab es nützliche, anregende Kochbücher, dazu AGs (Arbeitsgemeinschaften), Klubs und Kurse an Schulen, bei den Pionieren und in der FDJ. Untenstehendes Rezept - das nur ein Beispiel von vielen ist - stammt aus dem Fundus der AG „Kochen, Backen und Servieren" der POS Plauen von 1987.

Hexenschaum - die beliebte Kinderschleckerei - ließ sich kinderleicht zubereiten - 1 Eiweiß, 1 Tasse Zucker, 1 Tasse Johannisbeer- oder Stachelbeersaft wurden steif geschlagen. Dann verteilte man 2 Tassen Beeren gleichmäßig auf 4 Gläser und füllte mit Fruchtschnee auf.

Die Torte recht kalt stellen. Als Garnitur eignen sich Maraschinokirschen, aber auch andere kandierte Früchte oder Schokoladenkonfekt.

Eierlikörtorte

250 g Butter oder Margarine,
180 g Zucker, 4-6 Eier, 250 g Mehl,
1 Tasse Eierlikör (ca. 3/8 l),
1 Päckchen Backpulver,
1 Päckchen Vanillinzucker,
1 Tasse Schokoladenstreusel oder Trink fix
evtl. etwas Öl

Aus den angegebenen Zutaten einen Rührteig bereiten, dabei den Eierlikör und die Schokoladenstreusel unterrühren. Eventuell zum Lockern des Teiges etwas Öl einarbeiten.
Den Kuchen in einer Kastenform bei 180 Grad etwa 50-60 Minuten backen. Lange durchziehen lassen. Am besten schmeckt er nach 2-3 Tagen.

Quarktorte ohne Boden mit Äpfeln

1 kg Quark, 100 g Butter, 3 Eier,
250 g Zucker, Vanillinzucker, 40 g Grieß,
20 g Speisestärke, 125 g Korinthen,
1/2 Päckchen Backpulver, ca. 500 g Äpfel

Den Quark passieren, Butter, Eigelb und Zucker schaumig schlagen. Quark, Grieß, Speisestärke, gewaschene und abgetropfte Korinthen und Backpulver untermischen. Zuletzt den steifgeschlagenen Eischnee vorsichtig unterheben, nicht unter die Quarkmasse rühren, sie muß ganz locker bleiben. Die Masse in eine gefettete und ausgebröselte Springform geben.
Die Äpfel schälen, Kerngehäuse entfernen und

vierteln. Apfelstücke von der Mitte aus auf die Quarkmasse legen. Den Kuchen bei guter Mittelhitze backen. Nach dem Backen den Rand vorsichtig mit einem Messer von der Form lösen und den Kuchen zum Auskühlen im offenen Ofen (ohne Energiezufuhr) lassen, bis er abgekühlt ist. Der fertige Kuchen darf während des Abkühlens niemals Zugluft bekommen, da er sonst leicht zusammenfällt.

Tipp: Lassen Sie den Quark heute durch ein Tuch abtropfen, da die früheren Rezepte meist mit trockenem Quark gearbeitet wurden.

Einkaufsliste

Eine Auswahl beliebter und bekannter Ostprodukte, von denen es einige heute erfreulicherweise wieder zu kaufen gibt.

Backwaren
Grahambrot, Malfa-Kraftma-Brot, Pumpernickel, Früchtebrot, Filinchen, Burger Knäckebrot

Bier
Radeberger Pilsner, Sternquell, Wernesgrüner Pilsner; Köstritzer Schwarzbier-Export

Brotaufstriche
Nudossi, Nuska (löste 1989 Nudossi ab)

Erfrischungsgetränke
Vita Cola, Club Cola, Quick-Cola, Margon Wasser, Maracuja (Fruchtsaftgetränk), Rote Limo (Thälmannlimonade), Bitter Lemon, Vipa

Fertigprodukte
Gefrorene Fischstäbchen, Halberstädter Würstchen, Eberswalder Würstchen, Letscho, Mixed Pickles, Spreewaldgurken, Havelland-Kompott, Suppina (Buchstabensuppe, Frühlingssuppe)

Gewürze
Worcestersoße, Bautzner Senf, Party-Ketchup, Soßenlebkuchen, Esina, BINO, Erwa

Kaffee
Rondo, Röstfein, Im Nu, Melange, Mocca Fix und Mocca Fix Gold

Kindernahrung
Babynahrung „Milasan" und „Manasan", KINA Kinderfertignahrung, Früchte-C-für's-Kind, Trink fix (Kakaopulver)

Margarine
Sonja, Marina, Cama, Marella, Soma 40, Frische Rahmbutter

Milchprodukte
Tollenseer Schnittkäse, Camembert „Rügener Badejunge", Leckermäulchen (Quarkzubereitung), Trinkjoghurt, Kondensmilch „Immer gut", „cafesan" (Kaffeeweißer)

Nährmittel
Riesaer Nudeln, Moewe Teigwaren, Kuko-Reis, Tempolinsen, Feinschmecker-Knödel-Pulver, Freitaler Kloßmehl, Kartoffelbällchen-Pulver, Komet Eierkuchenmehl und Speiseeispulver , Kathi-Backmischungen

Spirituosen
Wilthener Goldkrone, Goldbrand, Nordhäuser Doppelkorn, Lunikow, „Blauer Würger", „Kumpeltod" (Trinkbranntwein), Primasprit, Sambalita (Maracuja-Tropic-Fruchtlikör), Wurzel Peter, Gotano-Wermut

Süßigkeiten
Bambina-Schokolade, Hansa-Keks, Othello-Keks, Schlagersüßtafel, Schlagcremewaffeln, Schokoriegel BON, geschäumte Vollmilchriegel „Joker" und „Fetzer", Halloren-Kugeln, Zetti-Knusperflocken, Blockschokolade

Weine, Sekt
Feuertanz, Stierblut, Bärenblut, Cabernet, Rosenthaler Kadarka, Liebfrauenmilch, Feuertanz, Cotnari, Murfatlar, Rotkäppchen Sekt

und außerdem
Gelber Köstlicher (Apfel, meistgegessene Frucht in der DDR).

Rezeptverzeichnis nach Sachgruppen

Vorspeisen, kleine Gerichte, Salate:

Bohnensalat mit Schafskäse 156
Eier, ausgebackene 75
Eierförmchen, pikante 27
Eierhälften, russische 76
Eier in Schinkenkrem 74
Eierkuchen, gefüllte 42
Eierkuchen, rotgrüner 78
Eierkuchensalat, Köfers 100
Eiernestchen, italienische 76
Eierpfanne 79
Eierplatte, ungarische 76
Eierrollen, koreanische 122
Eier, römische 75
Eier, sizilianische 77
Eier, verlorene (Grundrezept) 77
Eier, verlorene in Kräuterketchup 78
Ei im Glas 74
Feldsalat mit Geflügelleber 157
Fondue, rote 142
Frühlingspilzsalat 157
Frühlingssalat, herzhafter 14
Gänseblümchen-Löwenzahn-Salat 160
Gänseleberbutter 32
Geflügelsalat 139
Geflügelsülze 31
Grün-Rot 96
Gruß aus Kuba 98
Hoppelpoppel 93
Karlsbader Schnitten 99
Kartoffelsalat, bunter 139
Käseauflauf, Werner Klemkes 101
Käsehappen, Schweizer 78
Käsekuchen 73
Käse, Liptauer 16
Käserouladen 38
Käsesalat 140
Käse-Fondue, Schweizer 141
Kokosnuß, gefüllte 138
Letkisshappen 93
Obstsalat 98
Olympiaschnitten 101
Paprikasalat, bulgarischer 49
Partybrot „Peppe" 135
Pelmeni 52
Pfirsischcocktail 140
Pilz-Kartoffel-Salat 20
Pußtasalat 97
Reisbällchen 141
Reis-Pilz-Salat 96
Reissalat 42
Robertoschnitten 136
Rollen, grüne 114
Rotkrautsalat 97
Sada pilau 124
Salat, ungarischer 54
Schälchen, sorbische 74

Schichtbrote 17
Schwalbennester 28
Senfapfelaufstrich 16
Serviettenknödel 57
Skuwanki 57
Smörrebrød „Falster" 137
Smörrebrød „Fünen" 137
Smörrebrød „Läsö" 137
Specksalat 96
Südfrüchtesalat 140
Tatarscheiben 73
Tee-Eier 119
Tomatenrührei mit Senf und Käse 77
Topfenhalluschka 56
Vierschanzenbrot 100
Vorspeisencocktail, Rostocker 61
Waldorfsalat á la DDR 140

Eintöpfe, Aufläufe, Suppen:

Bigos 132
Bodschwine, poln. Rübensuppe 57
Borschtsch 130
Eintopf, herbstlicher 115
Feuertopf, koreanischer 122
Fleischsoljanka 128
Fleischsoljanka, gebackene 128
Frühlingssuppe mit Wildkräutern 160
Gemüseschüssel, bunte 88
Gemüsesoljanka 130
Gjuventsch, bulgarisches 132
Gulaschsuppe 21
Gulyassuppe, ungarische 52
Kartoffelsuppe, Altberliner 164
Kartoffelsuppe I 29
Kartoffelsuppe II 30
Kesselgulasch 132
Reisauflauf 42
Rosenkohleintopf, bunter 151
Saure Suppe, Mecklenburger 163
Soljanka 1953 50
Soupe á l'oignon 126
Suppenrezept, ein feines 14
Zwiebelsuppe, Bornaer 163

Fisch:

Bierkarpfen, Pilsner 68
Bratflundern, Warnemünder 66
Bratheringe, falsche 15
Dosenfisch mit Käsenudeln 68
Fettheringe mit grünen Bohnen 69
Fische, kleine auf karibische Art 65
Fisch-Makkaroni-Auflauf 68
Fisch mit Kokosraspeln 65
Fisch-Pastetchen 70
Fischpiroggen, russische 52
Fischsoljanka 63
Fischstäbchen, Rostocker 70
Fischsuppe, Warnemünder 63
Fischteller, kulinarischer 70
Fondue á la Ostseefischer 143

Forelle, gegrillte 107
Havelzander 164
Heringe, marinierte 69
Heringe für Naschkatzen 70
Karpfen auf erzgebirgische Art 32
Karpfenfilet 165
Langusten auf kubanische Art 65
Makreleneintopf, afrikanischer 66
Räucherfischgedicht, Rostocker 62
Räucherfischtoasts, herzhafte 62
Seefischgulasch „Art des Fischkochs" 64
Seelachs, gefüllter 67
Seelachs in Alufolie 66
Teufelssprotten, delikate 165

Fleisch:

Bauernspieße, sächsische 167
Bauerntopf, Wernersgrüner 168
Beefsteak „Karoline" 107
Bierfleisch, böhmisches 109
Bratwürste, umhüllte 154
Filetschnitten in Biersoße 166
Filetsteak, pikantes 110
Fleischfondue, französisch 142
Fleischrollen, gefüllte 38
Fleischspießchen, bunte 108
Forstmeisterrouladen 107
Hackbraten, gefüllter 113
Hackfleisch-Gemüse-Auflauf 112
Jägerschnitzel 41
Jägerschnitzel, raffiniertes 109
Kebaptscheta 131
Kotelettstrang, gefüllter 105
Leberstreifen, feurige 111
Lendensteaks mit Füllung 167
Majoranschnitzel 94
Nierchen mit Toast 41
Nierchenragout, feines 94
Nierenreis mit Pilzen 112
Paprikagulasch 53
Paprikalendchen 106
Paprikaschnitzel 110
Pizza alla napoletana 126
Pörkelt 55
Räuberbraten 95
Räuberspieße 105
Roulädchen á la Bruno Apitz 101
Rumpsteak auf Gemüse 39
Schaschlyk 94
Schinken, gedünsteter 40
Schlemmerrouladen 38
Schnitzelfleisch, pikantes 88
Schweinebraten, ungarischer 53
Schweinefleisch, süßsaures 118
Schweinshaxe in Biersoße 168
Sukiyaki 120
Terrine de porc 127
Thüringer Rostbrätl 170
Würstchen im Schlafrock 135
Würstchenspieße im Schlafrock 135

Wursteier 79
Wurstgulasch 91
Wurstkuchen, gebratener 93
Wurstrollen, panierte 92
Wurstschüsselchen mit Ei 92
Zunge, gedünstete 39

Geflügel, Wild:

Apfelhähnchen im Mantel 80
Bata wa marta 118
Brathuhn, Arabisches 117
Broiler in Alufolie 80
Broilerbrust im Silbermantel 81
Coq áu vin 82
Ente auf sächsische Art 172
Entenkeulchen „Auerbachs Keller" 172
Festtagshähnchen, flammendes 84
Frischlingskeule, Wörlitzer 174
Gänsebraten 33
Hasenkeule, gefüllte 32
Hühnerfrikassee mit Reis 34
Huhn, gefülltes 36
Hähnchenkeulen, gefüllte 116
Kaninchen am Spieß 86
Kaninchen, gerollt 34
Kaninchengulasch, ungarisches 84
Kaninchenpfeffer 84
Kaninchenrücken 85
Kaninchen, Veroneser 87
Masthuhnbrüstchen, gegrillte 172
Murgki khasa 123
Paprikahuhn mit Risotto 35
Pfefferhähnchen in Gurkensoße 80
Putenpfanne 108
Rehrücken mit feinen Kräutern 89
Rehrücken vom Grill 106
Reis mit Geflügelklein 37
Spargelhühnchen 82
Wildente, gefüllte 173
Wildschweinschnitzel 174

Beilagen, Gemüse, Obst:

Affenfett 15
Apfel-Tomaten-Chutney 159
Auberginenauflauf 149
Auberginen-Tomaten-Salat 156
Aufstrich aus grünen Tomaten 16
Blumenkohl in Weinteig 150
Blumenkohl, überbacken 150
Brennesselauflauf 160
Brokkoli mit Camembert 151
Brokkoli mit Tomaten 151
Brombeermarmelade 18
Buchteln 56
Butterkolatschen 56
Buttermilchgetzen, erzgebirgische 170
Chicorée, gefüllter, 152
Erdbirnen nach Thüringer Art 13
Essigpilze 145
Feinschmeckerkartoffeln 115

Gurken in süßsaurer Tunke 20
Hagebuttensuppe 20
Hagebuttenmarmelade, klassische 18
Herbstmarmelade 16
Kartoffelplätzchen 170
Kartoffelrand mit Gemüse 152
Khara maahn 124
Kohl, mohammedanischer 117
Kohlrabi in Kartoffelnestchen 152
Kohlroulade, gefüllte 40
Krautspalten, herzhafte 88
Kürbis, gefüllter (rumänisch) 49
Kürbis, gefüllter (ungarisch) 50
Laubfrösche 19
Leipziger Allerlei 171
Letscho 133
Melone, gefüllte 137
Morchelsuppe 157
Paprikafrüchte, ungarischer Art 153
Paprikaschoten, gefüllte 54
Pilze neunmalklug 158
Pilzpuffer 20
Pizza Nr. 1 125
Porree mit Granatäpfeln 154
Schwarzwurzeln, fritierte 114
Selleriepfanne 152
Senfbirnen 159
Senffrüchte 145
Stachelbeerchutney 159
Tomatenpaprika 49
Weißkohl, überbackener 154
Zimtbirnen 145
Zwiebelkuchen, Weimarer 175
Zucchini, gefüllte 155
Zucchinikuchen 155
Zuckerböhnchen 158

Soßen:

Apfelsoße, pikante 144
Cumberlandsoße 143
Dillcreme 143
Soße, grüne 144
Soße, kubanische 144
Soße „Sofia" 144
Stachelbeersoße 144
Teufelssoße 144
Veilchen-Essig 160
Würzsoße „Jam Jung Djang" 123

Desserts Kuchen, Torten, Gebäck:

Apfelgrütze, Fahrländer 177
Apfelkuchen „Wiener Art" 183
Apfelnapfkuchen 23
Apfelsaftspeise 98
Baba 130
Eierlikörtorte 186
Eierschecke, echte 28
Erdbeerschaum 44
Erdbeerspießchen 44
Erdbeersuppe, kalte 44

Fruchteis, einfaches 46
Fruchtscheiben in Obstschaum 98
Guck-in-die-Luft 178
Kaffeekuchen 182
Kirschen, fritierte 178
Kirschpfanne 177
Kirsch-Schokoladen-Torte 185
Kokosriegel 182
Kranz, gefüllter 23
Krokant-Schnitten 22
Leckerli 23
Mohren-Makronen 22
Mohrenäpfelchen 180
Mohr im Hemd 179
Mooskuchen 184
Ostertorte 24
Osterwecken 27
Piroski 57
Prasselkuchen 181
Preiselbeeren mit Birnen 19
Preiselbeerspeise 45
Quarktorte ohne Boden mit Äpfeln 186
Quicktorte 184
Rhabarberpudding 43
Schokoladenschnitten „Othello" 183
Schokoladensuppe 178
Selterwasserkuchen 182
Spritzgebackenes 24
Tee-Eis 46
Tempotorte 184
Teufelskuchen 182
Toffee-Äpfel 180
Waffeln, feine 45
Wareniki 51
Wickelscheiben 45
Würzkirschen, süßsaure 159
Zitronencreme 45
Zuckerherzen 23

Getränke:

Apfelsinenglühwein 47
Eierlikör 24
Erdbeerflip 46
Frühstückstrunk, Katers pikanter 101
Johannisbeerlikör 25
Preiselbeerbowle 47
Rosenbowle 161
Rum-Cocktail 47
Rot-Gelb 47
Wermut-Cocktail 47

Rezeptverzeichnis, alphabetisch

Affenfett 15
Apfelgrütze, Fahrländer 177
Apfelhähnchen im Mantel 80
Apfelkuchen „Wiener Art" 183
Apfelnapfkuchen 23
Apfelsaftspeise 98
Apfelsinenglühwein 47
Apfelsoße, pikante 144
Apfel-Tomaten-Chutney 159
Auberginenauflauf 149
Auberginen-Tomaten-Salat 156
Aufstrich aus grünen Tomaten 16

Baba 130
Bata wa marta 118
Bauernspieße, sächsische 167
Bauerntopf, Wernersgrüner 168
Beefsteak „Karoline" 107
Bierfleisch, böhmisches 109
Bierkarpfen, Pilsner 68
Bigos 132
Blumenkohl in Weinteig 150
Blumenkohl, überbacken 150
Bodschwine, poln. Rübensuppe 57
Bohnensalat mit Schafskäse 156
Borschtsch 130
Bratflundern, Warnemünder 66
Bratheringe, falsche 15
Brathuhn, Arabisches 117
Bratwürste, umhüllte 154
Brennesselauflauf 160
Broiler in Alufolie 80
Broilerbrust im Silbermantel 81
Brokkoli mit Camembert 151
Brokkoli mit Tomaten 151
Brombeermarmelade 18
Buchteln 56
Butterkolatschen 56
Buttermilchgetzen, erzgebirgische 170

Chicorée, gefüllter, 152
Coq áu vin 82
Cumberlandsoße 143

Dillcreme 143
Dosenfisch mit Käsenudeln 68

Eier, ausgebackene 75
Eierförmchen, pikante 27
Eierhälften, russische 76
Eier in Schinkenkrem 74
Eierkuchen, gefüllte 42
Eierkuchen, rotgrüner 78
Eierkuchensalat, Köfers 100
Eierlikör 24
Eierlikörtorte 186
Eiernestchen, italienische 76
Eierpfanne 79

Eierplatte, ungarische 76
Eierrollen, koreanische 122
Eier, römische 75
Eier, sizilianische 77
Eierschecke, echte 28
Eier, verlorene (Grundrezept) 77
Eier, verlorene in Kräuterketchup 78
Ei im Glas 74
Eintopf, herbstlicher 115
Ente auf sächsische Art 172
Entenkeulchen „Auerbachs Keller" 172
Erdbeerflip 46
Erdbeerschaum 44
Erdbeerspießchen 44
Erdbeersuppe, kalte 44
Erdbirnen nach Thüringer Art 13
Essigpilze 145

Feinschmeckerkartoffeln 115
Feldsalat mit Geflügelleber 157
Festtagshähnchen, flammendes 84
Fettheringe mit grünen Bohnen 69
Feuertopf, koreanischer 122
Filetschnitten in Biersoße 166
Filetsteak, pikantes 110
Fische, kleine auf karibische Art 65
Fisch-Makkaroni-Auflauf 68
Fisch mit Kokosraspeln 65
Fisch-Pastetchen 70
Fischpiroggen, russische 52
Fischsoljanka 63
Fischstäbchen, Rostocker 70
Fischsuppe, Warnemünder 63
Fischteller, kulinarischer 70
Fleischfondue, französisch 142
Fleischrollen, gefüllte 38
Fleischsoljanka 128
Fleischsoljanka, gebackene 128
Fleischspießchen, bunte 108
Fondue á la Ostseefischer 143
Fondue, rote 142
Forelle, gegrillte 107
Forstmeisterrouladen 107
Frischlingskeule, Wörlitzer 174
Fruchteis, einfaches 46
Fruchtscheiben in Obstschaum 98
Frühlingspilzsalat 157
Frühlingssalat, herzhafter 14
Frühlingssuppe mit Wildkräutern 160
Frühstückstrunk, Katers pikanter 101

Gänseblümchen-Löwenzahn-Salat 160
Gänsebraten 33
Gänseleberbutter 32
Geflügelsalat 139
Geflügelsülze 31
Gemüseschüssel, bunte 88
Gemüsesoljanka 142
Gjuventsch, bulgarisches 132

Grün-Rot 96
Gruß aus Kuba 98
Guck-in-die-Luft 178
Gulaschsuppe 21
Gulyassuppe, ungarische 52
Gurken in süßsaurer Tunke 20

Hackbraten, gefüllter 113
Hackfleisch-Gemüse-Auflauf 112
Hähnchenkeulen, gefüllte 116
Hagebuttenmarmelade, klassische 18
Hagebuttensuppe 20
Hasenkeule, gefüllte 32
Havelzander 164
Herbstmarmelade 16
Heringe für Naschkatzen 70
Heringe, marinierte 69
Hoppelpoppel 93
Hühnerfrikassee mit Reis 34
Huhn, gefülltes 36

Jägerschnitzel 41
Jägerschnitzel, raffiniertes 109
Johannisbeerlikör 25

Kaffeekuchen 182
Kaninchen am Spieß 86
Kaninchen, gerollt 34
Kaninchengulasch, ungarisches 84
Kaninchenpfeffer 84
Kaninchenrücken 85
Kaninchen, Veroneser 87
Karlsbader Schnitten 99
Karpfen auf erzgebirgische Art 32
Karpfenfilet 165
Kartoffelplätzchen 170
Kartoffelrand mit Gemüse 152
Kartoffelsalat, bunter 139
Kartoffelsuppe, Altberliner 164
Kartoffelsuppe I 29
Kartoffelsuppe II 30
Käseauflauf, Werner Klemkes 101
Käse-Fondue, Schweizer 141
Käsehappen, Schweizer 78
Käsekuchen 73
Käse, Liptauer 16
Käserouladen 38
Käsesalat 140
Kebaptscheta 131
Kesselgulasch 133
Khara maahn 124
Kirschen, fritierte 178
Kirschpfanne 177
Kirsch-Schokoladen-Torte 185
Kohl, mohammedanischer 117
Kohlrabi in Kartoffelnestchen 152
Kohlroulade, gefüllte 40
Kokosnuß, gefüllte 138
Kokosriegel 182

Kotelettstrang, gefüllter 105
Kranz, gefüllter 23
Krautspalten, herzhafte 88
Krokant-Schnitten 22
Kürbis, gefüllter (rumänisch) 49
Kürbis, gefüllter (ungarisch) 50

Langusten auf kubanische Art 65
Laubfrösche 19
Leberstreifen, feurige 111
Leckerli 23
Leipziger Allerlei 171
Lendensteaks mit Füllung 167
Letkisshappen 93
Letscho 133

Majoranschnitzel 94
Makreleneintopf, afrikanischer 66
Masthuhnbrüstchen, gegrillte 172
Melone, gefüllte 137
Mohren-Makronen 22
Mohrenäpfelchen 180
Mohr im Hemd 179
Mooskuchen 184
Morchelsuppe 157
Murgki khasa 123

Nierchen mit Toast 41
Nierchenragout, feines 94
Nierenreis mit Pilzen 112

Obstsalat 108
Olympiaschnitten 101
Ostertorte 24
Osterwecken 27

Paprikafrüchte, ungarischer Art 153
Paprikagulasch 53
Paprikahuhn mit Risotto 35
Paprikalendchen 106
Paprikasalat, bulgarischer 49
Paprikaschoten, gefüllte 54
Paprikaschnitzel 110
Partybrot „Peppe" 135
Pelmeni 50
Pfefferhähnchen in Gurkensoße 80
Pfirsischcocktail 140
Pilze neunmalklug 158
Pilz-Kartoffel-Salat 20
Pilzpuffer 20
Piroski 57
Pizza alla napoletana 126
Pizza Nr. 1 125
Pörkelt 55
Porree mit Granatäpfeln 154
Prasselkuchen 181
Preiselbeerbowle 47
Preiselbeeren mit Birnen 19
Preiselbeerspeise 45

Pußtasalat 97
Putenpfanne 108

Quarktorte ohne Boden mit Äpfeln 186
Quicktorte 184

Räuberbraten 95
Räuberspieße 105
Räucherfischgedicht, Rostocker 62
Räucherfischtoasts, herzhafte 62
Rehrücken mit feinen Kräutern 89
Rehrücken vom Grill 106
Reisauflauf 42
Reisbällchen 141
Reis mit Geflügelklein 37
Reis-Pilz-Salat 96
Reissalat 42
Rhabarberpudding 43
Robertoschnitten 136
Rollen, grüne 114
Rosenbowle 161
Rosenkohleintopf, bunter 151
Rot-Gelb 47
Rotkrautsalat 97
Roulädchen á la Bruno Apitz 101
Rum-Cocktail 47
Rumpsteak auf Gemüse 39

Sada pilau 124
Salat, ungarischer 54
Saure Suppe, Mecklenburger 163
Schälchen, sorbische 74
Schaschlyk 94
Schichtbrote 17
Schinken, gedünsteter 40
Schlemmerrouladen 38
Schnitzelfleisch, pikantes 88
Schokoladenschnitten „Othello" 183
Schokoladensuppe 178
Schwalbennester 28
Schwarzwurzeln, fritierte 114
Schweinebraten, ungarischer 53
Schweinefleisch, süßsaures 118
Schweinshaxe in Biersoße 168
Seefischgulasch „Art des Fischkochs" 64
Seelachs, gefüllter 67
Seelachs in Alufolie 66
Selleriepfanne 152
Selterwasserkuchen 182
Senfapfelaufstrich 16
Senfbirnen 159
Senffrüchte 145
Serviettenknödel 57
Skuwanki 57
Smørrebrød „Falster" 137
Smørrebrød „Fünen" 137
Smørrebrød „Läsö" 137
Soljanka 1953 50
Soße, grüne 144

Soße, kubanische 144
Soße „Sofia" 144
Soupe á l'oignon 126
Spargelhühnchen 82
Spritzgebackenes 24
Specksalat 96
Stachelbeerchutney 159
Stachelbeersoße 144
Südfrüchtesalat 140
Sukiyaki 120
Suppenrezept, ein feines 14

Tatarscheiben 73
Tee-Eier 119
Tee-Eis 46
Tempotorte 184
Terrine de porc 127
Teufelskuchen 182
Teufelssoße 144
Teufelssprotten, delikate 165
Thüringer Rostbrätl 170
Toffee-Äpfel 180
Tomatenpaprika 49
Tomatenrührei mit Senf und Käse 77
Topfenhalluschka 56

Veilchen Essig 160
Vierschanzenbrot 100
Vorspeisencocktail, Rostocker 61

Waffeln, feine 45
Waldorfsalat á la DDR 140
Wareniki 51
Weißkohl, überbackener 154
Wermut-Cocktail 47
Wickelscheiben 45
Wildente, gefüllte 173
Wildschweinschnitzel 174
Würstchen im Schlafrock 94
Würstchenspieße im Schlafrock 135
Wursteier 79
Wurstgulasch 91
Wurstkuchen, gebratener 93
Wurstrollen, panierte 92
Wurstschüsselchen mit Ei 92
Würzkirschen, süßsaure 159
Würzsoße „Jam Jung Djang" 123

Zimtbirnen 145
Zitronencreme 45
Zucchini, gefüllte 155
Zucchinikuchen 155
Zuckerböhnchen 158
Zuckerherzen 23
Zunge, gedünstete 39
Zwiebelkuchen, Weimarer 175
Zwiebelsuppe, Bornaer 163

Zutaten und was man heute verwenden sollte

Broiler: Küchenfertiges Hähnchen, oft tiefgefroren, aber auch warm vom Grill unterwegs zu haben.

Erwa: Speisewürze, Brühwürfel. Entsprechende Produkte verwenden.

Fettigkeit: Regionaler Sammelbegriff für Öl, Margarine etc., die zum Anbraten verwendet werden.

Glutal: Speisewürze, Geschmacksverstärker. Würzmittel verwenden.

Glutamin: Siehe Glutal.

Kaffeesahne: Gab es damals in kleinen Flaschen. Heute am besten Crème fraîche verwenden oder sparsamer dosieren.

Kuko-Reis: Kurzkochreis im Kochbeutel. Reis im Kochbeutel verwenden.

Maisan: Speisestärke. Am besten Kartoffelstärke verwenden.

Picknick-Sauce: Worcestersauce verwenden.

Primasprit: Hochprozentiger Alkohol (der Name war Programm!) für Liköre und Rumtöpfe. Wodka oder Rum ab 40% Vol. Alkohol verwenden.

Pritamin: Paprikamark in kleinen Dosen, das sehr scharf war und zu vielen Speisen verwendet wurde. Konzentriertes Tomatenmark verwenden, evtl. schärfer nachwürzen.

Geschabtes: Tatar vom Rind bzw. Rindsgehacktes.

Tempolinsen: Vorbehandelte Linsen, die nicht mehr eingeweicht, sondern sofort gekocht werden konnten. Dass sie gut und selten zu bekommen waren, trug nicht unwesentlich zu ihrer Beliebtheit bei.

Vanillinzucker: Vanillezucker verwenden.

Wurzelwerk: Regionaler Ausdruck für Suppengrün, besteht aus Sellerie, Möhre, Lauch, Petersilie und Kohlrabi.

Quellennachweis

Publikationen des Verlages für die Frau aus den Jahren 1949-1989 (Kochbücher, Backbücher, Ratgeber- und Sonderhefte, Jahrbuch für die Frau)

Außerdem wurde zum Beispiel nachgeschaut in:

Drummer, Muskewitz: Die besten Rezepte aus der Fernsehküche, Lehrbuch für Kellner (beide Fachbuchverlag), Meisterköche empfehlen (Publikation der Interhotels der DDR), Delikat international (Gerichte der chinesischen Küche, Gerichte der japanischen Küche), Neues für Hobby-Köche (Verlag Neues Deutschland), Lirum Larum Löffelstiel (Verlag für Lehrmittel), Tischlein deck dich (Verlag junge Welt)
sowie in folgenden übergreifenden Publikationen: Statistisches Jahrbuch der DDR (verschiedene Jahrgänge), Jahrbuch für Soziologie und Sozialpolitik (verschiedene Jahrgänge), Lebensweise - Kultur - Persönlichkeit (1975), Lebensweise und Lebensniveau im Sozialismus (1977), Freizeit der Jugend (1981), Der Alltag und die Dinge um uns (1983), Arbeiten und Wohnen in der Stadt (1984), Fortschritt, Norm & Eigensinn (Ch. Links Verlag, 1999), Kleines Lexikon großer Ostprodukte (Econ Tschenbuch Verlag, 1998).

Die Abbildungen wurden zum größten Teil Publikationen des Verlages für die Frau entnommen, ebenso verwendete Anzeigenmotive aus den jeweiligen Jahren (Leider war es trotz unserer Bemühungen nicht möglich, alle Motive Grafikern zuzuordnen. Herausgeberin und Verlag bitten, sich zu melden, um entsprechende Informationen in Nachauflagen berücksichtigen zu können). Einige Fotos stammen aus Privatbesitz. Das Foto auf Seite 18 stellte uns freundlicherweise Herr Karl Detlef Mai aus dem Nachlaß seines Vaters zur Verfügung. Das Porträt von Kurt Drummer erhielten wir von Zentralbild (Fotograf Wolfgang Thieme) und für Foto und Informationen zur Rotkäppchen Sektkellerei bedanken wir uns bei Claudia Korenke PR. Vielen Dank auch dem Mitteldeutschen Rundfunk, Redaktion Telethek, für das Foto von Achim Menzel und natürlich Ute Freudenberg für das ihre. Die kleine Illustration von Werner Klemke auf S. 101 entnahmen wir mit freundlicher Genehmigung dem Band „Magazin-Titelbilder aus drei Jahrzehnten" (Berliner Verlag, Redaktion „Das Magazin", 1986).